DEFENSA DE LA FE

Pablo Hoff
David Miranda

EDITORIAL MUNDO HISPANO

EDITORIAL MUNDO HISPANO
7000 Alabama Street, El Paso, TX 79904, EE. UU. de A.
www.editorialmh.org

Nuestra pasión: Comunicar el mensaje de Jesucristo y facilitar la formación de discípulos por medios impresos y electrónicos.

Ediciones: 1997, 1998, 2003
Cuarta edición 2008

Clasificación Decimal Dewey: 239

Tema: 1. Apologética

ISBN: 978-0-311-05046-8
E.M.H. Art. No. 05046

2 M 1 08

Impreso en Colombia
Printed in Colombia

CONTENIDO

INTRODUCCION

El maestro de la escuela dominical preguntó a su clase: "¿Qué es fe?" Un niño contestó, sin reflexionar: "Fe es creer en algo que uno sabe que no es la verdad." Nosotros los cristianos la definimos con más exactitud: es confianza en algo a pesar de que esto carece de evidencia completa. Por ejemplo, creemos en Dios aunque no le hemos visto ni palpado. Sin embargo, afirmamos que hay otra índole de evidencia de que él existe y de que es el Dios que se revela en la Biblia y en la persona de Jesucristo.

Admitimos también que no podemos comprobar la existencia de Dios y la validez de las Escrituras como revelación divina solamente por medio de la razón. Pero sostenemos que la fe cristiana tampoco es irracional. No es puro misterio, algo sólo para las mentes supersticiosas e infantiles. Al contrario, tiene base sólida en la razón humana si uno acepta la posibilidad de lo sobrenatural.

Obviamente uno tiene que tener una medida de fe para aceptar tanto la posición cristiana como el punto de vista naturalista. Nadie puede ser objetivo ciento por ciento, ni mucho menos. Tanto el racionalista como el creyente ven las cosas a la luz de ciertos supuestos o prejuicios, especialmente cuando la evidencia no es completa.

Por ejemplo, Rudolf Bultmann rechaza todos los milagros del Nuevo Testamento porque dice: "Es imposible usar la luz eléctrica y la radio y aprovecharse de los modernos descubrimientos médicos y quirúrgicos y a la vez creer en el mundo neotestamentario de espíritus y milagros."[1] Su creencia se basa sobre el supuesto de que es imposible que tales cosas existan; por lo tanto es necesario desmitificar las Escrituras. El anda y vive por fe en sus supuestos antisobrenaturales, de la misma

---

[1] Rudolf Bultmann, "The task of demythologizing the New Testament proclamation" en *Readings in Christian Theology* vol. 1, *The Living God,* Millard J. Erickson, ed. (Grand Rapids, MI: Baker Book House, 1973), p. 84

manera que el creyente lo hace por fe en un Dios que es capaz de hacer "lo imposible".

De modo que el propósito primordial de este libro es demostrar que hay suficiente evidencia de que Dios existe y de que la Biblia es una autorrevelación de él mismo, la cual es razonable y digna de ser aceptada como tal. Intenta mostrar que la Biblia correctamente interpretada y la ciencia verdadera no se contradicen; que un científico puede creer en la Biblia sin sacrificar su inteligencia, como en el caso de Werner Von Braun, científico astroespacial. No es irracional creer en la Biblia y sus doctrinas. Existe suficiente evidencia de que ella tiene razón si uno está dispuesto a creer.

Nuestra actitud toma en serio los descubrimientos de la ciencia. No nos conviene actuar como el almirante Horacio Nelson cuando zarpó con la armada británica para atacar la armada danesa. Desde el muelle se le dieron señales para volver. Nelson puso el telescopio a su ojo ciego y dijo: "No veo ninguna señal." Es popular entre evangélicos pasar por alto los hallazgos de los científicos que estudian los fósiles y restarles importancia señalando sus desatinos tal como ser engañados por el fraude del "hombre Piltdown". Creemos que es mejor relacionar las verdades bíblicas con las científicas en vez de ganar una victoria pírrica rechazando la realidad de los reales descubrimientos de la ciencia. (Pirro fue un rey epírico cuya victoria sobre los romanos le costó tan cara que no pudo guerrear más.)

Pero, ¿por qué es necesario que presentemos evidencias de la racionalidad y veracidad de la Biblia? ¿No es como dijo el famoso predicador, Carlos Spurgeon: "El evangelio es como un león; suéltenlo y se defiende a sí mismo"? Contestamos que nos encontramos en un mundo hostil al evangelio. Hay muchos obstáculos intelectuales que se oponen a la fe cristiana. Se siembran dudas en la mente de los creyentes y prejuicios en la de los incrédulos, haciendo muy difícil el convertir a éstos.

Vivimos en una era de asombrosos adelantos en la esfera material. La ciencia ha conquistado la naturaleza haciendo posible que el hombre disfrute de todo lo que necesita para vivir cómodamente. Los medios de comunicación masivos han convertido el globo terráqueo en una aldea. La medicina ha liberado a la humanidad de muchas de las pestes y las enfermedades que la han aquejado a través de los siglos. Los astronautas han llegado a la luna. Al hombre moderno le parece que es capaz de resolver todos sus problemas sin recurrir a Dios.

Además, la sociedad está bombardeada continuamente con ideas materialistas, carentes de valores y de fe en lo sobrenatural. Todo es explicado en términos naturales. Se atribuye el origen de la vida orgánica a la evolución darwiniana, los fenómenos del universo a leyes naturales. En la esfera religiosa, los eruditos liberales enseñan que los primeros libros de la Biblia no fueron escritos por Moisés, sino son recopilaciones de documentos antiguos que contuvieron mitos y leyendas nacionales de Israel. Según ellos, es la obra de redactores, los cuales vivían en el siglo V a. de J.C.

Se ponen en tela de juicio la inspiración divina de la Biblia, la posibilidad de milagros y la deidad de Jesucristo. Los críticos modernistas atribuyen los relatos de lo sobrenatural, que se encuentran en la vida de Cristo, a las invenciones de los predicadores en la iglesia primitiva. Según ellos, la tarea del teólogo es desmitificar las Escrituras y extraer las verdades relevantes que están de acuerdo con la razón.

Señalamos, sin embargo, que la defensa de la fe no es eficaz en sí misma para convertir a la gente que está alejada de Dios. Es el evangelio de Cristo el que es "el poder de Dios para la salvación". Entonces, ¿por qué estudiar la materia? Es valiosa por tres razones:

1. El conocimiento de la apologética puede servir para confirmar la fe de los creyentes. Puede proporcionar un fundamento racional e intelectual para su fe, quitar sus dudas y hacerle saber que el cristianismo a menudo se basa en hechos demostrables.

2. El conocimiento de la apologética puede ayudar al creyente a presentar sus creencias en una manera racional y significativa a fin de aparejar el camino para la evangelización. La palabra griega *apología,* que se translitera apologética, quiere decir la defensa racional de la fe. Somos amonestados a estar "siempre preparados para presentar defensa (gr. *apologian*) con mansedumbre y reverencia ante todo el que os demande razón de la esperanza que hay en vosotros" (1 Ped. 3:15, RVR-1960).

Ya hemos mencionado que las ideas humanísticas y agnósticas de la cultura secular han levantado barreras contra el evangelio. Las organizaciones evangélicas que trabajan en las universidades reconocen el valor de la apologética para quitar estos obstáculos y preparar el terreno para sembrar el evangelio a los universitarios incrédulos, y para borrar las dudas de los creyentes que estudian en estas instituciones.

Chive Calver, director general de la Evangelical Alliance of Great Britain (Alianza Evangélica de la Gran Bretaña), expresa lo que él cree que son los cinco grandes desafíos para el futuro del movimiento evangélico en Inglaterra. El tercero es seguir poniendo énfasis sobre la apologética a fin de ablandar a los incrédulos para que sean evangelizados y ayudar a los evangélicos para que defiendan la fe.[2] Es bien conocido el gran éxito de los apologistas Francis Schaeffer y C. S. Lewis en alcanzar a los intelectuales de Europa con el evangelio. John Warwick Montgomery asevera con cierta medida de exageración, pero también con un elemento de verdad: "El punto de partida de la misión cristiana al mundo tiene que ser la racionalidad común de todos los hombres."[3] Aunque la razón humana, aparte de la obra del Espíritu Santo, no puede convertir al hombre, no debe por ello inferirse que la razón no juega ningún papel en este acto.

3. El conocimiento de la apologética puede ayudar a los buscadores de la verdad que son sinceros, pero dudan de la autenticidad de la Biblia y las cosas espirituales tales como la existencia de Dios, los milagros, etc. Robert Wright, periodista de la prestigiosa revista *Time,* comenta: "Algunas personas son religiosas en un sentido no convencional. Creen superficialmente en Dios pero desean ver evidencia concreta (de su existencia);... se inclinan religiosamente, pero buscan pruebas científicas."[4] Por otra parte, la persona que no quiere creer no puede ser convertida por evidencias contundentes de la confiabilidad de las Escrituras ni ser convencida por los argumentos más racionales sobre la realidad de las cosas de Dios. "No hay ciego más ciego que aquel que no quiere ver."

[2] Stan Guthrie, "Britain's Evangelicals Answer the Call of a Secular Culture" en la revista *World Pulse,* 19 de agosto, vo. 29, Nº 16.

[3] Citado en Donald G. Bloesch, *A Theology of Word and Spirit* (Downer's Grove, IL: Inter-Varsity Press, 1992), p. 248.

[4] Robert Wright, "Science, God and Man" en la revista *Time,* diciembre 28, 1992.

EJERCICIOS

I. Llene los espacios o conteste brevemente:

1. La fe puede ser definida como la CONFIANZA EN ALGO AUNQUE CAREZCA DE EVIDENCIAS

2. Los supuestos no pueden ser evitados por el ______ ______ ni tampoco por el ______

3. El propósito de este libro de texto es ______ de que Dios existe y de que la Escritura es ______ ______

4. La Escritura bien interpretada y la ciencia verdadera no se ______

5. Si uno está dispuesto a creer, luego hay suficiente ______ ______ de que la Biblia ______ ______

6. Para los liberales, el teólogo debe ______ las Escrituras y extraer ______ que concuerdan con la ______

7. ¿En qué le ayuda la apologética al creyente?
   a) PARA confirmar la fe de los creyentes
   b) Para quitar dudas y hacer saber que se basa en hechos demostrables

II. Verdadero (V) o Falso (F):

___ 1. La defensa de la fe es por sí misma capaz de convertir a la gente que está sin Dios.

___ 2. Para los eruditos liberales el Pentateuco es la obra completa del legislador Moisés.

___ 3. La apologética es la defensa racional de la fe.

___ 4. El que ya es creyente no necesita de la apologética.

___ 5. La apologética es una aliada de la evangelización.

1
¿COMO PODEMOS SABER QUE HAY UN DIOS?

¿Realmente existe Dios? Si es así, ¿quién es él?, o ¿cuáles son las pruebas de su existencia? No hay preguntas más importantes o profundas que éstas. Todo nuestro punto de vista del mundo y de la vida depende de las respuestas a estos interrogantes. Las preguntas mencionadas constituyen el tema de este capítulo.

El agnóstico afirma que Dios no hizo al hombre sino que el hombre ha creado a Dios. Sigmund Freud enseña que Dios es meramente una proyección mental de la figura de un padre terrenal, una muleta no más para dar un sentido de seguridad al hombre.

Con los avances de la ciencia, mucha gente piensa que Dios es un concepto innecesario, una simple idea supersticiosa. Aun algunos hablan de la muerte de Dios (realmente de la idea de que hay un Dios). Nos hace recordar del mensaje de Mark Twain cuando los diarios erróneamente anunciaron su fallecimiento: "Las noticias de mi muerte son altamente exageradas." Otros creen que sí hay un Dios, pero es una fuerza impersonal, algo incognoscible que obra solamente a través de la naturaleza.

Consideraremos primero lo que los hombres piensan acerca de la naturaleza de la deidad.

A. CONCEPTOS QUE LOS HOMBRES TIENEN DE DIOS

¿Qué entiende el hombre por el vocablo "Dios"? ¿Qué ideas se han tenido de Dios a través de la historia? Desde los albores de la humanidad el hombre ha elaborado diversos conceptos sobre la deidad. Por supuesto que, por ser de fabricación humana, tales ideas sobre quién y cómo es Dios han sido desafortunadas. Consideraremos algunas nociones de cómo el ser humano se aproxima a lo divino.

1. Animatismo: Ciertos pueblos primitivos en las islas del océano Pacífico creen en lo que ellos llaman mana. Según ellos, es una fuerza poderosa que aunque no se ve, manifiesta su poder en el mundo físico de una manera misteriosa en ciertos objetos dándoles a éstos un poder inusual. Es posible observarla en los seres inanimados de la naturaleza, pero es más usual que se manifieste en animales y personas.[1]

2. Animismo: Consiste en creer que todos los objetos de la naturaleza —los árboles, los animales, los ríos, los cerros, los astros y aun las piedras— tienen su propio espíritu. Deben ser adorados para que no dañen a los hombres.

3. Politeísmo: Es la creencia en muchos dioses los cuales están relacionados con algún aspecto de la naturaleza. Por ejemplo, los griegos adoraban a Zeus, el dios del relámpago, Poseidón, la deidad de los mares, Artemisa la diosa de la caza y muchas otras divinidades.

El politeísmo es característico del hinduismo, budismo, mahayanismo, confucianismo, taoísmo y sintoísmo en el Oriente, y también en religiones de tribus africanas contemporáneas. En el mundo antiguo, los egipcios, babilonios, asirios, griegos y romanos adoraron una pluralidad de deidades.

4. Henoteísmo: Es una variante del politeísmo que a veces es llamado monolatría. Reconoce una pluralidad de dioses, pero reserva su culto sólo a uno de ellos, ya sea porque considera a esa divinidad en alguna forma superior a las otras o simplemente porque ese dios es la deidad de su propia tribu o pueblo.

5. Dualismo: Es otra variante del politeísmo, pero se limita a dos dioses o fuerzas que se oponen entre sí, tales como el bien y el mal, Dios y Satanás. Por lo general un dios es visto como bueno y el otro como malo. El tipo más claro de este dualismo ético-religioso está asociado con el nombre de Zoroastro, en el cual Ahura Mazda y Ahriman representan las fuerzas del bien y del mal. El universo llega a ser el campo de batalla de estos seres, identificados respectivamente con la luz y las tinieblas. El cristianismo no es técnicamente una forma de dualismo porque Satanás no es un dios ni es un principio eterno. Aunque éste lucha contra Dios, no es su igual en poder y se le tiene que someter.

6. Panteísmo: La palabra se deriva del griego *pan,* "todos", y *theos,*

---

[1] E. L. Copeland, *El cristianismo y otras religiones* (El Paso: Casa Bautista de Publicaciones, 1977), pp. 21, 22.

"dios". Consiste en identificar el universo con Dios. Hay varias clases de panteístas: unos consideran a Dios como alma del mundo y al mundo como el cuerpo de la divinidad (Dios es todo). Los otros consideran que todos los objetos de la naturaleza no tienen más realidad que la existencia misma de Dios (todo es Dios).

Para los panteístas, Dios es:

> La base de todas las cosas... El no creó el mundo porque esencialmente él es el mundo... Dios no es una persona, porque la personalidad implica limitación.[2]

7. Panenteísmo: Es una doctrina que intenta combinar las virtudes del teísmo con las del panteísmo. Afirma que el universo es Dios pero Dios no es idéntico con el universo. Dios tiene su propia identidad. En palabras de C. Stephen Evans: "El universo es en algún sentido Dios, pero Dios es más que el universo."[3] Algunos teólogos comparan la relación de Dios y el universo con la relación de una persona con su cuerpo. Yo dependo de mi cuerpo como la fuente de mi experiencia, pero yo también lo trasciendo a él, así también mientras Dios depende de su cuerpo, el universo, él también lo trasciende como la mente que conoce todas las posibilidades para futuros eventos.

8. Monismo: Este concepto de la realidad puede considerarse como una variación del panteísmo o panenteísmo. Es la teoría de que un principio rinde cuentas de todos los hechos de la existencia; también la noción de que la realidad es de una naturaleza o sustancia, sea materia o espíritu. Por ejemplo, algunos idealistas (pensadores que consideran que lo espiritual o mental es más real que lo material) afirman que hay solamente un Espíritu Absoluto; otros idealistas creen que hay muchos espíritus, pero que toda realidad es siempre espíritu o mente. Para ellos, Dios es una sola sustancia y toda pluralidad es solamente irreal o ilusión.[4]

9. Deísmo: Sus proponentes creen en un solo Dios, el cual creó el universo y lo dispuso para que marchara perfectamente y con absoluta precisión. Luego Dios, al ver que todo andaba bien le dio la espalda a la creación y se desentendió completamente de ella.

---

[2] E. Y. Mullins, *Manual de evidencias cristianas* (Tarrasa: CLIE, 1987), pp. 29, 30.

[3] C. Stephen Evans, *Filosofía de la religión* (El Paso: Editorial Mundo Hispano, 1990), p. 32.

[4] D. B. Fletcher, "Monism" en *Evangelical Dictionary of Theology,* Walter Elwell, ed. (Grand Rapids: Baker Book House, 1984), p. 730.

10. Teísmo: Esta doctrina, llamada también monoteísmo, sostiene que existe exclusivamente un Dios. Este único ser supremo es considerado como un ser personal, distinto del mundo (en contraste con el panteísmo), sin embargo, constantemente activo en él (en contraste con el deísmo). Este Dios es capaz de autorrevelarse, es supremo en poder, conocimiento y valor moral, y fue él quien creó de la nada a todos los otros seres existentes.

Las religiones monoteístas principales son el judaísmo, el cristianismo y el islamismo; las dos últimas se desarrollaron de la primera. De las tres grandes religiones monoteístas, el cristianismo se distingue por el hecho de mostrar de manera concluyente el grado en que Dios se ha involucrado con su creación, esto en términos de la encarnación y obra redentora del eterno Hijo de Dios.

Evaluación. Todos los conceptos de Dios mencionados en este estudio, salvo el monoteísmo o teísmo, son deficientes. El panteísmo, en todas sus formas, despersonaliza a Dios y destruye la perfección de su carácter moral porque llama divino tanto al bien como al mal. Así, Dios es el autor del mal. En general, el panteísmo no distingue entre Dios y el universo, son idénticos. Es como dice William Temple: "Dios menos el universo es nada."

En contraste, la posición cristiana (teísta) señala que, aunque el universo depende cada momento de Dios para su existencia, Dios no depende en ninguna manera del universo para la suya: "... el Dios que hizo el mundo y todas las cosas que hay en él", dice Pablo, "... no habita en templos hechos de manos... porque en él vivimos, nos movemos y somos" (Hech. 17:24-28). Así que Dios menos el universo todavía es Dios.

El politeísmo rebaja a Dios y destruye su pretensión exclusiva de ser Dios. Si muchos dioses pueden ayudar o perjudicar, y ninguno de ellos puede hacer todo, entonces deberíamos dividir nuestro culto entre todos ellos.

También el deísmo es deficiente. Este considera que el mundo es un sistema cerrado y Dios está afuera. Así niega su control providencial de eventos y su intervención milagrosa en el orden del mundo. De modo que la idea bíblica de Dios está reducida por el deísmo, disuelta por el panteísmo y rebajada por el politeísmo. Solamente el teísmo deja lugar para la creación y control del universo por Dios y su benéfica disposición hacia las criaturas que llevan su imagen.

B. TEORIAS ANTITEISTAS

Existen sistemas que niegan la existencia de Dios o no le dejan lugar en su esquema.

1. Ateísmo. El término mismo señala la negación de la existencia de cualquier dios del tipo que éste sea. Para el ateo tanto los dioses de los hombres primitivos como los pertenecientes a los griegos y el que sustentan los cristianos son una misma cosa: mitos, fábulas totalmente inaceptables para toda persona educada que tiene una mentalidad científica.

Se acostumbra distinguir dos clases de ateos, los *prácticos* y los *teóricos.* Los primeros son sencillamente gente sin Dios, que en la vida práctica no reconocen a Dios y viven como si no hubiera Dios. Los otros son, por regla general, de una clase más intelectual, y basan su negación en el desarrollo de su razonamiento. Tratan de probar, por medio de lo que a ellos les parecen argumentos razonables y conclusivos, que no hay Dios. A este tipo de ateísmo se le conoce como ateísmo dogmático. Se le da este nombre porque afirma como un hecho científicamente indudable e incuestionable que Dios no existe. Francisco Lacueva señala que este tipo de ateísmo "nació propiamente con Feuerbach, para quien todo lo espiritual es un subproducto del cerebro humano".[5] Dios, sostiene Feuerbach, "nace sólo entre los dolores del hombre. Dios toma del hombre todas sus determinaciones; Dios es lo que el hombre quiere ser".[6]

Los argumentos básicos del ateísmo son: a) Dios no es necesario, ya que el mundo, la vida y la historia pueden explicarse científicamente, sin la necesidad de recurrir a la existencia de un ser infinito, invisible y extramundano. b) La existencia del mal en el mundo es incompatible con la existencia de un Dios que, o no es suficientemente bueno y justo para evitar toda desgracia, o no es lo bastante sabio y poderoso como para controlar su propia creación. c) Las pruebas que se dan para demostrar la existencia de Dios son inadecuadas. d) El teísmo es dañino para la sociedad humana, ya que guía a la intolerancia y la persecución. e) La creencia en Dios es sicológicamente explicable.[7]

---

[5] Francisco Lacueva, *Curso de formación teológica evangélica,* tomo II, *Un Dios en tres personas* (Terrasa: CLIE, 1987), p. 20.

[6] M. T. Iovchuk, T. I. Oizerman, I. Y. Shipanov, *Historia de la filosofía,* tomo I (Moscú: Editorial Progreso, 1978), p. 381.

[7] Paul D. Feinberg, "Atheism" en *Evangelical Dictionary of Theology,* Walter Elwell, ed. (Grand Rapids: Baker Book House, 1984), p. 96.

El ateísmo se expresa a través de distintas vías. El *naturalismo* rechaza cualquier explicación sobrenatural de la realidad; cree que el orden natural de las cosas existe por sí mismo. Interpreta el universo en términos de cuerpos físicos y químicos. Aunque el hombre es superior a los otros animales, él es nada más que un animal. No hay Dios, comenta Warren Young: "El mismo Dios, en caso de ser descubierto por el naturalista, sería inmediatamente relegado a algún lugar en la naturaleza, ya que éste (el naturalista) ya ha decidido que la naturaleza es todo cuanto existe."[8]

Una forma de naturalismo es el *materialismo.* Según esta teoría la materia en el universo es la única realidad y la base de toda existencia. Los materialistas creen que cambios físicos en el cuerpo y el sistema nervioso producen los procesos mentales. El pensamiento es sensación y toda sensación no es sino materia en movimiento. Pretenden comprobar su idea señalando que el hombre puede conocer solamente lo que puede ver, oír, olfatear, gustar o tocar. Niegan la existencia de la mente o alma como algo distinto de la materia, e insisten en la noción de que los sentimientos, pensamientos y emociones no tienen existencia independiente. El pensamiento es sensación y toda sensación no es sino materia en movimiento.

El *materialismo dialéctico* (Karl Marx) enseña que el ideal no es más que un mundo material reflejado por la mente y traducido en términos de pensamiento. Para el ideólogo comunista, "el hombre hace la religión, la religión no hace al hombre. Y la religión es, bien entendida, la autoconciencia y el autosentimiento del hombre".[9]

Según el materialismo dialéctico, nuestro mundo es infinito ya que siempre ha existido. No hay por encima de nuestro mundo material un mundo espiritual que pueda existir. El mismo Einstein, por su teoría de la finitud del mundo (que tiene comienzo y fin) fue chocante para estos materialistas y sólo fue admitido por el rodeo de la dialéctica.[10]

2. Agnosticismo: Tomás Huxley (1825-1895), fue el primero en usar el término "agnóstico", como un juego de palabras basadas en la antigua secta gnóstica. El agnosticismo profesa ignorancia y, por tanto, neutralidad en las cuestiones de los principios primeros y de las causas

---

[8] Warren Young, *Un enfoque cristiano a la filosofía* (El Paso: Editorial Mundo Hispano, 1984), pp. 248, 249.

[9] Carlos Marx y Federico Engels, *La sagrada familia* (México, D.F.: Editorial Grijalbo, 1958), p. 3.

[10] Manuel Fischel, *Manual de historia de la filosofía* (Barcelona: Editorial Herder S. A., 1987), p. 365.

de las cosas. Su máxima fundamental dice: "No es posible saber si hay un Dios." De esta manera se repudia el teísmo.

Los más importantes precursores del agnosticismo moderno son David Hume y Emanuel Kant. Hume dijo que, aparte de la experiencia, es imposible conocer la causa de algo. También criticó el argumento de designio en el universo, ya que señaló que el orden observable en el universo puede ser el resultado de un principio inherente en la materia antes que algo o alguien externo. Por su parte, Kant argumentó que es imposible tener algún conocimiento de aquellas cosas que no son objeto de nuestra experiencia sensorial. Dado que no es posible que Dios sea un objeto experiencial, nosotros no tenemos ningún conocimiento de él basado en la pura razón.

Evaluación. Aunque adelante presentaremos en detalle respuestas a los argumentos del ateísmo y agnosticismo, hacemos algunas observaciones: La posición del ateo es ilógica, pues insinúa que éste conoce toda la realidad en el universo. Si el hombre no conoce todo lo que puede existir, ¿no es absurdo negar la posibilidad de que exista algo solamente porque le es desconocido? Por ejemplo, puesto que no podemos cavar al centro del globo terráqueo, sería mero dogmatismo afirmar que el corazón de la tierra no contiene ciertos minerales. No le conviene al hombre negar la existencia de Dios por la simple razón de que nunca le ha visto, palpado o experimentado. Tal posición es insostenible. Poca gente es atea.

El agnosticismo es más lógico, pero también es arrogancia. Dice Ridenour:

> Irónicamente, un juicio universalmente negativo de este tipo (que no se puede saber si hay un Dios) requiere cierta dosis de conocimiento universal para ser cierto. En otras palabras, ¿cómo sabe el agnóstico que no puede saber? El agnóstico simplemente substituye un absoluto (Dios y sus verdades) por otro absoluto (sus propias opiniones de que le resulta imposible conocer a Dios).[11]

Joel Swerdlow contesta el argumento de los materialistas de que no existe espíritu ni mente y de que "el hombre, sus gozos y penas, sus memorias y ambiciones, su sentido de identidad personal y libre albedrío de hecho son nada más que la actividad de un montaje de células de nervios":

---

[11] Fritz Ridenour, *¿Quién dice?* (Miami: Editorial Vida, 1979), p. 25.

La consciencia singularmente humana —descrita en varias maneras como lenguaje, introspección, el tener consciencia de sí mismo y el pensar abstractamente— elude el sistema de medidas. Albert Einstein ideó la teoría de la relatividad al imaginar el viaje en el espacio de una persona en una caja. Sin embargo el examen posmórtem de su cerebro no indicó nada que explicara cómo él había utilizado tales visualizaciones para idear teorías abstractas (revista *National Geographic,* junio 1995, p. 18).

El fallecido médico y biólogo que escribió *best sellers* (libros de mejor venta) como *The Lives of a Cell* (Las vidas de una célula), Lewis Thomas, aseveró que "nunca hallaremos una explicación mecanista satisfactoria" por la mezcla de mito, moralidad, fe, pena y gozo que constituye nuestra geografía espiritual.

C. ARGUMENTOS PARA LA EXISTENCIA DE DIOS

Admitimos francamente que no es posible comprobar la existencia de Dios empleando el método científico. Pero esto no nos preocupa pues tampoco se puede comprobar el homicidio de Martin Luther King o la traición de Judas por este método. Para ser científicamente comprobable, el hecho tiene que ser repetible. Nadie puede resucitar a King ni repetir el acto del discípulo traidor. Pero el hecho de que es imposible comprobar estos eventos por medio del método científico, no significa que no sucediesen. El método científico es válido solamente para medir las cosas materiales. Nadie ha visto cuatro kilos de cariño ni dos metros de fe pero nadie negaría su realidad. El insistir que se compruebe la existencia de Dios por el método científico sería tan absurdo como exigir que se use el microscopio para estudiar los astros.

El ateo pregunta: "¿Has visto a Dios? Si no, ¿cómo puedes creer en él?" La respuesta se encuentra en un cuento sobre un cazador y su guía árabe acampados en un lugar lejos de la civilización. En la mañana cuando se despertó el cazador, el árabe le contó que un león durante la noche rodeó su carpa. "¿Lo viste?", preguntó su compañero. "No", contestó el guía. "¿Lo escuchaste?", dijo el cazador. "No", fue la respuesta. "Entonces, ¿cómo sabes que estuvo un león?" "Venga conmigo", respondió el árabe. El guía le llevó fuera de la carpa y señaló las huellas de un león en la arena. Es así en cuanto a Dios; no se ve ni ha sido oído, pero ha dejado sus huellas en la naturaleza.

Los escritores de la Biblia no intentan probar la existencia de Dios; la dan por sentado (ver Gén. 1:1). Sin embargo, señalan evidencias de que existe. El Salmista expresa: "Los cielos cuentan la gloria de Dios y el firmamento anuncia la obra de sus manos... No es un lenguaje de palabras, ni se escucha su voz; pero por toda la tierra salió su voz y hasta el extremo del mundo sus palabras" (Sal. 19:1, 3). El Apóstol añade: "Porque lo invisible de él —su eterno poder y deidad— se deja ver desde la creación del mundo, siendo entendido en las cosas creadas" (Rom. 1:20). Tanto el Salmista como el Apóstol afirman lo que el hombre no puede negar: hay un Dios que puede ser conocido a través de su creación y si rehusamos verlo allí, estamos sin excusa.

A través de los siglos se han desarrollado argumentos para probar racionalmente la existencia de Dios y apoyar ciertos aspectos de su naturaleza. Algunos de ellos se remontan a los filósofos griegos. Por ejemplo, fueron encontradas pruebas en los escritos de Aristóteles. Su sistema nos lleva desde la materia prima hasta su forma perfecta, desde el mundo inanimado hasta la obra perfeccionada del Primer Movedor. Estas ideas fueron adoptadas y mejoradas por Tomás de Aquino y otros.

En general son argumentos que van del efecto a la causa. Se arguye así: por cada efecto hay una causa o ningún efecto se produce sin tener una causa. El mundo, su diseño y el hombre, todos son efectos. Pero el proceso de causa a efecto no puede ser infinito. Llegamos finalmente a una causa no causada, la cual es Dios. Hay por lo menos cuatro pruebas clásicas: la cosmológica, la teleológica, la antropológica y la ontológica.

1. El argumento cosmológico. La palabra griega *kosmos* significa "orden, mundo, universo". Este argumento insiste en que el universo y todo lo que contiene —animales, árboles, astros— tiene que tener una explicación, una causa, pues no pudo simplemente "ocurrir". La creación tiene que tener un Creador. Nada viene de la nada. La causa no causada del universo es Dios.

El famoso agnóstico inglés, Bertrand Russell, hizo una afirmación asombrosa en su libro *Por qué no soy cristiano.* Dice que cuando era niño, siempre recibía la respuesta "Dios" a las muchas preguntas que formuló acerca de la existencia. Finalmente, él preguntó, "Bueno, ¿quién creó a Dios?" Cuando no hubo respuesta, perdió su fe. ¡Qué reacción más insensata! Si Dios no fuera un ser eterno y no creado, no sería Dios.

¿Qué hay del argumento de los materialistas de que la materia es eterna y el universo siempre ha existido? Una evidencia contundente de que la tierra ha tenido un origen se deduce de la segunda ley de la termodinámica, llamada también la ley de entropía. La tierra y el universo entero están disipando su energía y enfriándose como una estufa gigantesca. Hay algunas partes del universo que están más calientes que otras. La distribución del calor siempre fluye de las regiones más calurosas a las menos calurosas. Mientras que el calor fluye así, la distribución llega a ser más pareja. Si el universo fuera infinitamente antiguo, la energía ya estaría distribuida en forma pareja, pero no es así. El hecho de que todavía hay astros muy calientes en el universo indica que la estufa fue alimentada, hablando figurativamente, a un punto medible en el pasado. Este sería el momento de la creación, o de alguna actividad creativa.[12]

Además, si la energía del universo está degradándose y enfriándose, entonces este proceso no pudiera haber sido eterno; tiene que haber tenido un comienzo, el cual es la creación.

La mayoría de los astrocientíficos están de acuerdo en que toda la materia cobró existencia en una explosión gigantesca hace miles de millones de años. A esta teoría se le llama *big bang*. Para más detalles, lea el capítulo 12 de este libro.

2. El argumento teleológico o de designio (la palabra griega *telos* significa designio o meta). Es obvio que hay orden, diseño y designio en el mundo. El universo es un cosmos y no un caos porque todo es gobernado por leyes naturales. Por ejemplo, las estrellas siguen en su trayectoria, la tierra gira una vez sobre su eje cada 24 horas y alrededor del sol una vez cada año.

Hay una intricación asombrosa en el sistema del mundo; todas las cosas son interrelacionadas, interdependientes y sincronizadas. Como un reloj indica que hubo un relojero y como un proyecto señala que hubo un proyectista, el mundo ordenado y sujeto a las leyes naturales indica que hubo una Mente infinitamente sabia detrás de él. No puede ser que sea un producto de "fuerzas naturales" y mucho menos del azar. El gran Diseñador es Dios y el universo es su hechura.

Un ejemplo del designio divino en el universo es el agua, una sustancia extraordinaria y absolutamente esencial para la vida. Es ideal para formar la base de la sangre y de la savia. El agua tiene un alto calor específico, algo necesario para mantener estables las reacciones químicas en el cuerpo. Si tuviera un bajo calor específico, la sangre herviría cuando la persona hiciera el mínimo esfuerzo físico.[13]

Además, el agua, como disolvente, no se compara con ningún otro

---

[12] Bernard Ramm, *The Christian View of Science and Scriptures* (Grand Rapids, MI: William B. Eerdmans Publishing Company, 1954), p. 105.
[13] Ibíd., p. 102.

líquido; disuelve ácidos, bases y sales. En la sangre disuelve por lo menos 64 sustancias. Un fluido como la sangre o la savia sirve perfectamente para transportar sustancias alimenticias a las células de los seres vivientes y las plantas. Así que, sin agua, ni los animales ni la vegetación podrían recibir los nutrientes que necesitan.

La manera en que se congela el agua demuestra también el designio divino en la naturaleza. A medida que el agua de los lagos y de los mares se enfría, se hace más pesada y se hunde. Esto hace que el agua más liviana y más caliente suba a la superficie. Sin embargo, a medida que el agua se acerca al punto de congelación, el proceso se invierte. Cuando se convierte en hielo por congelación, flota. El hielo obra como aislante e impide que las aguas más profundas se congelen, y así protege la vida submarina.[14]

Si no fuera por esta cualidad singular, cada invierno sería mayor la cantidad de hielo que se hundiría al fondo, donde los rayos del sol no podrían derretirla el verano siguiente. Con el transcurso de los años, gran parte del agua de los ríos y de los lagos se convertiría en hielo que no se derretiría.[15]

El océano es el gran termostato de la tierra. Se necesita una pérdida enorme de calor para congelar el agua. Así que el océano amortigua el calor intenso del sol en el verano y el frío intenso en el invierno. A menos que las temperaturas de la superficie de la tierra fuesen moderadas, los seres vivientes serían cocinados o congelados.

Docenas de otras combinaciones de fenómenos hacen posible un mundo habitable (ver capítulo 11). ¿Pueden ser accidentes o el mero resultado del azar? ¡Imposible! Se ve la sabiduría infinita del Creador detrás de su maravillosa hechura.

3. El argumento ontológico. El término ontológico deviene de un vocablo que quiere decir "ser". Este argumento se refiere al concepto de perfección, una idea inescapable en nuestro modo de pensar. Se define a Dios como el ser más grande y perfecto que nosotros podemos pensar. ¿De dónde saca el hombre su idea de Dios sino de Dios mismo? Tal ser tiene que existir; si no existiera, no sería el ser más grande que pudiéramos imaginar.

4. El argumento moral. El filósofo Emanuel Kant exclamó: "Dos cosas me llenan de asombro, los cielos tachonados de estrellas sobre mí,

---

14 *La vida... ¿cómo se presentó aquí? ¿Por evolución o por creación?* (Brooklyn, Nueva York: Watch Tower Bible and Tract Society, Inc., 1985), p. 138.
15 Ibíd.

y la ley moral dentro de mí." Se refería a las pruebas de designio en el universo y el imperativo categórico o moralidad dentro del hombre. ¿De dónde recibió el hombre el sentido del bien y del mal? Afirma G. H. Lacy:

> La misma conciencia e inteligencia del hombre dan testimonio de que esta ley moral no ha tenido su origen en las costumbres y prácticas del hombre; que su origen únicamente se puede explicar en un ser infinitamente superior al hombre en el sentido moral, cuya voluntad es la ley moral y cuya misma naturaleza está así impresa en la naturaleza del hombre. Por lo tanto, la conclusión racional y natural es que el autor de nuestra naturaleza moral es un ser justo, infinitamente recto y a la vez personal.[16]

5. Otros argumentos. Además de los grandes argumentos clásicos para probar la existencia de Dios, hay otras pruebas convincentes.

a) La existencia de Dios, o por lo menos de la realidad de lo sobrenatural, es una idea innata. Esto quiere decir que una persona nace con la idea de Dios implantada en su mente. La evidencia de este argumento es que el hombre es instintivamente religioso. Dondequiera que se encuentre el hombre, se observa que tiene religión. Sólo en culturas donde se enseña que Dios no existe, se halla el hombre irreligioso o sin el sentido de lo sobrenatural. ¿De dónde viene esta idea? Sólo de Dios. Los teólogos Agustín y Calvino pensaban que por medio de este instinto, Dios está continuamente poniendo presión sobre el hombre. El sentido de la impotencia del hombre y su sentido de culpabilidad, son mecanismos por medio de los cuales Dios se imprime a sí mismo en el hombre.

b) El hombre se siente incompleto e insatisfecho hasta que él es encontrado por Dios. Agustín escribió: "Oh Dios, tú nos has hecho para ti y nuestro corazón está inquieto hasta que descanse en ti." Cohélet, el predicador de Eclesiastés declara: "[Dios]... ha puesto eternidad en el corazón de ellos" (los hijos de los hombres) (Ecl. 3:11). Sólo en Dios el hombre cumple el propósito por el cual vive; sólo en él se siente realizado y no necesita de nadie más.

c) La conversión y la experiencia con Dios es la evidencia contundente de que el Dios de la Biblia existe y está presente actualmente. Millones de creyentes testifican de un encuentro con Dios, el cual ha

---

[16] G. H. Lacy, *Introducción a la teología sistemática* (El Paso: Casa Bautista de Publicaciones, 1972), pp. 43, 44.

transformado su vida, les ha dado paz interior y ha satisfecho sus más profundos anhelos. También señalan que Dios contesta la oración.

Para muchos eruditos esta prueba no es realmente un argumento en el sentido usual, porque uno no necesita probar algo que puede ser experimentado directamente.[17] La experiencia por sí misma, dicen, se autentifica. El encuentro con Dios lo prueba todo.

D. EVALUACION DE LOS ARGUMENTOS

¿Qué tan válidos son todos los argumentos teístas? Algunos pensadores piensan que son una excelente demostración de la existencia de Dios. Otros ponen en tela de juicio su valor. En las palabras de Stephen Evans: "Ninguno de ellos puede considerarse como una prueba exitosa de la existencia de Dios en el sentido de que son racionalmente convincentes *para todo el mundo*"[18] (las cursivas son nuestras). Debemos reconocer que tales argumentos racionales no demuestran la existencia de Dios como uno demuestra un teorema de geometría por medio de inferencias válidas a partir de axiomas.

Por otra parte, los argumentos por separado o todos juntos podrían componer un caso para probar lo razonable del teísmo. Tal vez ningún argumento racional por sí solo puede comprobar la existencia de Dios, pero ellos en su efecto acumulativo demuestran una fuerte probabilidad de que existe un Ser supremo. Las pruebas cosmológica y teleológica son convincentes, pero tienen sus limitaciones, no contestan las siguientes preguntas:

1. ¿Cómo podemos saber que la Causa Primera y el Gran Diseñador son uno y a la vez la trinidad del Nuevo Testamento?

Los dos argumentos y la prueba moral solamente demuestran que Dios es todopoderoso, personal, moral, infinitamente sabio y el autor de la vida y la belleza.

2. Ambos argumentos —el cosmológico y el teleológico— suponen que Dios es uno, una idea que no podemos dar por sentado. ¿Comprueban que todas las causas y evidencias de designio en el mundo tienen que ser atribuidas a un solo origen?

3. ¿Qué de la existencia del mal y toda la evidencia de la falta de

---

[17] A. J. Hoover, "God, arguments for the existence of" en *Evangelical Dictionary of Theology,* Everett F. Harrison, ed. (Grand Rapids: T.E.L.L., 1985), p. 163.

[18] C. Stephen Evans, *Filosofía de la religión* (El Paso: Editorial Mundo Hispano, 1990), p. 71.

armonía en el mundo? Si Dios es el autor de todo, ¿no es él la causa también del mal?

4. ¿Hasta qué punto se puede explicar el diseño en el mundo, por medio de la teoría de la evolución? Desde la publicación del libro El origen de las especies por Charles Darwin, las personas dispuestas a dudar del relato bíblico de la creación han aceptado esta teoría.

Contestaremos estas preguntas en los capítulos que siguen.

Aunque los argumentos racionales pueden proporcionarnos una base racional para creer en Dios, no podemos conocer realmente a Dios por medio de ellos. Martín Lutero hablaba del "Dios escondido", incomprensible, pero afirmaba que es posible conocerle a través de la revelación que él ha dado de sí mismo. Primero por la revelación general que tiene que ver con la creación, preservación, gobierno del universo y con la conciencia humana. Pero esto es muy insuficiente. Segundo por la revelación especial, que se encuentra incorporada en la Biblia como la mismísima Palabra de Dios. El clímax de la revelación especial se ve en las palabras del escritor inspirado en la carta a los Hebreos: "Dios, habiendo hablado en otro tiempo muchas veces y de muchas maneras a los padres por los profetas, en estos últimos días nos ha hablado por el Hijo" (Heb. 1:1). Añadimos la afirmación del apóstol Juan: "A Dios nadie le ha visto jamás; el Dios único, que está en el seno del Padre, él le ha dado a conocer" (Juan 1:18).

EJERCICIOS

I. Verdadero (V) o Falso (F):

___ 1. El animismo cree que el *mana* se manifiesta en animales y personas.

___ 2. La monolatría es equivalente al politeísmo.

___ 3. El dualismo afirma que hay dos fuerzas o dos dioses opuestos: el bien y el mal.

___ 4. El panenteísmo combina teísmo con panteísmo.

___ 5. El deísmo destruye la exclusividad de Dios.

II. Términos pareados:

___ 1. Ateísmo	A. Interpreta el universo en términos de cuerpos físicos y químicos.
___ 2. Naturalismo	B. No es posible saber si hay un Dios.
___ 3. Materialismo	C. Dios es un mito inaceptable para la persona adecuada.
___ 4. Agnosticismo	D. Nuestro mundo es eterno.

III. Llene los espacios o conteste brevemente:

1. ¿Cuál es la gran debilidad del agnosticismo?

2. Los escritores de la Biblia no intentan probar ________ ____________________________ la dan como un hecho.

3. La segunda ley de la termodinámica muestra que el universo debe haber tenido ______________________
____

4. Las cuatro pruebas básicas de la existencia de Dios son: ____________________, ____________________,
____________________ y ____________________

5. ¿En qué consiste básicamente el argumento teleológico?

6. La prueba contundente de que el Dios de la Biblia existe es la ______________________________ y la
____

7. Los argumentos por sí solos no pueden ______________
______________, pero ellos en su efecto acumulativo demuestran una ____________________________

2
¿QUE TIENE DE ESPECIAL LA BIBLIA?

A. ¿POR QUE NECESITAMOS UNA REVELACION ESPECIAL?

En el libro de Job, Zofar pregunta: "¿Alcanzarás tú las cosas profundas de Dios?" (11:7). La respuesta es "no". Aparte de una autorrevelación, Dios es de carácter escondido e incomprensible. En el primer capítulo hemos visto que Dios se revela por medio de la naturaleza y la constitución del hombre, pero esta revelación no basta, es impersonal, limitada e inadecuada. Por ella sabemos solamente que Dios existe, que es poderoso, sabio y el autor del orden y la belleza. No le identifica: ¿Será Alá, Brahama o Jehovah? El es invisible, inaccesible, desconocido y misterioso. El hombre por sí mismo no puede descubrir los secretos del Omnipotente. Para ser conocido, Dios tiene que revelarse; a él le corresponde darse a conocer.

Sin una revelación especial, no podríamos saber si Dios es santo, justo, misericordioso o un ser cruel. No sabríamos cómo ser salvos de nuestras debilidades ni aun cómo acercarnos a él. No serían contestadas las preguntas: Si el hombre muere, ¿volverá a vivir? ¿Qué de la vida de ultratumba? ¿Por qué existe el hombre? ¿Hay justicia en el universo?

Felizmente para la humanidad, Dios se ha dado a conocer desde el tiempo de los patriarcas. Se reveló por teofanías (apariencias de Dios), eventos, milagros y palabras. El escritor de Hebreos dice: "En tiempos antiguos Dios habló a nuestros antepasados muchas veces y de muchas maneras por medio de los profetas", y luego añade la revelación divina perfecta y completa: "Ahora, en estos tiempos últimos, nos ha hablado por su Hijo" (He. 1:1, 2, versión Dios Habla Hoy). "A Dios nadie le ha visto jamás: el Dios único, que está en el seno del Padre, él le ha dado a conocer" (Juan 1:18). Jesús podía decir: "El que me ha visto, ha visto al Padre" (Juan 14:9).

Finalmente Dios se revela en la experiencia espiritual del creyente. Cuando leemos la Biblia o escuchamos la predicación del evangelio, a menudo oímos su voz y sentimos su presencia. Además, él contesta nuestras oraciones y llena nuestros corazones con su paz la cual "sobrepasa todo entendimiento".

B. ¿POR QUE NECESITAMOS UNA REVELACION ESCRITA?

La revelación de Dios a través de la Biblia es de suma importancia. Hay teólogos, sin embargo, que piensan que Dios habla por medio de encuentros personales más bien que a través de las Escrituras. Pero, preguntamos, ¿es la experiencia personal con Dios una manera adecuada de recibir su revelación, o de conocer su doctrina?

Existen algunas razones que expresan la necesidad de tener una revelación escrita: Primero, Dios tiene que revelarse por conceptos concretos; no es posible comunicar adecuadamente las ideas del pecado, la redención, las exigencias de Dios y los detalles de la vida de ultratumba, etc., por medio de los sentimientos. Si Dios no emplea oraciones y preposiciones, el encuentro con él resultaría en puro subjetivismo y cada persona que tuviera esta experiencia, la interpretaría a su propia manera.

En segundo lugar, es necesario que la revelación sea escrita. Al transmitir oral e indefinidamente el mensaje de Dios, probablemente éste resultaría distorsionado, omitiendo algunos detalles y añadiendo otros. Dios, en su infinita sabiduría, impulsó a sus siervos para registrar por escrito las revelaciones personales y los eventos en los cuales él intervenía. Estos se encuentran en la Biblia.

C. ¿COMO SABEMOS QUE LA BIBLIA ES LA UNICA Y AUTENTICA REVELACION DIVINA?

Casi todas las religiones tienen sus escritos sagrados. El hinduismo se basa en las upanishadas y vedas, el islamismo en el Corán. Estos y otros libros sagrados de las religiones no cristianas difieren radicalmente de las Escrituras del cristianismo. ¿Cómo sabemos que las nuestras son la verdadera revelación de Dios?

1. La Biblia es una revelación arraigada en la larga historia de un pueblo. La Biblia contrasta con los libros de otras religiones por cuanto no narra una manifestación divina a un solo hombre o unas especulaciones y pensamientos de él.

Una persona puede errar teniendo alucinaciones o una imaginación vívida viendo y escuchando cosas que realmente no existen. Pero es sumamente improbable que muchas personas a través de los siglos erraran con referencia a las manifestaciones de Dios. La Biblia es el registro de cómo Dios habló a determinados hombres, en determinados lugares, circunstancias y momentos, y esto para propósitos específicos: los de redimir al hombre y revelar la gloria divina.

2. La unidad de la Biblia. Al abrir las páginas de la Biblia uno queda asombrado por la extraordinaria armonía de cada libro con el resto de los escritos sagrados. Y esto a pesar de que ella fue escrita en un período de aproximadamente 1.500 años y por más de 40 autores. Estos provinieron de todas las clases sociales incluyendo reyes, campesinos, profetas, pescadores, poetas, estadistas, eruditos, cobradores de impuestos, médicos, sacerdotes, filósofos, militares, coperos. También ella fue escrita en diferentes lugares tales como: el desierto, un palacio, la prisión, viajando por mar y tierra, en medio de los rigores de una campaña militar, en el destierro o en una isla.

Las Escrituras fueron escritas en tiempos de guerra y de paz, y bajo diferentes estados de ánimo. Por ejemplo, Pablo escribió en la cumbre del gozo y Jeremías lo hizo en el pozo de la amargura. Como si todo lo anterior fuera poco, debemos añadir que en la Biblia hay una gran variedad de estilos literarios; se incluyen historia, leyes (civiles, penales, éticas, rituales, sanitarias), poesía religiosa, tratados didácticos, poesía lírica, parábola y alegoría, biografía, correspondencia personal, memorias y diarios personales, profecía y escritos apocalípticos.

Además, la Biblia está escrita en tres idiomas: hebreo, arameo y griego. Pero a pesar de todo esto, las partes no se contradicen a sí mismas. Presentan un sistema de doctrina, una norma de moralidad y un plan de salvación que demuestran que la Biblia es la perfecta obra de una sola mente, la del Espíritu Santo.

3. El carácter de las enseñanzas bíblicas. Al examinar las peculiaridades de las doctrinas de la Biblia, estamos convencidos de que es una revelación divina. Este libro se halla libre de conceptos absurdos que caracterizan a los otros escritos religiosos de su época. Reconoce que Dios es uno, santo, justo y compasivo. El es personal, presente en todas partes, pero también está por encima de su creación. En contraste, el dios de los musulmanes es austero y predestina absolutamente todo; no cambia jamás su actitud. En *El Rubiat* de Omar Kyam se ve la inexorable predestinación de Alá: "Escribe el dedo que mueve y se va. Ni toda tu piedad y ni todo tu ingenio pueden borrar media frase; ni todas tus lágrimas quitar una sola línea."

La Biblia describe con realismo al hombre, le confiere gran dignidad porque está hecho a la imagen de Dios. Por otra parte, es un ser caído propenso a pecar. De todos modos, es el objeto del amor de Dios y puede ser redimido y restaurado. Las Escrituras enseñan la más perfecta ética y moralidad; son motivadas por amor a Dios y a su prójimo. Hablan del destino de los hombres, el de los buenos y el de los malos. También predice la culminación del mundo y el tribunal de Dios. ¡Qué libro más maravilloso! Sólo Dios pudo haber ideado el plan tan sublime y lo pudo haber puesto en marcha.

4. La sobrevivencia de las Escrituras. Solamente un porcentaje pequeño de libros sobreviven más de 25 años; un menor porcentaje dura un siglo, pero poquísimos existen durante un milenio. En contraste con los otros libros, la Biblia no solamente ha sobrevivido, sino que ha sobrevivido en forma intacta, y por eso es única en este sentido.

Ningún otro libro ha sido atacado más implacablemente que la Biblia. En la época de los Macabeos, los sirios procuraron destruir todos los rollos. Los romanos también lo intentaron sistemáticamente. En el siglo XX, el comunismo ha hecho todo lo posible para privar a la gente de la Biblia y eliminar toda religión.

Otra fuente de oposición a la Biblia es el trabajo de los críticos. En el período de los romanos, algunos intelectuales paganos como Celso y Porfirio señalaron lo que ellos tenían por discrepancias en las Escrituras cristianas. Ha habido, en los últimos dos siglos, una nueva erupción de ataques críticos a la Biblia, hechos con gran vigor, profunda intensidad y atención microscópica a los detalles. Vienen principalmente de eruditos escépticos que escudriñan las Escrituras buscando errores y evidencias para apoyar sus suposiciones. Estos esfuerzos para desacreditar la Palabra de Dios son sin igual en la historia de la literatura. Han sido realizados por hombres de gran inteligencia y excepcional vigor mental.

Sin embargo, a pesar de tan crueles embestidas que ha sufrido la Escritura, ella continúa siendo amada, reverenciada y leída por millones de personas en el planeta. La Biblia sigue siendo el *best seller* (el libro que se vende más) en todo el mundo.

5. La buena influencia de la Biblia. Ningún otro libro ha tenido tanta influencia para el bien de la sociedad y del individuo como la ha tenido la Biblia. Thiessen comenta:

> El *Corán,* el *Libro de Mormón, Ciencia y salud,* el *Send Avesta* y los *Clásicos de Confucio,* todos han tenido tremenda influencia en el mundo. Pero hay una diferencia vasta en la índole de influencia que han ejercido cuando se les compara con la de la Biblia. Esos han dado un concepto bajo de Dios y del pecado, aun pasando por alto a éste. Han producido una indiferencia estoica hacia la vida y han resultado meramente en un punto de vista de moral y conducta. La Biblia, por lo contrario ha producido los resultados más elevados en todas las esferas de la vida... Observe usted las grandes reformas sociales que han sido realizadas, tal como la liberación de los esclavos y el conseguir los derechos de la mujer; sin mencionar el efecto regenerador sobre millones de vidas individuales.[1]

Las doctrinas bíblicas han desarrollado el amor hacia el prójimo, las elevadas leyes de países civilizados y la fundación de instituciones de misericordia, tales como hospitales, casas de lisiados, orfanatorios, asilos de ancianos. Algunas otras religiones enseñan la ética, pero no proporcionan el poder para cumplir sus normas. Unicamente la Biblia señala la fuente de poder para transformar a los hombres. ¿Dónde se encuentra en todo el mundo un libro que aun remotamente se compare con ella en su influencia beneficiosa sobre la humanidad? Por cierto que esto es prueba de ser la revelación de Dios a la humanidad necesitada.

6. El cumplimiento de la profecía bíblica. Centenares de predicciones, muchas de ellas hechas siglos antes del evento profetizado, se cumplen con asombrosa exactitud. Las profecías bíblicas de ninguna manera son vagas o equívocas, como sucede casi siempre con algunas predicciones extrabíblicas. Esas se refieren a sitios geográficos, personas y hechos específicos, y su minucioso cumplimiento es fácilmente verificado por la historia. Estudiaremos profecías específicas en un capítulo aparte, pues son numerosas y asombrosas.

7. El testimonio de la arqueología. En multitud de casos, las investigaciones arqueológicas han comprobado la exactitud de muchas referencias geográficas y de otro tipo que se encuentran en la Biblia, y que los detractores de la Escritura habían calificado de erróneas. El famoso arqueólogo judío, Nelson Glueck afirma: "Puede declararse categóricamente que ningún descubrimiento arqueológico ha contradicho alguna

---

[1] Henry C. Thiessen, *Lectures in Systematic Theology* (Grand Rapids: Wm. B. Eerdmans Publishing House, 1952), pp. 86, 87.

referencia bíblica."[2] La arqueología ha sido uno de los testigos más convincentes de que la Biblia tiene razón. Dedicaremos un capítulo entero para mencionar descubrimientos importantes que confirman las Escrituras.

8. La Biblia asevera ser la Palabra de Dios. El apóstol Pablo afirma que "toda la Escritura es inspirada por Dios" (gr. *theonuestos,* soplado por el aliento de Dios) (2 Tim. 3:16). Jesús se refiere a las Escrituras como "toda palabra que sale de la boca de Dios" (Mat. 4:4). En su Sermón del monte, declaró: "No penséis que he venido para abrogar la Ley o los Profetas; no he venido para abrogar, sino para cumplir. De cierto os digo que hasta que pasen el cielo y la tierra, ni siquiera una jota ni una tilde pasará de la ley hasta que todo haya sido cumplido" (Mat. 5:17, 18).

Los teólogos que rechazan la inspiración de la Biblia explican que Jesús simplemente se acomodó a las creencias judías del siglo I, y que por lo tanto no creería verdaderamente en la inspiración de la Escritura; afirmaría la autoridad de ellas, pero no de la autenticidad de los eventos registrados. Si esto fuera así, por ejemplo, Jesús no creería que Jonás estuvo realmente en el vientre del gran pez, pero simplemente usaría la historieta como parábola o ilustración de su mensaje.

En respuesta a esta teoría es necesario observar que hay una confusión entre adaptación divina y acomodación humana. Ciertamente un Dios infinito debe adaptar su revelación a la comprensión del finito entendimiento humano, para que de ese modo se produzca la comunicación. Sin embargo, esto es muy distinto a decir que Dios acomodó su revelación al error de la mente pecadora. Adaptación a lo finito es necesario, pero acomodación al error es inadmisible puesto que es moralmente inaceptable para un Dios que es santo y verdadero.

El apóstol Pedro señala la inspiración del Antiguo Testamento: "Ninguna profecía de la Escritura surgió de la interpretación del propio profeta. Porque la profecía nunca tuvo su origen en la voluntad humana, sino que los hombres hablaron de parte de Dios, impulsados por el Espíritu Santo" (2 Ped. 1:20, 21, Nueva Versión Internacional).

La inspiración de la Escritura se refiere a la influencia sobrenatural del Espíritu Santo sobre hombres elegidos por Dios a fin de que registren con exactitud el mensaje de él. Sin violar la personalidad y estilo del escritor sagrado, el Espíritu le ha guiado a escribir la revelación

---

[2] Nelson Glueck, *Rivers in the Desert; History of Netig* (Philadelphia: Jewish Publications Society of America, 1969), p. 31.

que había recibido e incluir material ya existente que es relevante.

A menudo se encuentran en el Pentateuco frases como estas: "Jehovah dijo también a Moisés" (Exo. 4:19; 7;8; 14:1; 16:4; Lev. 1:1; 4:1; Deut. 32:48). Dios mandó a Moisés que escribiera en un libro lo que le había dicho (Exo. 17:14; 34:27). En semejante manera, los profetas cuentan: "habla Jehovah" (Isa. 1:2); "Entonces Jehovah dijo a Isaías" (7:3); "La palabra de Jehovah que vino a Jeremías" (Jer. 11:1); "Entonces vino a mí palabra de Jehovah" (Eze. 25:1). Afirmaciones de esta índole ocurren más de 3.800 veces en el Antiguo Testamento.[3]

Los escritores del Nuevo Testamento también aseveran que el mensaje es de Dios. El apóstol Pablo afirma que las cosas que escribía eran mandatos de Dios (1 Cor. 14:37); que lo que predica, los hombres deben recibir "no como palabra de hombres, sino como lo que es de veras, la palabra de Dios" (1 Tes. 2:13). Otros escritores bíblicos también sostienen que su testimonio proviene de Dios.

Así que es obvio que los escritores tanto del Nuevo Testamento, como los del Antiguo, se dieron cuenta de que comunicaron el mensaje de Dios.

9. La Biblia imparte vida y poder a los que creen en ella. La evidencia incontrovertible de que la Biblia es la Palabra inspirada de Dios se encuentra en la experiencia personal de millones de personas a través de la historia. Son centenares de miles los que dicen que diariamente Dios les habla a través de las páginas de la Biblia, y también son muchos los que declaran que sus vidas han cambiado por medio del mensaje de Dios en su Palabra. ¿Es que acaso todas estas personas sufren de fanatismo religioso? ¿Se encuentran alucinadas y creen experimentar algo que no es real? ¿Puede la lectura de un libro puramente humano producir tal experiencia en los individuos? Ciertamente nadie que se estime inteligente podría responder afirmativamente a estas preguntas.

D. OBJECIONES A LA INSPIRACION DE LA BIBLIA

Una larga lista de objeciones se ha levantado contra la doctrina de la inspiración de la Biblia, particularmente contra la teoría de la inspiración verbal y plenaria. Y no se puede negar que algunas de ellas constituyen verdaderas dificultades. De nada serviría ignorarlas; merecen una cuidadosa atención, la cual no podemos darle en este escrito,

---

[3] Thiessen, *op. cit.*, pp. 89, 90.

pero por lo menos indicaremos la naturaleza general de las objeciones y daremos algunas sugerencias respecto a la manera de contestarlas.

1. Objeción antisobrenaturalista. Muchas de estas objeciones nacen de la presunción de que no existe un ser extramundano, un Dios personal que se ha revelado a los hombres. Si un hombre niega el teísmo cristiano es lógico que luego considere necio el hablar de un libro inspirado. Si alguien afirma que todo el universo es la consecuencia de leyes naturales y elimina toda posibilidad de lo sobrenatural, luego la inspiración es imposible.

Este tipo de oposición a la inspiración de la Escritura es en gran parte no precisamente científica, sino ética. Ella revela la aversión del corazón no redimido hacia lo sobrenatural. Frente a esta objeción es preferible presentar argumentos sobre la existencia de Dios, antes que discutir acerca de la inspiración de la Biblia.

2. Objeción basada en las supuestas discrepancias internas que hay en la Biblia. Esta objeción está dirigida específicamente contra la teoría de la inspiración verbal y plenaria de la Biblia; y la realizan, además de los antiteístas, eruditos que se declaran teístas. Básicamente la objeción consiste en que si Dios ha entregado una revelación y luego ésta ha sido escrita por inspiración sobrenatural, por consiguiente se debe esperar que tales escritos no tengan ningún tipo de contradicción.

3. Objeción basada en los errores históricos. Los supuestos errores nacen primordialmente de comparaciones de la historia bíblica con las crónicas de otras naciones. Por ejemplo, se observa en 2 Reyes 15:27 que Peka reinó por 20 años, pero según fuentes asirias, su reinado duró realmente no más de ocho años.

4. Objeción basada en errores científicos. Señala que en la Biblia hay afirmaciones erradas en cuanto a cuestiones científicas, como por ejemplo: la tierra y los cielos fueron hechos en seis días, el sol es quien se mueve alrededor de la tierra, el diluvio cubría todo el globo terráqueo.

5. Objeciones basadas en cuestiones morales. Los que objetan a la Biblia por cuestiones morales dicen que ella no puede ser inspirada, ya que en ella se permiten la esclavitud y la poligamia, y se ordena el exterminio de gente. Además, muchos de los héroes de la Biblia no son verdaderos ejemplos de moral; por ejemplo Abraham y Jacob no llevaban una vida estrictamente moral en sus relaciones domésticas; el gran salmista David cometió adulterio y otros pecados.

E. RESPUESTAS A LAS OBJECIONES

Ya hemos contestado la primera objeción, pero quedan por solucionarse los problemas de las supuestas discrepancias internas en la Biblia, los errores históricos y científicos, y la objeción basada en cuestiones morales. Primeramente hay que tener en cuenta cómo está escrita la Escritura y cómo difiere de los libros modernos.

Debemos entender que los autores inspirados vivían en una cultura totalmente diferente de la nuestra y sus costumbres eran radicalmente distintas, incluso su manera de describir las cosas. Hacemos algunas sugerencias para ayudar al lector de la Biblia a resolver las objeciones.

1. Debemos darnos cuenta de que los escritores sagrados no hablan con la exactitud científica del siglo XX. La Biblia describe fenomenológicamente muchas cosas, es decir, como les parece a los hombres. Por ejemplo, habla de levantarse y ponerse el sol. Sabemos que el sol no se levanta ni se pone, sino que es la tierra la que gira. También, usa los términos de aquel entonces a pesar de que llevan a veces un sentido falso. Por ejemplo, se describe la atmósfera como una lámina de metal batido a golpes de martillo (Gén. 1:6, 7). Fue el vocablo usado comúnmente en aquella época, y la revelación de Dios se acomoda al entendimiento de las personas que la reciben.

Los autores inspirados describen a veces cosas locales como si fuesen universales. Por ejemplo, cuando hubo hambre en el Medio Oriente, se dice: "También de todos los países venían a Egipto para comprar provisiones de José" (Gén. 41:57). En realidad "todos los países" aquí se refiere a Egipto y Palestina. Cuando se afirma que en el tiempo de Adán, "Jehovah Dios no había hecho llover sobre la tierra" (Gén. 2:5) es probable que significa que no había llovido en Mesopotamia, el lugar del huerto de Edén. De igual manera, es probable que el agua del diluvio cubrió solamente la tierra conocida por Noé (ver Gén. 7:19-23).

2. No debemos interpretar literalmente ciertas afirmaciones de la Biblia. Por regla general interpretamos literalmente lo que dicen los autores sagrados cuando se refieren a doctrinas tales como el nacimiento virginal de Jesús, sus milagros, su resurrección, la salvación, el cielo y el infierno. Sin embargo, la Biblia emplea con frecuencia símbolos, figuras retóricas y lenguaje poético.

Mucho del conflicto entre la ciencia y el relato bíblico se debe a la interpretación que adoptamos. Por ejemplo, los días de la creación, ¿son días literales o son períodos de actividad creativa? El científico dice que la tierra es sumamente antigua y que es absurdo creer que tiene solamente 6.000 ó 10.000 años. El cristiano responde señalando que es probable que Dios reveló su obra creadora en lenguaje poético, pues la gente de aquel entonces no entendería un relato científico. Debemos distinguir entre lo que dice el texto sagrado y nuestra interpretación; muchas de las contradicciones nacen de una particular interpretación.[4]

Además debemos entender que la Biblia es un libro de religión y no de ciencia. El gran propósito del relato de la creación era enseñar que Dios es el Creador, la fuente de todo lo que existe. Los detalles del proceso de la creación tienen importancia secundaria en la mente divina.

En conclusión, los supuestos errores científicos que se encuentran en la Biblia son sólo eso, "supuestos". La Escritura, sin ser un libro de ciencia, no es anticientífica. Por causa de que la Biblia usa términos precientíficos, ella está adaptada para todas las edades y para todas las etapas del progreso humano. Una Biblia escrita en lenguaje científico habría sido inútil para muchas épocas y no habría cumplido su propósito que es el de transmitir enseñanza religiosa.

3. Debemos darnos cuenta de que muchos de los llamados "errores" históricos son producto de la ignorancia occidental respecto de la vida y las costumbres en la vida del antiguo Oriente.[5] La discrepancia entre los anales asirios y el relato bíblico referente al reinado de Peka (2 Rey. 15:27; ver inciso 3 de la sección D de este capítulo), parece ser un error histórico del escritor sagrado. Sin embargo, hay que tener en cuenta algunas cosas. En primer lugar, todo cálculo de los años de reinado debe hacerse de acuerdo con las prácticas vigentes en el período propio de la vida del antiguo Cercano Oriente. En segundo lugar, no todos los factores que llevaron al cronista a atribuir 20 años de reinado a Peka son evidentes de una lectura del relato bíblico.

Probablemente la mejor explicación de la situación sea que el período de este rey cuenta también con una parte de algunos años de usurpación, práctica que no era desconocida en aquellos días en el Cercano Oriente. Refiriéndose a los supuestos errores históricos que hay en la Biblia, no debemos precipitarnos en calificar como errores los datos históricos que aparentemente no armonizan con los de otras fuentes. Pueden ser producto de nuestra ignorancia de las costumbres

---

[4] Bernard Ramm, *The Christian View of Science and the Scriptures* (Grand Rapids: William B. Eerdmans Publishing Company, 1954), pp. 45-49.
[5] R. K. Harrison, *Introducción al Antiguo Testamento,* vol. 2 (Grand Rapids: T.E.L.L., 1990), p. 492.

de aquel entonces y no son la responsabilidad de los autores originales.

4. Debemos reconocer que las aparentes discrepancias son triviales y, en muchos casos, son explicables. Algunos estudiosos dicen que en la Biblia hay abundantes discrepancias, como por ejemplo, entre los datos numéricos proporcionados en los libros de los Reyes y los de Crónicas (2 Rey. 24:8; 2 Crón. 36:9), entre los relatos del ministerio público de Jesús relatado en los Sinópticos y los relatos juaninos, y entre la doctrina de la justificación paulina y la fe por obras de Santiago. (Estudiaremos las cuestiones referentes al Nuevo Testamento en el capítulo 8 sobre la crítica moderna.)

Estas aparentes discrepancias son en su mayoría triviales, relacionadas en su mayor parte con cuestiones de números o fechas. Muchas de ellas son sólo aparentes ya que un cuidadoso examen de investigación nos llevará a la solución del problema. Por lo demás, algunas de ellas, como por ejemplo las de cuestiones de números, deben ser adjudicadas a errores de los copistas, ya que hemos de recordar que la inerrancia se aplica únicamente a los autógrafos. John Wenham señala:

> Hay pruebas, por algunos pasajes paralelos en Samuel, Reyes y Crónicas y especialmente en Esdras 2 y Nehemías 7, que los números eran especialmente difíciles de transmitir con precisión... Hay otros errores de copia, muchos de los cuales se pueden explicar fácilmente.[6]

5. Debemos recordar que la revelación de Dios es progresiva. En el Antiguo Testamento no se encuentran referencias claras a las últimas cosas tales como la resurrección, el cielo y el infierno. Parece que a veces el Antiguo Testamento enseña que la muerte acaba con todo y que no hay vida después de fallecer (ver Sal. 146:4; Ecl. 9:5-10). Sin embargo, es porque los escritores no supieron la plena verdad acerca del porvenir.

Este principio explica en parte el problema de la baja moralidad que se encuentra en el Antiguo Testamento: la existencia de la esclavitud y la poligamia, el exterminio de pueblos e inconsecuencias en las vidas de algunos de los héroes de la Biblia. J. E. Giles observa que a Dios "no le era posible revelar todo el ideal en los días del Antiguo Testamento y esperar la perfección del hombre, porque el mundo no era capaz de recibir y seguir normas tan altas".[7]

---

[6] Gordon Wenham, "Las enormes cifras del Antiguo Testamento" en *Manual bíblico ilustrado*. David y Pat Alexander, editores (Miami: Editorial Unilit, 1985), p. 191.

[7] J. E. Giles, *Bases bíblicas de la ética* (El Paso: Casa Bautista de Publicaciones, 1987),

En el Nuevo Testamento ya no se ordena matar al enemigo, antes se debe amarlo; no se permite más la poligamia e incluso se suaviza la esclavitud (ver Ef. 6:9; Col. 4:1). Sin duda la ética veterotestamentaria, a pesar de ser inferior a la neotestamentaria, era mucho más alta que la de otras naciones contemporáneas.

En segundo lugar respecto a las faltas morales de hombres de la Biblia, esto más que echar por tierra la inspiración, la confirma; un libro personalmente humano casi siempre procura excusar los defectos de sus héroes o no mencionarlos, pero la Biblia nos da una narración fiel de las vidas de todos, mas en ninguno de estos actos inmorales hay el más mínimo indicio de la aprobación de Dios, sino más bien evidencias claras de desaprobación y en algunos casos de un castigo.

6. Debemos tener en cuenta que se encuentran glosas o notas de escribas y algunos errores en la transmisión del texto bíblico. Por ejemplo, los mejores manuscritos no contienen 1 Juan 5:7b (ver notas de RVA) y algunos otros versículos que aparecieron en versiones antiguas. Aunque la Escritura fue transmitida con gran precisión a través de los siglos, algunas notas de los escribas y aun errores entraron en el texto. Sin embargo, creemos que no hubo errores en los autógrafos, o sea, los manuscritos originales. En las palabras de Jesús: "La Escritura no puede ser emulada."

Admitimos que existen ciertos problemas, pero recordamos que en el pasado se solucionaron problemas cuando se descubrieron ciertos datos. La posición lógica, entonces, sería suspender el juicio en áreas de aparente conflicto hasta que consiguiéramos más datos. La existencia de problemas no debe socavar nuestra confianza en la Biblia como la Palabra sobrenatural de Dios.[8]

En conclusión, podemos confiar en la Biblia como la revelación especial de Dios. Ella tiene todas las características de una autorrevelación digna de nuestro Padre celestial. Las pruebas de su inspiración son muchísimas y los problemas son pocos y comparativamente insignificantes. A través de las páginas de la Biblia, oímos la voz de Dios invitándonos a venir a él y ser participantes de la vida eterna.

---

p. 42. Ver también la Edición actualizada y ampliada (El Paso: Casa Bautista de Publicaciones, 1994), pp. 70-72.

[8] Paul E. Little, *Know Why you Believe* (Wheaton: Victor Books, 1978), p. 59

EJERCICIOS

I. Llene los espacios o conteste brevemente:

1. Si no fuera por la autorrevelación, Dios sería de carácter ______________________
e ______________________

2. ¿Por qué la revelación divina tenía que ser escrita?

a)
b)

3. La Biblia es una revelación arraigada en __________ de un pueblo.

4. La unidad de la Escritura prueba que ella es la perfecta obra de una sola ______________,
la del ______________________ que caracterizan los otros escritores religiosos de su época.

5. La Biblia está libre de ______________________
que caracterizan los otros escritores religiosos de su época.

6. ¿Qué diferencia hay entre la influencia de la Biblia en el mundo en relación con otros libros de religión?

II. Verdadero (V) o Falso (F):

___ 1. Se hicieron algunos errores en la transmisión del texto bíblico.

___ 2. Los escritores sagrados no se daban cuenta de que comunicaban la Palabra de Dios.

___ 3. La experiencia de millares de creyentes es la mayor evidencia de la inspiración de la Biblia.

___ 4. Los autógrafos no contienen errores.

III. Desarrollo:

1. ¿Qué respuesta daremos a los supuestos errores científicos hallados en la Biblia?

2. ¿Qué diremos a la objeción basada en los errores históricos?

3. ¿Cómo explicaremos el problema de la baja moralidad que se encuentra en el Antiguo Testamento?

4. ¿Cuál es el consejo a seguir en aquellas áreas de aparente conflicto entre la Biblia y la ciencia?

5. De las cinco objeciones sobre la inspiración de la Biblia, elija la que le parezca más común o ilústrela con un caso real.

3
ARMANDO LA COLECCION DE LIBROS INSPIRADOS: EL CANON

¿Cómo sabemos que la Biblia contiene sólo libros inspirados por el Espíritu Santo? ¿De qué manera fueron reconocidos como tales? ¿Quiénes compilaron el Antiguo y el Nuevo Testamentos? ¿Cómo lo hicieron? ¿Cuándo fue atribuida autoridad a estos libros y por quiénes? Es fundamental que sepamos las respuestas a estas preguntas para que podamos confiar en la autoridad de las Sagradas Escrituras.[1]

La colección de los libros inspirados, tanto del Antiguo como del Nuevo Testamentos se llama el "canon". Es un término griego que se utilizaba para describir "un criterio", "una norma" o "regla para medir". Al principio la iglesia primitiva lo aplicaba como la "regla de la verdad" o "de fe" al patrón de la enseñanza apostólica transmitida a la iglesia para distinguirla de otra literatura cristiana, pero no inspirada. Con el transcurso del tiempo fue utilizado para referirse a la lista de escritos que habían obtenido reconocimiento en la iglesia como Sagradas Escrituras.

Señalamos que no hay uno, sino dos cánones: el hebreo y el cristiano. En nuestra Biblia, el primero consiste de 39 libros y constituye el Antiguo Testamento; el segundo consiste de 27 libros y se llama el Nuevo Testamento. Los judíos denominan "Tanak" a su canon, una palabra formada de la primera letra de las divisiones de su Biblia: Torah (ley), Navüin (profetas) y Kethubim (escritos).

El proceso por el cual todos estos libros llegaron a ser reconocidos como autoridad exclusiva de fe y conducta no lo conocemos a cabali-

---

[1] Everett F. Harrison, *Introducción al Nuevo Testamento* (Grand Rapids: T.E.L.L., 1980), p. 93.

dad, ya sea en el caso del canon hebreo o del cristiano. De lo que sí podemos estar seguros es que el Espíritu Santo mismo que inspiró a los escritores sagrados guió el proceso de canonización, de tal manera que un libro debe contener autoridad divina en razón de su inspiración antes de ser calificado para la canonización. Un libro no recibe autoridad canónica porque algún concilio decidió incluirlo en la lista de libros sagrados, sino que la iglesia, por medio de la acción del Espíritu Santo, reconoció aquellos libros que dieron evidencia de contener la autoridad divina a causa de su inspiración. Existe evidencia de que los libros fueron unidos a la colección creciente *inmediatamente después que fueran escritos, simplemente porque quienes los recibieron los reconocieron como divinamente inspirados.*[2] Sin embargo no se creó una lista formal.

Es valioso señalar que la literatura inspirada formaba sólo una parte del total de la literatura religiosa con la que contaba el pueblo de Dios y con la que ha contado a través de su larga historia. Sólo aquella porción de literatura inspirada emergió como canónica en todas las partes del mundo antiguo. El marco de diferencia entre la literatura canónica y el resto de la literatura religiosa radicaba en que no toda ella fue igualmente beneficiosa para todos los grupos de creyentes. Cabe señalar que las listas locales de libros canónicos no fueron completas como en el caso de la lista general final. Este canon final eventualmente consistía de una combinación de todas las listas locales.[3]

A. LA FORMACION DEL CANON HEBREO

1. ¿Quiénes compilaron los libros del Antiguo Testamento? El canon del Antiguo Testamento fue formado probablemente por sacerdotes, escribas y otros hebreos piadosos. Fritz Ridenour comenta:

> Un punto absolutamente esencial es que el canon fue formado por hombres de fe, pero sus mentes fueron iluminadas por el Espíritu Santo para ayudarlos a discernir entre la verdad y el error. ¿Escogieron los libros de la Biblia jugando a la "gallina ciega" con un montón de manuscritos? La historia nos demuestra que utilizaron su razón, su inteligencia y numerosas pruebas estrictas y severas para decidir si un libro correspondía efectivamente a la Sagrada Escritura.[4]

---

[2] *El origen de la Biblia,* William J. J. Glashouwer, ed. (Amsterdam: La Biblia Abierta, 1986), p. 105.

[3] J. R. McRay, "Bible, canon of" en *Evangelical Dictionary of Theology,* Walter A. Elwell, ed. (Grand Rapids: Baker Book House, 1984), p. 140.

[4] Fritz Ridenour, *¿Quién dice?* (Miami: Editorial Vida, 1979), p. 73.

2. ¿Cómo fueron recibidos los libros sagrados? No sabemos el proceso por el cual todos estos libros llegaron a ser reconocidos como autoridad exclusiva de fe y conducta. Parece que cuando un profeta escribió su mensaje, esto llegó a ser inmediatamente parte de las Escrituras. Moisés, por ejemplo, al escribir las palabras de la ley, dio órdenes a los levitas de tomar "este libro de la Ley y ponedlo junto al arca del pacto" (Deut. 31:24-26). De allí en adelante la Torah (la Ley o el Pentateuco) tenía primer lugar entre los escritos sagrados de los hebreos.

Debemos darnos cuenta de que la mera compilación de los libros de la Biblia y el reconocimiento de ellos no los hizo libros inspirados. Edward J. Young observa:

> Cuando la Palabra de Dios fue escrita, llegó a ser Escritura, y puesto que había sido hablada por Dios, poseía autoridad absoluta. Puesto que era Palabra de Dios, era canónica. Lo que determina la canonicidad de un libro, por lo tanto, es el hecho de que fue inspirado por Dios.[5]

3. ¿Cuáles eran las pruebas que aplicaron los hebreos para determinar si un libro era una auténtica escritura sagrada? Según la tradición judía, la obra tenía que ser escrita por un profeta o alguien que tuviera el don de profecía. Para los hebreos, Moisés era profeta tanto como lo eran Isaías y Jeremías. Otras grandes figuras espirituales tales como Abraham, David y Daniel, aun cuando no contaban con el título de profeta, eran considerados como poseedores de poderes proféticos.

La prueba determinante era el testimonio del Espíritu Santo con respecto a la autoridad de su propia Palabra. Jesús ha dicho: "Mis ovejas oyen mi voz" (Juan 10:27). Este testimonio, dado por el Espíritu del Señor, hacía que la comunidad sintiera, en lo más profundo de su ser, que ese libro era la mismísima Palabra de Dios y, por tanto, de ahí en adelante ese libro era de uso continuo de la comunidad y por ser la Palabra de Dios satisfacía las necesidades espirituales del pueblo. R. K. Harrison nos dice:

> El Espíritu de Dios que inspiró estas composiciones también obró en los corazones y mentes del pueblo elegido dándoles testimonio de que los escritos eran en realidad la Palabra de Dios.[6]

---

[5] Edward J. Young, "The Canon of the Old Testament" en *Revelation and the Bible.* Carl F. H. Henry, ed. (Grand Rapids: Baker Book House, 1958), p. 156.
[6] R. K Harrison, *op. cit.*, p. 294.

4. ¿Cuál fue la fecha de la formación del canon hebreo? Es probable que los libros inspirados fueron aceptados y utilizados tan pronto como fueron escritos. El tiempo en que fueron escritos se llama el "período profético", el cual comenzó en la época de Moisés y terminó en la de Malaquías (desde 1300 hasta 400 a. de J.C.)

El historiador judío, Flavio Josefo (37-100 d. de J.C.), sostenía que todos los libros sagrados de los judíos fueron escritos entre los días de Moisés y el reinado de Artajerjes I (rey de Persia durante los años 465 a 424 a. de J.C.).

> No tenemos una innumerable multitud de libros, que discrepan y se contradicen unos a otros (como ocurre con los griegos), sino solamente 22 libros que contienen el registro de todos los tiempos; que son creídos con justicia ser divinos. Y de éstos, cinco son los libros de Moisés, que contienen las leyes y las tradiciones sobre el origen de la humanidad hasta su (de Moisés) muerte. Este período ocupa poco menos de 3.000 años. Pero en cuanto al tiempo que transcurre entre la muerte de Moisés hasta el reinado de Artajerjes, rey de Persia, que reinó después de Jerjes, los profetas que vivieron después de Moisés escribieron lo que ocurrió en sus respectivas épocas, en 13 libros. Los cuatro libros restantes contienen himnos a Dios y preceptos de conducta para la vida humana... nadie ha sido tan osado como para agregarles nada a ellos, ni quitarles nada, ni cambiarles nada... (Josefo, *Contra Apión* I, 8.)

Respecto a la fecha del cierre del canon, se ha sugerido que la idea de limitar los libros canónicos no se les ocurrió a los rabinos hasta la reunión de Jamnia, la cual tuvo lugar después de la caída de Jerusalén alrededor del 90 d. de J.C. En esta reunión o concilio, los rabinos judíos debatieron si ciertos libros como Eclesiastés, Cantares, Ester, Proverbios y Ezequiel deberían ser excluidos del cuerpo de Escrituras Sagradas. Parece claro que la obra de estos expertos condujo a la confirmación formal del canon, y no a la formación del mismo.

Además, el testimonio de Josefo indica que el canon hebreo ya se había aprobado hacía mucho tiempo por el uso de los libros inspirados. Bruce Metzger en su libro *An Introduction to the Apocrifa* (Una introducción a los Apócrifos), p. 8, asevera que la asamblea de Jamnia "meramente ratificó lo que la mayoría de las almas sensibles espiritualmente del judaísmo ya habían acostumbrado a considerar como Escritura santa".

Así que es probable que el canon hebreo en todos sus detalles esenciales haya estado completo hacia el año 300 a. de J.C.[7]

5. ¿Cuántos libros fueron inspirados? ¿Cuál es la lista del canon hebreo? El Antiguo Testamento de nuestra Biblia incluye 39 libros y se dividen en cuatro secciones principales: Ley (Génesis a Deuteronomio), Historia (Josué a Ester), Poesía (Job a Cantares) y Profetas (Isaías a Malaquías). En contraste, el canon hebreo cuenta con 24 libros (en algunos casos 22) porque ciertos libros se agrupan formando un solo tomo. También se dividen en manera diferente: la Ley, los Profetas y los Escritos. La lista de los libros en el Tanak (canon hebreo) y la organización de ellos es la siguiente.

1. **Ley:**
   Génesis
   Exodo
   Levítico
   Números
   Deuteronomio

2. **Profetas:**
   Josué
   Jueces
   Samuel
   Reyes
   Isaías
   Jeremías
   Ezequiel
   El libro de los Doce
   (Oseas a Malaquías)

3. **Escritos:**
   Salmos
   Proverbios
   Job
   Cantares
   Rut
   Lamentaciones
   Eclesiastés
   Ester
   Daniel
   Esdras—Nehemías
   Crónicas

¿Cómo sabemos que estos libros fueron inspirados? El testimonio de Jesucristo es decisivo en el asunto. Aceptó todo el Tanak o cuerpo de escritos del Antiguo Testamento, como la Palabra autoritativa de Dios. Hablando acerca de esto, dijo: "La Escritura no puede ser anulada" (Juan 10:35). En otra ocasión afirmó la inspiración de las tres divisiones principales del canon hebreo: "... era necesario que se cumpliesen todas estas cosas que están escritas de mí en la Ley de Moisés, en los Profetas y en los Salmos" (Luc. 24:44).

B. LOS LIBROS APOCRIFOS

En las Biblias de las iglesias Católica Romana y Ortodoxa Griega, se encuentran libros que no están incluidos en nuestra Biblia. Se llaman

[7] Ibíd., p. 297

"libros apócrifos" (ocultos) o "deuterocanónicos" (segundo canon). Hay 14 libros en esta categoría: Esdras; 2 Esdras; Tobías; Judit; agregados al libro de Ester; Sabiduría de Salomón; Eclesiástico (Sabiduría de Ben Sirac); Baruc, con la carta a Jeremías; el Cántico de los tres jóvenes santos; Susana (agregado a Daniel); Bel y el Dragón; la oración de Manasés; y 1 y 2 Macabeos.

Se llaman "apócrifos" no porque presentan verdades encubiertas, sino porque no están aprobados para lectura pública. Fueron escritos principalmente en el siglo II a. de J.C., largo tiempo después de que había terminado el período profético. Eran años de turbulencia política y social. El espíritu de los libros se caracteriza por la respuesta de los judíos a las situaciones conflictivas y su deseo de un futuro mejor.[8] Algunos de estos libros tienen valor histórico y otros son pura ficción.

¿Por qué no están incluidos en la Biblia protestante?

1. No existe evidencia de que los judíos de Palestina jamás los consideraron libros sagrados. Fueron incluidos en la versión griega llamada la Septuaginta o Versión de los Setenta, la cual fue traducida a mediados del siglo III a. de J.C., pues el rey Alejandro Filadelfo quiso incluir todos los libros de los judíos en su biblioteca. Pero los targumes arameos y la Peshita siria en su forma más antigua no los contenían. Además los rabinos de Jamnia los rechazaron. Incluso Jerónimo (traductor de la Vulgata, versión latina) reconocía que los apócrifos no tenían igual autoridad que los libros del canon hebreo. Los más antiguos manuscritos o la Septuaginta difieren notoriamente con respecto a cuáles libros constituyen la lista de los apócrifos.

2. Ninguno de sus escritores sostiene la inspiración de sus escritos.

3. Nunca son citados en el Nuevo Testamento. Aunque los apóstoles empleaban la Versión de los Setenta, nunca citaron los libros apócrifos. Se dice que algunos Padres de la iglesia citaron a los apócrifos, pero la mayoría tomó una posición en contra de su canonicidad.

4. Si bien algunos de los libros apócrifos tienen cierto valor histórico y espiritual, gran parte de ellos contienen errores de hecho y enseñan doctrinas y principios éticos contrarios a la Escritura inspirada.[9]

Por ejemplo, el libro de Judit comienza con estas palabras: "El año doce del reinado de Nabucodonosor, que reinó sobre los asirios en la gran ciudad de Nínive." Una nota en la Biblia de Jerusalén comenta:

---

[8] "Apocrypha, Old and New Testament" en *Baker Encyclopedia of the Bible,* tomo I, Walter A. Elwell, ed. (Grand Rapids: Baker Book House, 1988), p. 124.
[9] Rideneour, *op. cit.,* p. 280.

"Nabucodonosor nunca fue llamado 'rey de los asirios' ni reinó en Asiria." Según el escritor de este libro, la bella viuda Judit, fue a la tienda del general Holofernes en el campamento de los asirios invasores con el motivo de seducirle y matarle. Cuando estaban solos, el general estando tendido sobre la cama borracho, Judit le cortó la cabeza con la espada de él. Así salvó a su pueblo.

El libro de Tobías relata cómo Sara, una joven en Ecbatania, está afligida por un demonio, el cual mata a siete de sus novios, uno tras otro, en las noches de las bodas de cada uno. Dios envió al ángel Rafael para solucionar el problema. Tomando la forma de un hombre, el ángel pesca un pez en el río Tigris. Tobías, el último novio de Sara, conserva el corazón, el hígado y la bilis del pez. En la noche en que se casa con Sara, los quema y la hediondez aleja al demonio. En otra ocasión, Tobías ungió los ojos ciegos de su padre con la bilis, y éste es sanado.

Fritz Ridenour observa que en los libros apócrifos, "el mentir es aceptable cuando el fin justifica los medios; se justifica el suicidio y el asesinato y se enseña a orar por los muertos. Un ponderable porcentaje de la literatura apócrifa contiene absurdos y supuestos milagros que lindan en lo grotesco y tonto".[10]

C. EL CANON DEL NUEVO TESTAMENTO

Aunque el canon del Antiguo Testamento había sido formalmente cerrado, en un sentido la venida de Jesucristo lo volvió a abrir. Dios hablaba otra vez, y dado que la cruz fue el acto redentor central de Dios en la historia, el Nuevo Testamento vino a ser una necesidad lógica. De manera que la voz de los apóstoles, y más adelante sus escritos, fueron aceptados como el comentario divino del acontecimiento de Cristo.

Para la iglesia primitiva el concepto de canon no era algo complicado de entender ya que desde el mismo origen de la iglesia, en el ministerio de Jesús, la iglesia tuvo un canon. Este fue el canon del Antiguo Testamento. Tanto Jesús como sus apóstoles aceptaron el canon hebreo como la Palabra inspirada de Dios y digna de toda autoridad.

1. La necesidad de tener un nuevo canon. Los libros del Nuevo Testamento probablemente fueron escritos entre el año 51 d. de J.C. y hasta la última década del siglo I. El reconocimiento de algunos libros vino tempranamente y para otros sólo después de un largo período de

---

[10] Ibíd.

prueba y uso. El canon del Nuevo Testamento fue un proceso histórico que ocupó alrededor de 350 años.

En los días apostólicos los dichos del Señor eran considerados como de igual o mayor autoridad que el Antiguo Testamento (ver 1 Cor. 9:9, 13 s.; 11:23 ss.; 1 Tes. 4:15). El *Diccionario ilustrado de la Biblia* dice lo siguiente:

> Un dicho del Señor Jesús decidía tan categóricamente como una cita escritural toda cuestión de doctrina o ética. Desde luego, estas palabras del Señor no eran citas de ningún documento, puesto que los Evangelios aún no se habían escrito.[11]

También los apóstoles se consideraban con autoridad otorgada por el Señor para decidir sobre asuntos de la vida de la iglesia. A medida que el cristianismo se extendía, y que los apóstoles comenzaban a morir, y además considerando que el retorno del Señor Jesucristo no se producía, se hizo necesario tener un material escrito confiable para la instrucción de los nuevos creyentes y para proveer de un relato fidedigno de la vida y ministerio del Señor Jesús al testificar a los gentiles. Las cartas de Pablo comenzaron muy pronto a circular y ser leídas en los servicios de adoración. John Lewis indica:

> El haber leído las cartas de Pablo en la adoración cristiana junto con pasajes del Antiguo Testamento, indica de qué manera la comunidad cristiana se estaba moviendo en dirección a tener su propio canon distintivo de escritos sagrados.[12]

Antes de que culminara el siglo I, comenzaron a aparecer ciertas tendencias heréticas, las cuales demandaron una respuesta apostólica auténtica. El Evangelio de Juan, la primera Epístola de Juan y Colosenses son fieles reflejos de la controversia con los gnósticos. En el 140 d. de J.C., el hereje Marción llegó a Roma anunciando una nueva doctrina y muy pronto consiguió muchos adeptos. Rechazó de plano todo el Antiguo Testamento y formuló un canon muy reducido del Nuevo Testamento. Esto incluía sólo el Evangelio de Lucas y las car-

---

[11] Richard Foulkes, "Canon del Nuevo Testamento" en *Diccionario ilustrado de la Biblia,* Wilton M. Nelson, ed. (Miami: Editorial Caribe, 1977), p. 99.

[12] John M. Lewis, *La revelación e inspiración de las Escrituras* (El Paso: Casa Bautista de Publicaciones, 1985), p. 75.

tas paulinas salvo las dirigidas a Timoteo y Tito, las cuales cambió según su propio criterio.[13]

La herejía de Marción dio un impulso poderoso para la formación de un canon definido. El llamado canon Muratorio (denominado según el anticuario que lo descubrió en 1740), fue la respuesta a la herejía de Marción. Fechado alrededor del año 170, este canon contiene los cuatro Evangelios, Hechos, las 13 cartas de Pablo, Judas, dos cartas de Juan y el Apocalipsis. Es extraño que Hebreos, Santiago y 1 Pedro falten, pero son precisamente aquellos a los que les tomó más tiempo ser aceptados como canónicos por toda la iglesia.

2. El proceso gradual de completar el canon actual. La fijación final de lo que es ahora el canon demoró mucho tiempo en parte a causa de la enorme dispersión y deficiente comunicación de los cristianos primitivos. Sin embargo, hacia fines del siglo II, la literatura cristiana se hacía más abundante, y surgían voces de autoridad en distintas áreas geográficas que hablaban en nombre de sus congregaciones locales, pero también de parte de la iglesia universal, la cual daba muestras claras de una unidad consciente respecto a los libros que debían ser considerados literatura canónica.

Ireneo de Lyon en Galia (alrededor del año 185) citó como canónicos 22 escritos de nuestro Nuevo Testamento, más el Pastor de Hermas, pero tenía reservas tocante a Hebreos, 3 Juan, 2 Pedro, Santiago y Judas. Clemente de Alejandría (150-215) escribió explicaciones de todos los escritos canónicos, incluyendo aquellos en disputa y hasta comentó sobre la epístola de Bernabé y el Apocalipsis de Pedro. No obstante, Clemente marcaba una clara distinción entre lo canónico y lo apócrifo cuando se trataba de los Evangelios. Tertuliano, por su parte, confirmó casi la misma lista de libros canónicos presentada por Ireneo, incluso rehusó utilizar cualquier Evangelio que no fuera uno de aquellos que la iglesia reconocía como inspirados y de autoridad divina. Hablando sobre el testimonio de estos tres eruditos del siglo II, ya casi en sus postrimerías, Everett F. Harrison manifiesta:

> El testimonio unánime de estos tres testigos de un período cercano al fin del siglo dos es suficiente para establecer que existía un cuerpo de escritos normativos reverenciado por toda la iglesia.[14]

---

[13] *El origen de la Biblia, op. cit.*, p. 102.
[14] Everett Harrison, *op. cit.*, p. 102.

En el siglo III, Orígenes viajó extensamente por Roma, Grecia, Asia Menor, Egipto y Palestina para evaluar qué libros consideraban auténticos las iglesias. El erudito alejandrino descubrió que las opiniones variaban en cuanto a cuáles eran reconocidos, disputados o falsos.

En días de Eusebio de Cesarea (270-340) el Nuevo Testamento no era todavía una unidad cerrada. En esta época los padres citaban a veces como Escritura a los dichos de Jesús aunque no estuvieran consignados en los Evangelios canónicos. También a veces citaban Evangelios no canónicos, y libros como la epístola de Bernabé, 1 Clemente, la Didache, los Hechos de Pablo, el Apocalipsis de Pedro y el Pastor de Hermas. Estos escritos fueron aceptados por algunos líderes eclesiásticos, pero a la larga fueron rechazados por ser considerados no canónicos. Un grupo de escritos fue agrupado como los "Padres apostólicos" y contenía los siguientes libros: 1 y 2 Clemente, las Epístolas de Ignacio, la Epístola de Policarpo a los Filipenses, el Martirio de Policarpo, la Didache, la Epístola de Bernabé, el Pastor de Hermas y la Epístola a Diogneto.

Otro grupo llamado "la apócrifa del Nuevo Testamento" consistía de obras espurias escritas con los nombres de los apóstoles y otros personajes famosos. Estas obras pretendían dar información acerca de Jesús y los apóstoles, información que no se encontraba en las Escrituras canónicas. Se escribieron Evangelios bajo los hombres de María, José, Marción, Felipe, Bartolomé, Pedro, Mateo y Tomás. Otros libros escritos fueron los Hechos de Andrés, Bernabé, Santiago, Juan, Pablo, Pedro, Felipe, Pilato, Matías y Tomás. También se escribieron los Apocalipsis de Santiago, Pablo, Pedro, Tomás, Esteban y la Virgen.

Todos estos escritos fueron rechazados por la iglesia. La razón es que carecían de veracidad. La propia naturaleza de estas obras descalificaron su pretensión de autoridad divina.

3. Los principios utilizados para determinar si un libro era canónico o no. Luego de ver los libros rechazados por la iglesia, bien vale la pregunta: ¿Qué principios dirigieron el proceso de canonización del Nuevo Testamento? Hubo factores que se consideraban para aceptar como canónico un escrito.

a) El escrito tenía que tener amplia aceptación en las distintas iglesias. Tal uso confirmaba el hecho de que los libros fueron tempranamente reconocidos por su valor como verdaderos testimonios de la fe.

b) El valor de un libro era medido en términos de su testimonio auténtico de la vida y enseñanzas de Jesús. Tenía que coincidir con una correcta doctrina cristiana y tener el poder de edificar a los creyentes en la fe.

c) Finalmente, el libro debía de poseer señales claras de autoridad apostólica. Esta era la pauta más importante para la selección de un libro.

Respecto a los libros no escritos por apóstoles (por ej. Marcos y Lucas), aquí la iglesia se apoyó en el hecho de que estos hombres escribieron bajo la dirección de Pedro y Pablo, respectivamente. Hablando sobre la autoridad apostólica como pauta de selección para la canonización, Donald Guthrie señala: "El criterio determinante en la selección fue la 'apostolicidad', la convicción de que los libros representaban la postura de la era apostólica."[15]

D. CONCLUSION

Con toda seguridad los creyentes evangélicos podemos creer que en el Antiguo y Nuevo Testamentos tenemos la plena revelación de Dios, que fue escrita y redactada bajo la directa inspiración del Espíritu Santo y que constituye la única e infalible Palabra de Dios, distinta de todos los demás libros del mundo.

Cabe señalar que el principio de la canonicidad no puede ser por ningún motivo divorciado de la idea de la autoridad, en este caso de la autoridad divina, a pesar del hecho patente de que las Escrituras fueron escritas por hombres.

Tras la palabra escrita hay una tradición oral respecto a Jesucristo, y tras la tradición oral está la predicación apostólica, tras este testimonio apostólico se encuentra Cristo mismo. El Señor Jesucristo hizo dos cosas vitales en el proceso de canonización: autenticó el Antiguo Testamento y prometió la actividad del Espíritu Santo para hacer posible lo que llegó a ser el Nuevo Testamento. Es así que fundamentalmente Cristo es la clave de la canonicidad.

Además de esta autoridad cristológica para el canon, es valioso señalar que la iglesia hoy puede tener plena confianza en el proceso de canonización. En palabras de Merrill Tenney:

---

[15] Donald Guthrie, "Textos y versiones" en *Manual bíblico ilustrado,* David Alexander y Pat Alexander, editores (Miami: Editorial Unilit, 1985), p. 74.

> El canon actualmente existente surgió de un considerable conjunto de tradición y especulación oral y escrita, y se abrió camino en las iglesias debido a su autenticidad y potencia dinámica inherentes.[16]

Una pregunta que no se puede pasar por alto antes de concluir nuestro breve estudio es ¿qué de los escritos apostólicos que no han sobrevivido (por ej. la carta a que se alude en 1 Cor. 5:9)? Si aparecieran algunos escritos apostólicos, ¿tendrían derecho de ser incluidos en el canon? Dejemos que el erudito Everett F. Harrison responda a esta pregunta:

> Es prudente aquí recurrir a la providencia de Dios que ha permitido la recuperación de muchos documentos antiguos, pero ninguno apostólico. Si el Nuevo Testamento ha sido suficiente, bajo la dirección de Dios, para la vida de la iglesia a lo largo de todos estos siglos, difícilmente va a necesitar ser suplementado después de tantos años. La pregunta es puramente hipotética.[17]

La tarea de la iglesia en este tiempo y mientras Cristo no regrese, no es suspirar deseosa de nuevas revelaciones, sino testificar de la salvación ya claramente revelada. Cuando Cristo regrese la iglesia no tendrá más necesidad de la Biblia, y por ende no deberá más preocuparse por discernir lo canónico de lo apócrifo o espurio. Pero mientras esto no ocurra, la iglesia debe recordar que ella nació aferrada a un canon, y en un sentido real le toca vivir continuamente aferrada a ese canon.

---

[16] J. Merrill Tenney, *Nuestro Nuevo Testamento* (Grand Rapids: Editorial Portavoz, 1989), p. 484.
[17] Everett F. Harrison, *op. cit.*, p. 115.

EJERCICIOS

I. Verdadero (V) o Falso (F):

___ 1. El Espíritu Santo guió el proceso de canonización.

___ 2. Entre los judíos era vital que quien escribiera literatura sagrada fuera levita y sacerdote.

___ 3. El concilio de Jamnia determinó cuáles libros eran canónicos.

___ 4. La Biblia hebrea cuenta con 24 libros.

II. Llene los espacios o conteste brevemente:

1. Los libros apócrifos reciben ese nombre porque ellos
____

2. ¿Cuándo fueron escritos los apócrifos?

3. Mencione tres razones por las cuales los libros apócrifos no están incluidos en la Biblia protestante:

   a)
   b)
   c)

4. El canon fue abierto con la ______________________
____

5. ¿Por qué los discípulos de Jesucristo tuvieron necesidad de tener un nuevo canon?

   a)
   b)

6. ¿Qué principios usaba la iglesia para determinar si un libro era canónico o no?

a)
b)

III. Términos pareados:

___	1. Marción	A. Confirmó la lista de Ireneo
___	2. Ireneo	B. El Nuevo Testamento no era una unidad cerrada
___	3. Tertuliano	C. Descubrió que las opiniones variaban en cuanto a los libros auténticos
___	4. Orígenes	D. Canon Muratorio
___	5. Eusebio	E. Diferenció lo canónico de lo apócrifo
___	6. Clemente de Alejandría	F. Aceptó el Pastor de Hermas como canónico

4
PROFECIAS BIBLICAS

A. LA NATURALEZA DE LA PROFECIA BIBLICA

Una de las pruebas más contundentes de la inspiración de las Sagradas Escrituras radica en el exacto y notable cumplimiento de centenares de sus profecías. ¿Qué es una profecía? La palabra "profetizar" significa literalmente "proclamar", "declarar", "anunciar". Entonces una profecía es un anuncio hecho por un profeta.

El término más común en la Biblia para designar a un profeta es *nabi;* da la idea de que éste es un portavoz autorizado por Dios. El papel que desempeñaba un profeta se entiende al considerar algunos textos del Antiguo Testamento. De acuerdo con Exodo 7:1, 2, Dios había encomendado a Moisés presentarse al faraón para pedirle que dejara salir de su tierra a los hebreos. Moisés le dijo a Jehovah que él era torpe para hablar. Jehovah le contestó: "... te he puesto como dios para el faraón, y tu hermano será tu profeta (*nabi*). Tú dirás todas las cosas que yo te mande, y Aarón... hablará al faraón..." En Deuteronomio 18:18 las palabras de Dios confirman esta función: "Yo pondré mis palabras en su boca, y él (el profeta) les hablará todo lo que yo le mande." Por lo tanto, el profeta es portavoz de Dios, el encargado por especial misión divina, de hablar al pueblo en nombre de su Dios. Además, basados en Números 12:1-8, podemos agregar que un nabi genuino es aquel que es portavoz de Dios, sólo si Dios le ha dado a él un mensaje para hablar.

El mensaje profético se relaciona, primordialmente, con sucesos y circunstancias presentes en la época del profeta de orden político, social o religioso. Es decir, profetizar es predicar acerca de la situación del pueblo en los días del profeta.

Pero la profecía bíblica también tiene un aspecto vaticinador. Dios revela al profeta sus designios, juicios y providencia. Por eso, el profeta se encuentra por encima del tiempo.

El portavoz de Dios a veces emplea la predicción de un acontecimiento próximo para confirmar que su misión y palabras son de Dios. Por ejemplo, el vidente Samuel, al ungir a Saúl rey de Israel, predijo con exactitud que éste hallaría en el mismo día dos hombres junto al sepulcro de Raquel, los cuales le avisarían que las asnas extraviadas de su padre ya habían sido encontradas (1 Sam. 10:1, 2; ver también 2 Rey. 7:1; Isa. 7:14; Jer. 28:15, 16). Por otra parte, el profeta anuncia —bajo la inspiración del Espíritu Santo— sucesos que han de ocurrir en el futuro lejano.

En *Protestant Christian Evidences* (Evidencias cristianas protestantes) se define la profecía como:

> una declaración de eventos futuros, ante los cuales ninguna sabiduría humana o pronóstico que se haga es suficiente, ya que están basados en el conocimiento de innumerables contingencias de los asuntos humanos, las cuales pertenecen exclusivamente a la omnisciencia de Dios; de ahí que es muy natural que la profecía deba ser revelación divina.[1]

Las profecías de predicción son una señal irrefutable del poder y la majestad de Dios; además ellas presentan la naturaleza sobrenatural de la Palabra de Dios. Sin embargo, la palabra profética no es únicamente una demostración del poder de Dios, sino que además es la respuesta a las oraciones y necesidades humanas.

B. CARACTERISTICAS DE UNA PROFECIA GENUINA

¿Cómo difiere la profecía bíblica de las predicciones de los espiritistas, astrólogos o *channelers* de la Nueva Era? ¿Se pueden comparar las profecías de Nostradamus o Jeannie Dixon con las de Isaías o Daniel? ¿Cuáles son las particularidades de la profecía genuina?

Las profecías bíblicas demuestran que son genuinas porque son específicas y claras; no son vagas, equívocas como sucede por lo general con profecías de Nostradamus y de la Madre Shipton las cuales pueden ser interpretadas de muchas maneras. Aunque algunas predicciones de Jeannie Dixon, vidente secular del siglo XX, se cumplieron al pie de la letra, otras eran equivocadas y tal vez nada más que adivinanzas o conjeturas.

---

[1] Bernard Ramm, citado en *Protestant Christian Evidences* (Chicago: Moody Press, 1953), p. 82.

En contraste con las predicciones de los espiritistas, astrólogos, o *channelers* y videntes de religiones no cristianas, las profecías de la Biblia se refieren a sitios geográficos, personas y hechos específicos. Su minucioso cumplimiento es verificado fácilmente por la historia subsiguiente. Poseen suficiente precisión y tratan con cosas humanas que realmente suceden, las cuales son impredecibles.

Consideraremos en detalle algunas particularidades de la profecía genuina.

1. La profecía genuina es peculiar a la Biblia. Esto no significa que en otras religiones no haya elementos proféticos. Sin embargo, en religiones no cristianas la profecía es un fenómeno ocasional, mientras que ella es parte fundamental de la religión bíblica. Siempre tiene un fin espiritual. No es para satisfacer la curiosidad de la gente acerca de las cosas seculares. Israel constantemente se desviaba de su fidelidad de la ley mosaica, y fue llamado al arrepentimiento por medio del ministerio profético. Fue amonestado por los profetas para abandonar la idolatría y el pecado, y volverse a Dios. Parte importante de esta palabra profética fue la palabra predictiva; por medio de esta palabra predictiva es que el pueblo podía distinguir al profeta verdadero del falso profeta. El cumplimiento de la profecía fue parte importante en el establecimiento de la religión del Antiguo Testamento.

2. La profecía se esparce a través de toda la Biblia. Ella no es un fenómeno aislado, antes bien, el material profético se encuentra en los libros históricos, poéticos, sapienciales y en los profetas. Ella también aparece en los Evangelios y epístolas, y el libro sagrado en sí concluye con un libro de profecía. Todo esto nos muestra cómo la profecía está en el corazón mismo de la religión bíblica.

3. La profecía bíblica se refiere frecuentemente a eventos en el futuro lejano. Como ejemplo de esto tenemos el caso de la destrucción de Jerusalén ocurrida en el año 586 a. de J.C. la cual fue profetizada en días del profeta Amós, alrededor del año 760 a. de J.C. (2:5), es decir, con 174 años de anticipación. O bien consideremos el ejemplo de Isaías profetizando la muerte del Mesías con más de 700 años de anticipación (Isa. 53).

Las predicciones de los adivinos y otros videntes no bíblicos, por regla general, son de poca proyección en el futuro.

4. La profecía bíblica menciona detalles específicos y exactos. No presenta generalidades vagas. Consideremos el ejemplo de la destrucción de la ciudad de Tiro. Esta profecía dada por Ezequiel (cap. 26), en el año 586 a. de J.C. presenta detalles extraordinariamente certeros, imposibles de ser conocidos por la más brillante inteligencia humana. Los detalles son los siguientes:

a) Nabucodonosor destruiría la campiña de la ciudad de Tiro (26:8);

b) muchas naciones pelearían contra Tiro (26:3);

c) se convertiría en un peña lisa; plana como la cumbre de una roca (26:4);

d) los pescadores extenderán sus redes sobre el lugar (26:5);

e) se lanzarían sus despojos al mar (26:12);

f) nunca sería reconstruida (26:14);

g) nunca sería vuelta a encontrar (26:1).

Todos estos detalles tuvieron un asombroso cumplimiento. John Urquhart señala que las profecías

> contienen lo que yo puedo llamar cuadros proféticos. No indican meramente una característica entre las muchas características secundarias de la gente y de los países; describen una característica tras otra hasta que su condición se ve ampliamente retratada. Con el cumplimiento de una, o tal vez de dos, podría pensarse que habría intervenido la casualidad, pero cuando se añade una tras otra, la sospecha se hace más y más falta de lógica, hasta que, ante la acumulación de evidencia, es barrida completamente y para siempre.[2]

5. La profecía bíblica no tiene ambigüedades, es decir no posee dobles sentidos o afirmaciones que conduzcan a conclusiones erróneas. Un buen ejemplo lo vemos en una serie de profecías concernientes al Mesías. Sería de la simiente de Abraham (Gén. 12:2, 3; 22:18); provendría de la tribu de Judá (Gén. 49:10); saldría de la línea familiar de Isaí (Isa. 11:1, 10); sería descendiente de David (Jer. 23:5; 2 Sam. 7:12-16); nacería en Belén (Miq. 5:2). Como podemos observar todo es muy claro, no hay lugar para ambigüedades de ningún tipo.

6. La profecía bíblica tiene un cumplimiento exacto. Son centenares las profecías que encontramos en la Biblia que han tenido doble cumplimiento. Extraordinarios ejemplos de profecías cumplidas incluyen el destino de grandes ciudades de la antigüedad tales como Babilonia, Nínive, Tiro, Tebas, Menfis, Samaria y Jerusalén. También hay profecías acerca de pueblos como los moabitas, amonitas, filisteos y edomitas. Además, hay más de 330 profecías en el Antiguo Testamento acerca del Señor Jesucristo, las cuales se han cumplido al pie de la letra.

7. La profecía bíblica tiene fecha y paternidad literaria genuinas. Peter Stoner, en su libro La ciencia habla, refiriéndose a las profecías de

---

[2] John Urquhart, *The Wonders of Prophecy* (New York: Charles C. Cook, s.f.), p. 44.

Tiro, Samaria, Gaza-Ascalón, la expansión de Jerusalén, Palestina, Moab-Ammon, Petra-Edom y Babilonia, señala lo siguiente:

> Ningún ser humano jamás ha hecho predicciones que puedan compararse con las que hemos considerado, y que hayan resultado ciertas con toda precisión. El lapso de tiempo entre la escritura de estas profecías y su cumplimiento es tan grande que los críticos más severos no pueden reclamar que las predicciones hubieran sido hechas después que sucedieron los acontecimientos.[3]

Josh McDowell, hablando sobre la fecha de las profecías, afirma que los profetas "declaran sus profecías muy claramente; los tiempos son muy obvios. Ellos reclaman estar ejerciendo el milagro de la profecía predictiva".[4]

8. La profecía bíblica es de una naturaleza tal que está en exacta oposición a lo que la inteligencia humana podría predecir. Esto es específicamente verdadero de grandes ciudades o civilizaciones que caerían, y esto mientras no había ni la más mínima señal de que ocurriría así. Podemos mencionar las predicciones acerca de la destrucción de Jerusalén, la caída de Nínive, la captura de Babilonia y el fin del imperio Asirio.

C. ARGUMENTOS CONTRA LA PROFECIA

Escépticos y críticos liberales que ponen en tela de juicio la veracidad de la Biblia, presentan algunos reparos en su contra.

1. El lenguaje es vago. La primera objeción afirma que las declaraciones proféticas son vagas en su naturaleza, de tal modo que el cumplimiento posterior no es difícil de encontrar. Es preciso conceder que no todas las profecías son absolutamente claras y delineadas. Algunas predicciones participan de una generalidad en el lenguaje; por ejemplo, Génesis 3:15 no indica la naturaleza precisa de los detalles en su cumplimiento. Sin embargo, debemos tener presente que:

a) Las predicciones proféticas son bien delineadas en su cumplimiento. Hay una cantidad de detalles en la profecía, al tiempo de su emisión, que son claramente observados a la hora de su cumplimiento.

---

3 Peter Stoner, *La ciencia habla* (Chicago: Moody Press, 1963), p. 115.

4 Josh McDowell, *Evidencia que exige un veredicto* (Miami: Editorial Vida, 1982), p. 273.

Varios ejemplos podrían indicarnos qué factores divinos entran en acción.

b) Si el crítico cree que las profecías son vagas, debería demostrar que todas ellas lo son. Mostrar que tres o cuatro, o diez, o veinte son vagas, no es suficiente.

2. Las profecías son artificialmente cumplidas. Es verdad que algunas profecías podrían ser cumplidas por la voluntad de algún hombre. Por ejemplo: un hombre podría ir a Belén para el nacimiento de su hijo y clamar el cumplimiento de Miqueas 5:2. Pero el punto en cuestión es, ¿todas las profecías que aparecen en la Biblia podrían ser cumplidas por voluntad humana? No basta probar que algunas pudieran ser el resultado del deseo humano, se debe probar ello en todas.

Es imposible que muchas profecías fueran cumplidas por el designio humano. a) ¿Cómo podría un hombre cumplir los eventos de la cautividad babilónica? b) ¿Cómo podría un hombre artificialmente cumplir las profecías del retorno desde Babilonia? c) ¿Cómo podrían las predicciones de las grandes naciones y sus destinos ser controladas por hombre alguno?

3. Las profecías fueron escritas después de los eventos. Esta objeción es frecuentemente usada para echar por tierra las pretensiones del milagro de la profecía predictiva. Los eruditos de la alta crítica del siglo XIX sostenían que muchas de las profecías bíblicas fueron escritas centenares de años después de lo supuesto originariamente. La inferencia, por tanto, es que esas profecías no eran tales, sino engaños e historias fraguadas luego de ocurridos los denominados sucesos vaticinados.

Sin embargo, la arqueología se ha encargado de echar por tierra las hipótesis antisobrenaturalistas. Grandes ejemplos de esto son el descubrimiento del fragmento John Rylands, el cual asegura la fecha del Evangelio de Juan a fines del siglo I. Luego el descubrimiento de los Rollos del Mar Muerto, con manuscritos de Isaías y Daniel, se ha confirmado la veracidad de las profecías de estos libros. Millar Burrows ha señalado que la arqueología "ha fortalecido incuestionablemente la confianza en la veracidad del relato bíblico... en muchos casos ha refutado los puntos de los críticos modernos". [5] Josh McDowel explica las actitudes y criterios de los que objetan las profecías predictivas con el argumento del fechado posterior. Señala que:

---

[5] Millar Burrows, *What Mean These Stones* (New Haven: American Schools of Royal Research, 1941), pp. 291, 292.

Los problemas de la mayoría de las críticas de las profecías predictivas son sus presuposiciones de que vivimos en un sistema cerrado, que no hay Dios, que los milagros no son posibles, y que por consiguiente no puede haber profecía predictiva. Así que lo que sucede es que ellos leen un libro que contiene exclamaciones proféticas y ven el cumplimiento en una fecha muy posterior y por consiguiente concluyen que la así llamada expresión profética tuvo que ser en una fecha todavía más tarde. La conclusión de la coincidencia de la profecía con su cumplimiento es un resultado de las presuposiciones y no la evidencia de la arqueología o los hechos de la historia.[6]

4. Las profecías son objeto de mala interpretación. Esto se afirma sobre la base de que algunas profecías son meras coincidencias de lenguaje, por ejemplo, "de Egipto llamé a mi hijo" (Ose. 11:1 con Mat. 2:15). Otro ejemplo de mala interpretación sería interpretar Isaías 53 como profecía mesiánica. Ante estas objeciones podemos señalar que: a) Es admitido frecuentemente que no todas las citas del Antiguo Testamento son citadas como cumplimiento de predicciones. A veces el Antiguo Testamento es citado porque hay coincidencia de lenguaje o de pensamiento. b) El no querer ver pasajes mesiánicos en el Antiguo Testamento es consecuencia lógica del antisobrenaturalismo. Es sabio realizar la exégesis para ver si Isaías 53 no es mesiánico, y no partir con un juicio a priori antes del trabajo exegético. c) Debe ser demostrado que todas las así llamadas profecías cumplidas son materia de mala interpretación, lo cual nos parece imposible.

5. El mismo fenómeno ocurre en otras religiones. Esta objeción carece de valor ya que a través de la historia no encontramos ejemplos ni de libros ni de tradiciones orales que presenten profecías verdaderamente acreditadas. Aunque la historia de las naciones paganas contiene augurios y oráculos, éstos se encuentran a una distancia inconmensurable de las profecías bíblicas.[7]

D. EJEMPLOS DE PROFECIAS CUMPLIDAS

A continuación consideraremos brevemente algunas profecías cumplidas.

1. Destrucción de Babilonia. "Y Babilonia... será como cuando Dios trastornó a Sodoma y a Gomorra. Nunca más sería habitada... el árabe no pondrá allí su tienda... pero allí se recostarán las fieras del desierto..." (Isa. 13:19-21).

---

[6] McDowell, *op. cit.*, p. 275.
[7] Ramm, *op. cit.*, p. 90.

El profeta Isaías escribió esta predicción alrededor del año 700 a. de J.C. Tal como lo predijo Isaías, los medos, dirigidos por Ciro, atacaron Babilonia en el año 539 a. de J.C. y destruyeron la mayor parte de la ciudad. Luego ésta fue saqueada por Jerjes y más tarde Alejandro el Grande intentó reconstruirla, pero abandonó el intento. Fritz Ridenour, hablando sobre el cumplimiento de Isaías 13, señala:

> En el primer siglo d.C., Babilonia era una mina hedionda habitada solamente por bestias salvajes. En el siglo 12, fue imposible penetrar en las minas del palacio original de la ciudad, debido a la cantidad de serpientes venenosas y escorpiones que pululaban por doquier.[8]

2. Caída de Nínive (ver Nah. 1:1-8; 2:3-6; 3:7; Sof. 2:13-15). La formidable capital del imperio asirio fue destruida en el año 612 a. de J.C. cuando los ejércitos babilónicos y medos desviaron el curso del río Tigris. Se provocó una inundación que literalmente disolvió los edificios y las murallas, tal cual se predijo en Nahúm 2:6: "Las compuertas de los canales habrán sido abiertas, y el palacio quedará arrasado." Hablando sobre este hecho George Badges registra que:

> El hecho (de la inundación) aquí registrado (Nah. 1:8; 2:6) cumple literalmente la profecía de Nahúm y ofrece explicación para una capa de piedras y arena que se ha hallado a unos pocos metros bajo la superficie (del río) en los terraplenes de Koyoonjuk y Nimrod.[9]

3. Petra y Edom (ver Isa. 34:6, 7, 10, 13-15; Jer. 49:17, 18; Eze. 25:13, 14; 35:5-7). Se predijo que este pueblo: a) quedaría desolado; b) jamás volvería a poblarse; c) sería conquistado por paganos; d) conquistado por Israel; e) tendría una historia sangrienta; f) haría que Edom quedara desolado hasta la ciudad de Temán; g) animales salvajes habitarían la zona; h) cesaría el camello; i) los espectadores quedarían sorprendidos.

Cuando se escribieron estas profecías, Edom era un país sumamente próspero. Se encontraba situado en medio de grandes rutas comerciales. Petra, la ciudad capital, tenía una de las defensas naturales mejores del mundo. Sin embargo, todo lo predicho se cumplió admirablemente. Higgins señala:

---

[8] Fritz Ridenour, *¿Quién dice?* (Miami: Editorial Vida, 1979), pp. 88, 89.
[9] McDowell, *op. cit.*, p. 304.

Durante el tiempo de los profetas una profecía semejante parecía tener pocos visos de cumplirse. Aun después de que los edomitas fueron desalojados, los nabateos desarrollaron una civilización floreciente que perduró durante siglos. Pero Dios había dicho "asolaré tus ciudades". Hoy la tierra está desierta, como mudo testimonio de la exactitud de la Palabra de Dios. Petra, es un notable ejemplo del cumplimiento literal de esta profecía. Esta grande y antigua capital, con su teatro con capacidad para 4.000 personas, con sus templos, sus altares y sus monumentos, ahora se halla silenciosa y solitaria, arruinándose cada vez más a medida que pasa el tiempo.[10]

4. Caída de Samaria (ver Ose. 13:16; Miq. 1:6). Los profetas Oseas y Miqueas predijeron que Samaria: a) caería con violencia, b) llegaría a ser como montones de ruinas, c) allí se plantarían viñedos, d) sus piedras serían derramadas por el valle, e) sus fundamentos serían descubiertos.

Todas estas profecías se cumplieron al pie de la letra, primero con la invasión de Sargón en 722 a. de J.C., luego con Alejandro en 330 a. de J.C. y más tarde por Juan Hircano en 120 a. de J.C. El terreno donde se encontraba Samaria ha sido arado durante siglos y por consiguiente es totalmente inútil mirar en la actualidad intentando encontrar rastros de los cimientos y piedras de la antigua ciudad.

5. Sidón. Contra Sidón, ciudad vecina de Tiro, se formuló la siguiente profecía: "Le enviaré peste y sangre por sus plazas. Los cadáveres caerán en medio de ella, y la espada estará alrededor de ella" (Eze. 28:23). Debemos notar que no se predijo la extinción de Sidón. Esto se cumplió fielmente ya que hoy Sidón es una ciudad de 20.000 habitantes. Sin embargo, se profetizó que por sus valles correría sangre. Sobre esta profecía, Enrique Morris señala que Sidón

> es una ciudad cuya historia ha sido escrita con sangre. Casi destruida por los persas, fue escenario de feroces batallas durante las cruzadas, durante las guerras entre rusos y turcos y más tarde entre turcos y franceses. Nuevamente en el año 1840, sus calles quedaron teñidas en sangre al ser bombardeadas por las flotas de tres países.[11]

Sidón permanece hoy, pese a todas las aflicciones que le ha tocado vivir, como un monumento a las profecías cumplidas.

6. Gaza y Ascalón. Sobre estas dos ciudades filisteas se dieron las siguientes profecías: a) los filisteos no continuarían existiendo (Amós

---

[10] Ibíd., p. 294.

[11] Enrique Morris, *La Biblia y la ciencia moderna* (Editorial Moody, s.f.), p. 118.

1:8); b) Gaza sería rapada (Jer. 47:5); c) sobre Ascalón (Sof. 2:6); e) el remanente de la casa de Judá rehabitaría Ascalón (Sof. 2:7).

Cuando se pronunciaron estas profecías, los filisteos eran la raza más poderosa de toda la Palestina (Palestina significa tierra de los filisteos), pero hoy los filisteos han desaparecido completamente.

Actualmente existe una ciudad llamada Gaza, por esto se creía que la profecía referente a Gaza era un error. Finalmente se hizo un estudio cuidadoso de la situación, y se descubrió que la nueva ciudad de Gaza está en otro sitio. Luego se hizo una búsqueda para dar con la ciudad y se encontró sepultada debajo de la arena. En verdad había sido rapada.

En cuanto a Ascalón, ésta era una de las ciudades principales de Palestina. En los días de Cristo era una ciudad próspera. Herodes el Grande embelleció Ascalón y la hizo su hogar de descanso. Pero el sultán Baibares la destruyó en 1270 y nunca ha sido reconstruida. La costa marítima de su vecindad se ha convertido en zona de pastoreo de muchos rebaños de ovejas.

7. La cautividad y esparcimiento de los hebreos. Moisés profetizó (Deut. 28:63-68) que los hebreos serían llevados cautivos y esparcidos entre las naciones, una profecía que se cumplió tres veces: el transporte de los israelitas al reino norteño, más allá del Eufrates, por los asirios (722 a. de J.C.); la cautividad babilónica (597 y 586 a. de J.C.), y la dispersión de los judíos a manos de los romanos (70 d. de J.C.)

Con detalles muy exactos Jesús profetizó la destrucción de Jerusalén (Mat. 24; Luc. 21 y Mar. 13).

8. Profecías mesiánicas. Sólo de Jesucristo hay más de 330 profecías en el Antiguo Testamento. Cada profecía de su vida terrenal se ha cumplido al pie de la letra. Miqueas 5:2 predice su pueblo natal; Zacarías 9:9 describe su entrada triunfal a Jerusalén y Zacarías 11:12, 13 habla de su traición, incluso menciona las 30 piezas de plata. Los detalles de la crucifixión son gráficamente relatados en el Salmo 22 por David en una época en que los criminales eran ejecutados por apedreamiento y cuando era totalmente desconocida la crucifixión, un castigo practicado por los romanos ocho siglos después. Otros detalles de la muerte de Cristo son mencionados en Isaías 53: la inocencia del condenado, su silencio ante sus perseguidores, su intercesión, su tumba entre los ricos y su resurrección.

Habiendo tantas profecías tocantes a Cristo, nos limitaremos a mencionar siete que se cumplen en Jesús, según está indicado en el Nuevo Testamento.

Profecías Mesiánicas	Cumplimiento en Cristo
¡Alégrate mucho, hija de Sion! ¡Da voces de júbilo, oh hija de Jerusalén! He aquí, tu rey viene a ti, justo y victorioso, humilde y montado sobre un asno, sobre un borriquillo hijo de asna (Zac. 9:9).	Los discípulos fueron e hicieron como Jesús les mandó. Trajeron el asna y el borriquillo y pusieron sobre ellos sus mantos, y él se sentó encima... Las multitudes que iban delante de él y las que le seguían aclamaban diciendo: "¡Hosanna al Hijo de David! ¡Bendito el que viene en el nombre del Señor!" (Mat. 21:6, 7, 9).
Entregué mis espaldas a los que me golpeaban, y mis mejillas a los que me arrancaban la barba. No escondí mi cara de las afrentas ni de los esputos (Isa. 50:6).	Entonces le escupieron en la cara y le dieron de puñetazos, y otros le dieron bofetadas (Mat. 27:26).
Reparten entre sí mis vestidos, y sobre mi ropa echan suerte (Sal. 22:18).	Cuando los soldados crucificaron a Jesús, tomaron los vestidos de él e hicieron cuatro partes,... tomaron la túnica, pero la túnica no tenía costura; era tejida entera de arriba abajo. Por esto dijeron uno a otro: "No la partamos; más bien echemos suertes sobre ella, para ver de quién será" (Juan 19:23, 24).
El guardará todos tus huesos; ni uno de ellos será quebrantado (Sal. 34:20).	Pero cuando llegaron a Jesús, como le vieron ya muerto, no le quebraron las piernas (Juan 19:33).
Aun el amigo íntimo, en quien yo confiaba, y quien comía de mi pan, ha levantado contra mí el talón (Sal. 41:9).	... Judas Iscariote, quien le entregó (Mat. 10:4).
Además, me dieron hiel en lugar de alimento y para mi sed me dieron de beber vinagre (Sal. 69:21).	... le dieron a beber vino mezclado con ajenjo; pero cuando lo probó, no lo quiso beber (Mat. 27:34; ver también Juan 19:28).
Pues no dejarás mi alma en el Seol, ni permitirás que tu santo vea corrupción (Sal. 16:10).	... que no fue abandonado en el Hades, ni su cuerpo vio corrupción (Hech. 2:31).

E. LAS PROFECIAS Y LAS PROBABILIDADES

¿Es posible que las profecías simplemente ocurran? ¿Qué probabilidad hay de que las profecías se cumplan sin mediar inspiración sobrenatural?

Las leyes matemáticas de la probabilidad establecen que la probabilidad de que varios hechos fortuitos, independientes unos de otro, se realicen simultáneamente, es el producto de las probabilidades de todos los sucesos individuales. El principio de la probabilidad es explicado por Peter Stoner de la siguiente manera:

> Si la probabilidad de que una cosa suceda es de uno en M, y la probabilidad de que otra, e independientemente, suceda es de uno en N, entonces la probabilidad de que las dos sucedan es de uno en M veces N.[12]

El profesor Stoner señala que el principio de las probabilidades es tan seguro y exacto que ha llegado a ser la base para fijar el sistema tarifario de seguros.[13]

El principio de las probabilidades fue aplicado a algunas profecías bíblicas por el profesor Stoner junto con 600 de sus estudiantes. Los resultados son los siguientes (nos referiremos solamente a profecías que ya hemos conocido en las páginas anteriores):

1. Tiro (Eze. 26:3-5, 7, 12, 14, 16). Si el profeta Ezequiel hubiese considerado a Tiro en sus días y lanzado siete predicciones dentro del marco de la sabiduría humana, entonces, habría habido solamente una probabilidad en 4 x 108 (una posibilidad en 400.000.000) de que se cumplieran.

2. Samaria (Miq. 1:6). Si Miqueas hubiese considerado a la ciudad de Samaria y hecho cinco predicciones sobre ella, basado únicamente en su sabiduría humana, las probabilidades de que hubiesen ocurrido así, serían más o menos 1 en 20.000 ó 1 en 2 x 104.

3. Gaza y Ascalón (Sof. 2:4-6; Amós 1:8; Jer. 47:5). La probabilidad de que las profecías sobre Gaza y Ascalón resultaran ciertas sería de 1 en 105 (1 en 100.000).

4. Petra y Edom (Isa. 34:6, 7, 10, 13-15; Jer. 49:17, 18; Eze. 25:13, 14; 35:5-7). La posibilidad de que ocurrieran las profecías sobre Petra y Edom es de 1 en 104 (1 en 10.000).

---

[12] Stoner, *op. cit.*, p. 68.
[13] Ibíd., p. 70.

5. Babilonia (Isa. 13:19-21; Jer. 51:26, 43). La probabilidad de que las profecías sobre Babilonia fueran simple clarividencia humana es de 1 en 1010 (1 en 10.000.000.000).

6. Profecías mesiánicas (Miq. 5:2; Mal. 3:1; Zac. 9:9; 11:12, 13; 13:6; Isa. 53:7; Sal. 22:16). Concerniente a Jesucristo, la probabilidad de que estas profecías se cumplieran en un hombre fue de 1 en 1032 (1 en 100.000.000.000.000.000.000.000.000.000.000).[14]

Después de examinar las probabilidades de que las profecías simplemente ocurran, tal vez aún el escéptico pueda argumentar que todo es cuestión del azar y la coincidencia. Quizás alguien diga que los cálculos presentados son muy elevados, pero aun con las estimaciones más rígidas, las probabilidades continúan siendo un testimonio claro del carácter de las profecías.

EJERCICIOS

I. Llene los espacios o conteste brevemente:

1. Un *nabi* genuino es aquel que ____________________ sólo si Dios ______________________________

2. La profecía bíblica abarca aspectos de la situación ____ _______________ y aspectos ____________________

3. ¿Cuál es la diferencia de la profecía bíblica en relación con otras religiones?

4. La profecía bíblica menciona detalles ____________ _______________ y ____________________

5. Indique la cantidad de profecías acerca de Jesús en el Antiguo Testamento.

---

[14] Ibíd., pp. 68-105.

II. Verdadero (V) o Falso (F):

___ 1. La profecía bíblica es un fenómeno aislado, que se ubica en los libros proféticos exclusivamente.

___ 2. Todas las profecías son absolutamente claras y delineadas.

___ 3. La arqueología ha echado por tierra todas las hipótesis antisobrenaturalistas.

___ 4. Algunas profecías podrían ser artificialmente cumplidas, pero no todas.

III. Términos pareados:

___ 1. Babilonia	A. Por sus valles correría sangre
___ 2. Nínive	B. Sería rapada
___ 3. Petra y Edom	C. Allí dormirán las fieras del desierto
___ 4. Samaria	D. Los espectadores quedarían sorprendidos
___ 5. Sidón	E. Las puertas de los ríos se abrieron
___ 6. Gaza	F. Sus fundamentos serían descubiertos

IV. Desarrollo:

1. ¿Qué le dice a usted el principio de las probabilidades aplicado a las profecías?

5
¿QUE SIGNIFICAN ESTAS PIEDRAS?: ARQUEOLOGIA

Hacia fines del siglo XIX, William Ramsay, un joven erudito inglés, educado en la escuela de Tübingen en Alemania, decidió viajar al Asia Menor con el declarado propósito de probar que la historia presentada por Lucas en su Evangelio y en los Hechos contenía muchos errores históricos. Los profesores racionalistas de Ramsay habían alegado que Lucas escribió sus obras en el siglo II y que por ende no podía estar en lo cierto. Ramsay quería probar sus teorías por medio de la evidencia arqueológica.

Para conseguir su propósito realizó excavaciones en las antiguas ruinas de Grecia y del Asia Menor; buscaba pruebas de que Lucas había inventado toda la historia en un período posterior. Sin embargo su propia pala le hizo descubrir que las referencias históricas del Nuevo Testamento eran veraces y exactas hasta el último detalle. Dejemos que el propio Ramsay nos dé su testimonio después de realizar las excavaciones:

> Comencé con una mente desfavorable a él (al libro de Hechos), pues la ingenuidad y aparente integridad de la teoría de Tübingen en un tiempo me había convencido lo suficiente... Gradualmente he caído en cuenta de que, en varios detalles, la narrativa de los Hechos muestra una verdad maravillosa.[1]

Lo presentado es una adecuada muestra de cómo la arqueología ha confirmado la Biblia. Pero, ¿por qué fue necesario esto? La cuestión es que en el siglo XIX la alta crítica liberal y el evolucionismo se

---

[1] William M. Ramsay, *St. Paul the Traveller and the Roman Citizen* (Grand Rapids: Baker Book House, 1962), p. 8.

unieron procurando destruir la confiabilidad en la Biblia. Muchos asumieron que las Escrituras no eran sobrenaturales; por tanto, ellas eran consideradas como algo místico y legendario. Se declaró que muchos de sus relatos no fueron escritos en el tiempo en que se afirmó que fueron redactados, y que en verdad fueron inventados siglos después por impostores.

Esta crítica destructiva produjo angustia en los creyentes sinceros que creían que la Biblia era la Palabra de Dios, y que por lo tanto no podía estar equivocada. Tal situación comenzó a cambiar con la aparición de la arqueología. Esta ciencia de las cosas antiguas ha confirmado vez tras vez la veracidad histórica de la Biblia. En casi todos los puntos donde la Biblia fue sometida a la crítica en base a teorías o subjetivismo, ya ha sido vindicada mediante esta base objetiva. Los resultados de los descubrimientos arqueológicos han sido tan favorables, que ahora consideramos la arqueología como la evidencia más concreta que tenemos a nuestro alcance para la doctrina tradicional sobre la exactitud de las Escrituras. Nelson Glueck, afamado arqueólogo judío, declara categóricamente que "ningún descubrimiento arqueológico ha contradicho alguna referencia bíblica".[2] William F. Albright, el más destacado arqueólogo del siglo XX, señala que "no puede quedar duda de que la arqueología ha confirmado la substancial historicidad de la tradición del Antiguo Testamento".[3]

A. CONFIRMACION ARQUEOLOGICA DEL ANTIGUO TESTAMENTO

Todos los años la pala del arqueólogo en el Medio Oriente saca a la luz nueva evidencia que confirma la veracidad y exactitud del relato bíblico. Así se demuestra que las especulaciones contradictorias de algunos críticos carecen de fundamento. Puesto que los peores ataques de estos racionalistas se dirigen contra el Antiguo Testamento, consideraremos cómo la arqueología lo confirma.

1. La existencia histórica de los patriarcas. Durante el siglo XIX se puso en tela de juicio la existencia histórica de los patriarcas. S. R. Driver explicó los patriarcas como personificaciones de las tribus;

---

[2] Nelson Glueck, *Rivers in the Desert; History of Negev* (Philadelphia: Jewish Publications Society of America, 1969), p. 31.
[3] William F. Albright, *Archaeology and the Religions of Israel* (Baltimore: John Hopkins University Press, 1956), p. 176.

Gunkel los consideró como figuras de la poesía folclórica; Winckler los interpretó como reflejos de las divinidades astrales. Ninguno de ellos creía que el Génesis describiera la situación histórica de la época de los patriarcas. Pero todo esto cambió con el descubrimiento de las ciudades de Mari, Nuzi y Alalakh.

a) *Mari.* Se ubica en la parte media del río Eufrates, a unos 320 kilómetros al sudeste de Harán. Es posible que Abraham y los suyos pasaron por Mari en su viaje de Ur a Harán. Mari ha sido excavado en más de 15 oportunidades desde 1933 hasta 1939 por el arqueólogo francés André Parrot. Los trabajos continuaron después de la guerra, desde 1951 a 1956.

Nahur (Nahor), Turahi (Tera) y Sarug (Serug) son lugares mencionados en los textos de Mari que parecen estar relacionados con los nombres de los registros patriarcales (Gén. 11:23, 24). Entre los nombres personales semitas occidentales de Mari se encuentra un Ariukku (véase Arioc, Gén. 14:1), Nacor aparece como Nakhur y hay palabras que se asemejan a Abraham y Jacob.

Las costumbres reflejadas en los textos de Mari también ilustran la vida durante los tiempos patriarcales. Por ejemplo, un dios tenía su profeta enviado para hacer proclamaciones en su nombre; el censo tenía un significado religioso a la vez que político y económico (véase 2 Sam. 24); el territorio tribal era inalienable y la heredad era sólo a través de los miembros de la familia como en Israel; los tratados y convenios eran ratificados por medio de matar un asno como en el pacto entre los siquemitas y Jacob (ver Gén. 33:19; 34:1-3).

b) *Nuzi.* Se ubica 19 kilómetros al sudoeste de Kirkuk (Irak) y fue excavado desde 1925 a 1931 bajo la dirección de Edward Chiera. Durante el trabajo se desenterraron 20.000 tablillas de greda, escritas en dialecto babilonio con caracteres cuneiformes. Estos documentos arrojan una interesante luz sobre la vida y los tiempos de Abraham, Isaac y Jacob, poniéndolos con exactitud en el trasfondo cultural de la sociedad asiria del segundo milenio a. de J.C.

Por ejemplo, uno de los textos contiene un paralelo con la venta de parte de Esaú de su derecho de primogenitura a Jacob. En Nuzi, un hermano vendió su derecho de primogenitura por tres ovejas; otro texto muestra que en Nuzi los ídolos de la casa eran la posesión por derecho del jefe de la familia, servían como una clase de escritura y evidencia de prioridad, semejante a lo que hizo Raquel al escapar de casa de Labán.

c) *Alalakh.* Se encuentra sobre la llanura Amg, al noroeste de Siria, en la actual provincia turca de Hatay. Esta zona fue excavada desde 1936 a 1939 y después de la guerra desde 1946 a 1949, todo bajo la supervisión de C. Leonard Wooley.

Los hallazgos en Alalakh han iluminado las costumbres matrimoniales del período patriarcal. Las tablillas allí encontradas, que datan aproximadamente del siglo XVIII antes de J.C., tienen paralelos con los relatos del Génesis; por ejemplo, una de ellas señala que el hombre puede tomar una tercera esposa, si las dos primeras han sido estériles; otra tablilla contiene la regla de que si la esposa no da a luz en siete años, él puede tomar una segunda esposa (ver Gén. 29:18, 27).

2. La existencia de los heteos. La alta crítica del siglo XIX puso en duda la existencia de los heteos. La Biblia menciona a los heteos unas 40 veces (ver Gén. 15:19-21; Jos. 3:10); sin embargo, no había referencia alguna a los heteos en la literatura pagana asequible a los críticos del siglo XIX. A la mitad de ese siglo los registros históricos de los egipcios y asirios fueron cuidadosamente estudiados y se encontraron referencias al poderoso pueblo heteo. En la década de 1870 fueron encontrados en Hamat y Alepo en el norte de Siria piedras de basalto inscritas con extraños jeroglíficos. El arqueólogo A. H. Sayce las atribuyó a los heteos.

Después se observaron, por todo el Asia Menor, monumentos inscritos con la misma escritura y cuadros cortados en bajo relieve, pero especialmente concentrados en la cuna del río Halys cerca de la villa de Boghazkoy. Las excavaciones iniciadas en 1906 bajo la dirección de Hugo Winckler sacaron a la luz más de 10.000 tabletas de arcilla; así se demostró que éste era el sitio de la antigua ciudad de Hattusa, capital de la tierra de los heteos.

3. La piedra negra. Julius Wellhausen (segunda mitad del siglo XIX) y los eruditos de la alta crítica decían que el Pentateuco no podía ser obra de Moisés, ya que, en los días del legislador hebreo, no se conocía la escritura. Además, Wellhausen sostenía que la ley tenía que ser posterior a la profecía pues se ideó el concepto de la evolución de la religión de Israel.

Estas dos ideas fueron sacudidas por el descubrimiento del Código de Hamurabi, llamado "piedra negra" (porque fue grabado en ambos lados de un pilar de piedra diorita negra de 2,5 metros de altura). Este Código, que data del siglo XVIII a. de J.C., fue encontrado en 1901 por el arqueólogo francés M. J. Margon, en la antigua ciudad de Susa.

Con el Código de Hamurabi se probó que la escritura antecedía a Moisés en varios siglos; por otra parte, se observa una gran semejanza entre el código hebreo y el babilonio, por supuesto que también hay marcadas diferencias. Esto muestra que es incorrecto, desde el punto de vista arqueológico, decir que la legislación hebrea es posterior al siglo VIII a. de J.C.

4. El uso de camellos en días de Abraham. Los eruditos de la alta crítica decían que un escritor tardío se había contradicho con respecto a la historia de Abraham porque mencionó la existencia de camellos, lo cual no podía ser ya que la domesticación de estos animales se habría producido hasta entre el 1500 y el 1250 a. de J.C.

Sin embargo, Parrot en 1916 encontró huesos de camello en el centro de Mari, los cuales datan de alrededor del 2500 a. de J.C. y también una jarra correspondiente al comienzo del segundo milenio, sobre la cual se distinguen claramente cuartos traseros de un camello. Kitchen también cita, de la primera mitad del segundo milenio, una estatuilla de camello la cual fue encontrada en Biblos, como también menciones de camellos en los antiguos textos lexicográficos de Babilonia, y en un texto sumerio de Nipur. Todo esto demuestra que Abraham y sus descendientes perfectamente pudieron haber empleado camellos.[4]

5. Ebla. Esta ciudad del norte de Siria comenzó a ser explorada en 1964 por un grupo de arqueólogos italianos. Hasta 1976 se habían desenterrado unas 16.500 tablillas de arcilla escritas entre los años 2500 y 2300 a. de J.C.

Entre los registros encontrados en Ebla hay cuestiones que son de gran valor para la confiabilidad histórica del Antiguo Testamento. Se mencionan sitios cananeos, entre ellos Jerusalén, y también Sodoma y Gomorra, cuya existencia era puesta en duda anteriormente por algunos eruditos. También se mencionan nombres personales similares a los bíblicos, como Adán, Eva, Jonás, David, Abraham y Heber.

Además, aunque la deidad preeminente de Ebla era Dagón, una de sus deidades pudo haberse llamado "Jehovah". De este modo, las tabletas de Ebla dan una interesante prueba de la antigüedad a la que se remonta el nombre del verdadero Dios.

Un ejemplo más de la contribución de Ebla es en relación con Génesis 14, el cual por muchos años había sido considerado como una narración legendaria y por tanto no histórica. Sin embargo, las tablillas de Ebla se refieren a las cinco ciudades (Sodoma, Gomorra, Adma,

---

[4] Edwin Yamauchi, *Las excavaciones y las Escrituras* (El Paso: Casa Bautista de Publicaciones, 1977), pp. 39, 40.

Zeboim, Zoar), descritas en Génesis 14; incluso una tableta presenta la lista de estas ciudades en la misma secuencia que el texto bíblico.

6. El altar de Josué. En 1984, Adam Zertal y un grupo de arqueólogos excavaron en el área del monte Ebal. El resultado del trabajo fue descubrir lo que parece ser el altar que Josué edificó en conexión con la ceremonia de bendiciones y maldiciones (Jos. 8:30, 35; Deut. 27:1-10).

7. El rey Salomón. Los eruditos de la alta crítica dudaban acerca de la grandeza del rey Salomón. Los descubrimientos arqueológicos de este siglo ofrecen evidencias irrefutables de la historicidad del rey Salomón. Entre 1925 y 1934 las excavaciones en Meguido dirigidas por Henrey Breasted pusieron a la luz una de las ciudades de los carros de Salomón. También se encontraron establos con capacidad para 400 caballos; otras construcciones cercanas revelaron la existencia de cuarteles para albergar los batallones de carros de Salomón.

Otro hallazgo que muestra la grandeza de Salomón es la ciudad de Ezión-Geber a orillas del mar Muerto. Según 1 Reyes 9:26-28, era el puerto donde atracaban las naves que traían oro de Ofir a la corte de Salomón. En los años 1938-40 el arqueólogo Nelson Glueck descubrió una enorme y altamente desarrollada refinería de hierro y cobre.

8. La existencia del rey Sargón. Los críticos de la Biblia se jactaban al decir que Isaías 20:1 está en un error ya que el rey Sargón nunca existió. Sin embargo, las excavaciones realizadas en Mesopotamia, a mediados del siglo XIX (1843) por el inglés Auston Layard y el francés Paul Botta, pusieron al descubierto el palacio del rey Sargón.

9. La existencia del rey Belsasar. Una de las principales críticas hechas al libro de Daniel era la mención del rey Belsasar en días de la invasión medopersa a Babilonia (ver Dan. 5). Sin embargo, los historiadores seculares decían que el último rey de Babilonia había sido Nabonido, y decían que la Biblia no tenía base alguna para ubicar a Belsasar como rey de Babilonia. Todo esto mostraba que la Biblia debía hallarse en un grave error.

Pero en 1853, Henry Rawlinson desenterró un cilindro en el valle del Eufrates con una inscripción que informaba que hubo dos reyes de Babilonia durante los días de Daniel, un padre y su hijo. Nabonido designó cogobernante de Babilonia a su hijo Belsasar. Además, textos antiguos de Mesopotamia confirman el relato de Daniel. Nos hacen saber que mientras Belsasar se enfrentaba a las tropas persas en Babilonia, su padre Nabonido se encontraba sitiado en Borsipa, cerca de Babilonia.

10. Los Rollos del Mar Muerto. Se considera que es el descubrimiento arqueológico más significativo del presente siglo. Estos manuscritos fueron descubiertos entre los años 1947 y 1956 en las cercanías del mar Muerto. Ellos representan los restos de una biblioteca de una comunidad judía, Qumrán, que vivió entre los años 250 a. de J.C. al 70 d. de J.C.

Entre los materiales encontrados se han hallado fragmentos representativos de todos los libros del Antiguo Testamento, excepto de Ester. En los manuscritos bíblicos se han detectado tres clases de textos. Una clase está relacionada con el texto masorético; una segunda clase se encuentra vinculada con el texto hebreo usado en la versión griega del Antiguo Testamento, la Septuaginta, y la tercera clase ha sido comparada con el texto del Pentateuco Samaritano.

¿Cuál es el valor de estos manuscritos? ¿En dónde radica lo revolucionario de este descubrimiento? El hecho es que antes de 1947 los manuscritos más antiguos que se habían preservado se habían copiado hacia el fin del siglo IX o principios del siglo X d. de J.C. Pero con los Rollos del Mar Muerto, tratamos con un período anterior al año 70 d. de J.C. En otras palabras, los manuscritos descubiertos han reducido en 1000 años o más la brecha que separa el tiempo en que fueron escritos originalmente los libros del Antiguo Testamento de las copias más antiguas que existen.

Con todo esto ha sido probada la exactitud del texto masorético. Millar Burrows afirma que "aquí yace su principal importancia, apoyando la fidelidad de la tradición masorética".[5]

También la publicación del descubrimiento de un fragmento de 1 Timoteo 4:1, encontrado en la séptima gruta, desmiente una conclusión de ciertos críticos escépticos del Nuevo Testamento. Ellos han aseverado que las cartas pastorales corresponden a una situación posterior al tiempo en que Pablo vivió, y que fueron escritas por un discípulo de Pablo a fines del siglo I. El mencionado fragmento fue escrito antes del año 70, la fecha en que Qumrán dejó de existir.

B. CONCLUSION

Como resultado del trabajo arqueológico los eruditos han cambiado considerablemente su actitud respecto de las historias registradas en la

---

[5] Norman Geisler L. y William E. Nix, *A General Introduction to the Bible* (Chicago: Moody Press, 1968), p. 261.

Biblia. Por ejemplo, W. F. Albright en 1918 escribió un artículo sobre Génesis 14 diciendo que este era un panfleto político compuesto unos 500 años antes de Jesucristo, sin ningún fundamento histórico y tomado de leyendas; unos cuarenta años más tarde, afirmó que se puede establecer la absoluta antigüedad de dicho capítulo, porque en él hay indicaciones de una tradición antigua.[6]

A la luz de los descubrimientos arqueológicos pasados, uno puede esperar que los futuros hallazgos continuarán apoyando la historicidad de la Biblia y oponiéndose a los radicalismos de los críticos antisobrenaturalistas; además, tales hallazgos iluminarán el marco histórico y textual del Antiguo y Nuevo Testamentos.

---

[6] Yamauchi, *op. cit.*, p. 19.

EJERCICIOS

I. Llene los espacios o conteste brevemente:

1. William Ramsay viajó al Asia Menor con el propósito de probar ______________________________. Sin embargo, fue convencido de que la narrativa del libro de Hechos es ______________________________

2. En el siglo XIX la alta crítica y el evolucionismo se unieron procurando ______________________________

3. La arqueología ha confirmado la ____________________ de la tradición del Antiguo Testamento.

4. ¿De qué manera los hallazgos de la ciudad de Mari confirman el Antiguo Testamento?

   a)
   b)

5. Los documentos encontrados en Nuzi arrojan luz sobre la vida y los tiempos de______________________________

6. ¿Cuál es el gran valor del descubrimiento de la llamada "piedra negra"?

7. ¿Cuál es el valor de los Rollos del Mar Muerto?

II. Verdadero (V) o Falso (F):

___ 1. Acerca de la existencia de los heteos no hay evidencia arqueológica.

___ 2. Una de las deidades de Ebla pudo haberse llamado "Jehovah".

___ 3. La ciudad de Ezion-geber es prueba de la grandeza de Salomón.

___ 4. En las tablillas de Ebla se encontró evidencia de la existencia del rey Belsasar.

___ 5. Henry Rawlinson descubrió el palacio del rey Sargón.

___ 6. Adon Zental descubrió el altar de Josué.

6
¿HAY MITOS EN LA BIBLIA?

¿Contiene el libro de Génesis mitos babilónicos y cananeos? ¿Hace referencia la Biblia a los mitos de los paganos? Si es así, ¿los aprueba? ¿Son ángeles caídos los "hijos de Dios" que se casaron con las "hijas de los hombres? ¿Enseña la Biblia que el universo es una estructura compuesta de tres niveles: el cielo, la tierra y el mundo subterráneo?

Para poder responder al primer interrogante presentado, es fundamental saber lo que es un mito. El *Diccionario Aristos* lo define como "fábula, acción, tradición alegórica, por lo común de carácter religioso. Cosa inverosímil".[1] La mitología suele representar la historia fabulosa de los dioses, semidioses y héroes de la antigüedad.

Es cierto que el Antiguo Testamento hace referencia a mitos cananeos y babilónicos. Por ejemplo, el Salmo 104:7 parece hablar de una lucha entre Dios y el caos existente antes de la creación. En el Salmo 74.13, 14 se presenta a Dios aplastándole la cabeza a Leviatán (quien sería el Lotán, el dragón de la mitología cananea). También Isaías 51:9 presenta a Dios cortando a Rahab y perforando al dragón. Job 7:12 puede aludir a Tiamat.

Ahora la cuestión es ¿por qué los escritores del Antiguo Testamento incluyen estas figuras mitológicas en las páginas sagradas? Aunque ellos no aceptaban la veracidad histórica de tales mitos, los incluyeron para expresar de mejor modo la soberanía absoluta de Dios. Empleaban el simbolismo de los monstruos de la mitología cananea, Rahab y Leviatán, para representar el juicio de Dios sobre sus enemigos. Por ejemplo, en Isaías 30:7, a Egipto se le llama poéticamente "Rahab"; se expresa el cruce del mar Rojo y el ahogo del ejército egipcio como la victoria de Jehovah sobre Rahab: "¿No eres tú el que despedazó a Rahab, y el que hirió al monstruo marino? ¿No eres tú el que secó el mar...?" (Isa. 51:9, 10; ver también Sal. 87:4; 89:10; Job 26:12).

---

[1] *Diccionario Aristos* (Madrid: Editorial Ramón Sopena, s.f.), p. 406.

Dyrness señala: "Todas esas alusiones en el A.T. sirven para recordarle a Israel cuanto mayor es su Dios que los dioses de los paganos."[2]

Por su parte el Nuevo Testamento usa la palabra mito para referirse a fantasías judaicas asociadas con genealogías y especulaciones vacías; tales mitos son incompatibles con la verdad del evangelio (ver 1 Tim. 1:4; 4:7; 2 Tim. 4:4; Tito 1:14).

Sin embargo, hay una tendencia común entre muchos estudiosos racionalistas de igualar los relatos bíblicos, tales como la creación de la tierra, con mitos paganos. ¿Cuáles son esos mitos?

A. EL MITO BABILONICO ENUMA ELISH

Entre los años 1848 y 1876 los arqueólogos Austen H. Layard, Hormuzd Rassam y George Smith encontraron la biblioteca de Asurbanipal en Nínive, antigua capital del imperio asirio. Este rey asirio, que reinó entre los años 668 y 626 a. de J.C., poseía una biblioteca con miles de tablillas de arcilla (aproximadamente 26.000 tablillas, representando unos 10.000 textos diferentes). Entre las tablillas descubiertas se encontraron tres relatos babilónicos de gran semejanza con relatos del Génesis. Ellos son el "Enuma Elish" (relato de la creación), el "Mito de Adapa" (relato similar a la caída del hombre) y la "Epopeya de Gilgamesh" (versión babilónica del diluvio).

El *Enuma Elish* comienza con las dos palabras *enuma elish* que se pueden traducir "cuando arriba"; se encuentra en siete tablillas de arcilla. No hay seguridad respecto de la fecha en que fue escrita esta leyenda aunque las copias de la biblioteca de Asurbanipal son del siglo VII a. de J.C., se han hallado otras copias en Asur que datan del año 1000 a. de J.C. Lo que sí es seguro es que las tablillas encontradas son claramente copias de materiales anteriores. El motivo principal del poema es demostrar que Marduk, dios de Babilonia, ha ganado el derecho de ser deidad suprema. La mayoría de los eruditos piensan que el relato originalmente fue compuesto alrededor del año 1800 A.C., ya que en este tiempo fue que Babilonia llegó a su apogeo político, especialmente en días de Hamurabi (1792-1750 a. de J.C.). A su vez la epopeya babilónica, con toda probabilidad, está a su vez basada en mitos sumerios de la creación.

---

[2] William Dyrness, *Temas de la teología del Antiguo Testamento* (Miami: Editorial Vida, 1989), p. 54.

1. Resumen de la epopeya. La tablilla I presenta la época primitiva en la cual existía solamente la materia de un mundo no creado. Esta materia estaba personificada por dos seres míticos: Apsu (masculino) representando el océano primitivo de aguas dulces y Tiamat (femenino) que representa el océano primitivo de agua salada. Esta pareja llega a ser la que dará origen a una serie de dioses que aparecerán en el relato.

Las tablillas II y III muestran cómo Marduk es escogido por su padre Ea para recibir el poder supremo; la única condición es que se enfrente a Tiamat. En la tablilla IV Marduk, en una campaña relámpago, vence y mata a la diosa Tiamat, con cuyo cuerpo forma el universo. En la tablilla V se cuenta cómo Marduk, después de colocar los astros en su sitio, va haciendo en detalle su obra de formación del mundo. La tabli lla V es la única que aún está bastante incompleta. En la tablilla VI se describe la creación del hombre. Para esto Marduk usa la sangre de Kingu, quien es comandante en jefe del ejército de Tiamat. La tablilla VII relata la exaltación de Marduk hasta llegar a ser jefe por sobre todos los dioses de Babilonia.[3]

2. Semejanzas con el relato bíblico. Es evidente que entre el Enuma Elish y Génesis 1:1—2:3 hay semejanzas, pero también se debe tener en cuenta que ellas comúnmente han sido exageradas y se han derivado conclusiones bastante erróneas de las mismas. Consideremos estas semejanzas:

a) Ambos relatos presentan un tiempo cuando la tierra estaba desordenada y vacía. En este punto es quizás valioso señalar que hay mucha discusión en cuanto a la relación de Tiamat con la palabra hebrea *tehom* (traducida "abismo") de Génesis 1:2. Pareciera que *tehom* es etimológicamente pariente (pero no derivada) de *tiamat.* Clyde Francisco señala: "Parece mejor inferir que tehom en vez de ser una derivación de tiamat está relacionado con una palabra más antigua de la cual tanto *tehom* como *tiamat* se derivan."[4]

b) Ambos relatos tienen un orden similar: (1) caos primitivo; (2) la venida de la luz; (3) la creación del firmamento; (4) la aparición de la tierra seca; (5) la creación de las luminarias; (6) la creación del hombre; (7) el descanso de la deidad.

c) Ambos relatos muestran una gran predilección por el número

---

[3] Jacques Briend, *La creación del mundo y del hombre en los textos del próximo Oriente Antiguo* (Estrella, Navarra: Editorial Verbo Divino, 1982), pp. 20-23.

[4] Clyde Francisco, "Enuma Elish" en *Diccionario bíblico arqueológico,* Charles F. Pfeiffer, ed. (El Paso: Editorial Mundo Hispano, 1982), p. 252.

siete. El mito babilónico está arreglado en siete tablillas. Por su parte el relato hebreo agrupa los eventos en siete períodos, llamados días. Pero es necesario recordar que el número siete tenía un significado muy especial en el pensamiento semita, el cual está reflejado en la literatura babilónica como también en la hebrea.[5]

d) Algunos estudiosos también ven bastante correlación entre la palabra creadora de Dios en Génesis 1 y el hecho de que Marduk, como prueba de su habilidad, debía decir una palabra y la ropa sería destruida y luego otra palabra y la ropa sería restaurada.

e) Otros eruditos ven relación entre Génesis 1:26, donde Dios dice: "Hagamos al hombre a nuestra imagen", y la gran asamblea de dioses que hay en el momento previo a la creación del hombre en el relato babilonio.

f) También hay semejanza en el hecho de que el cuadro del universo de tres niveles en el Enuma Elish está reflejado en el relato hebreo, en ambas fuentes un firmamento firme divide las aguas arriba de éste de las de abajo.

2. Diferencias de ambos relatos. Aunque las semejanzas de ambos relatos pudieran haber sorprendido a muchos lectores, no obstante las diferencias son aún más significativas. En cada diferencia se puede apreciar que los conceptos hebreos son mucho más desarrollados que los de los babilonios.

a) El Enuma Elish es intensamente politeísta, mientras que Génesis es estrictamente monoteísta. Los dioses babilónicos son personificaciones de hombres que matan, odian, codician incluso sangran. En Génesis, Dios es Dios y no hay ninguna señal que permita pensar que él es algún tipo de hombre glorificado.

Además los dioses babilónicos cometen errores, pecan, tienen temores; lejos de ello el Dios de la Biblia es absolutamente santo y poderoso.

b) En el mito babilónico el propósito del escritor no es mostrar cómo las cosas empezaron, sino decirnos lo exaltado y digno de alabanza que es Marduk y mostrar la supremacía de Babilonia. Estrictamente hablando el Enuma Elish no es una historia de la creación, sino más bien es una propaganda político-religiosa. Por su parte, Génesis es un relato de la creación, hecha por un solo Dios, sin connotaciones políticas.

---

[5] Merrill F. Unger, *Archaeology and the Old Testament* (Grand Rapids: Zondervan Publishing House, 1954), pp. 28-30.

c) Aunque ambos relatos concuerdan en que la creación comenzó con el caos, hasta allí llega la semejanza. El orden, en el Enuma Elish, se obtiene sólo después de una batalla con Tiamat y siempre se encuentra el peligro de un retorno al caos. Por su parte en Génesis, aunque el caos está presente, no ofrece resistencia alguna a la voluntad divina. No hay lucha contra el orden, sino que hay una inmediata sumisión al propósito de Dios. Además no hay ninguna semejanza de que vuelva el caos original.

d) El relato babilónico presenta el concepto de que el espíritu divino y la materia cósmica son coexistentes y coeternos. Génesis, por el contrario, no deja lugar a dudas de que Dios, espíritu infinito, es creador de la materia.

e) Génesis menciona la creación del sol, la luna y las estrellas en ese orden; el arreglo es al revés en Enuma Elish, estrellas, luna y sol. Esto probablemente muestra la inclinación de los babilónicos a la astrología. También las descripciones babilónicas se caracterizan por la terminología astronómica y las alusiones mitológicas, elementos que no se encuentran en el relato bíblico.

f) En el Enuma Elish no hay cuadros de la creación de la vegetación normal, animales, aves, reptiles y peces, (tal vez este relato puede estar en la parte de la tablilla V que aún no se ha encontrado, pero eso no se puede verificar). Por su parte Génesis presenta un cuadro completo de la creación.

g) En el relato babilónico la luz es una emanación de un dios, ya que leemos que una gloria enceguecedora rodeaba a Apsu y Marduk era originalmente una deidad solar. En el relato de Génesis la luz apareció como un resultado de la actividad creadora de Dios mismo.

h) En el Enuma Elish la formación del hombre no era parte del plan original de los dioses. Luego el hombre nunca llega a ser más que un sirviente de los dioses. En Génesis, el hombre es el clímax de la creación, el mundo fue hecho para él, no para los dioses como en el relato babilónico. El hombre en Génesis posee una dignidad que el Enuma Elish desconoce.

3. ¿Cómo se pueden explicar las similitudes entre el Enuma Elish y Génesis? Indudablemente las semejanzas entre ambos relatos no pueden ser sólo accidentales, alguna relación tiene que haber. El problema radica en la naturaleza de esa relación. Se han propuesto varias teorías:

a) El relato de Génesis está basado en la tradición babilónica. La mayoría de los eruditos liberales acepta esta teoría. Ellos señalan que los hebreos hicieron suyo el mito babilónico y lo purificaron quitándole sus elementos politeístas. Sin embargo, las similitudes no son tan sorprendentes como para hacer inevitable tal conclusión; además, parece inconcebible que el Espíritu Santo haya usado una leyenda tan contaminada con politeísmo como fuente de una verdad espiritual.

b) El relato babilónico se basó en Génesis. Esta hipótesis es extremadamente improbable, por no decir, históricamente imposible. El Enuma Elish fue escrito en el siglo XVIII a. de J.C., por lo menos tres siglos antes que el Génesis (si se acepta el siglo XV a. de J.C. como fecha de la escritura mosaica, aunque pudiera ser cinco siglos antes, si se aceptara el siglo XIII como fecha de la redacción de Génesis). Además, es preciso recordar que el relato babilonio tiene raíces en mitos sumerios, los cuales serían aún más antiguos.

Sin embargo, no se sabe bien la prehistoria del relato bíblico y el corazón de ése podría ser mucho más antiguo que la revisión final. Lamentablemente esto permanece en el campo de la conjetura donde nada puede probarse.

c) Ambos relatos provienen de una fuente más antigua. Esta teoría, aceptada por muchos evangélicos, sugiere que tanto hebreos como babilonios han tomado sus relatos de una fuente común. Las similitudes en los dos relatos se deberían a esta herencia común. Con el correr de los años, el relato original fue torcido y modificado por gente politeísta, como por ejemplo los babilonios. Sin embargo, el relato hebreo es una exacta versión de la tradición original. Fritz Ridenour argumenta que la fuente común original fue el propio Dios y él reveló la narración a Moisés en su forma pura.[6] Otra posibilidad es que la descendencia pía guardó la versión original, primero oralmente y luego tal vez de manera escrita, hasta que por fin, Dios impulsó a Moisés a redactarla en su forma final en Génesis.

B. EL MITO BABILONICO DE ADAPA

Esta antigua leyenda ha sido comúnmente interpretada como el paralelo babilonio de la caída del hombre en Génesis 3. Fue descubierta en cuatro fragmentos cuneiformes, tres de los cuales pertenecen a la biblioteca de Asurbanipal y el cuarto a los archivos estatales de Akhenatón en Tell el Amarna. Aunque no se tiene la leyenda completa, el hecho de

---

[6] Fritz Ridenour, *¿Quién dice?* (Miami: Editorial Vida, 1979), p. 121.

que se han encontrado fragmentos de ello en Egipto, indica su amplia difusión en el antiguo Oriente.

1. Resumen de la leyenda. Adapa era un hombre a quien el dios Ea le había dado sabiduría, pero no vida eterna. Adapa se desempeñaba como administrador en el templo de Ea en Eridu al sur de Mesopotamia. Estando un día pescando, Adapa cayó al agua; enfurecido, le cortó las alas al viento del sur. Los dioses Anu y Ea llamaron a Adapa a comparecer ante los dioses. Ea, en un gesto de bondad, le dijo a Adapa que no comiera ni bebiera nada de lo que se le ofreciera, no fuera que comiera la comida y bebiera la bebida de la muerte. Luego le ofrecieron a Adapa la comida y bebida de la vida, pero él rehusó ya que recordaba el consejo de Ea. Por esto los dioses privaron a Adapa de la inmortalidad.

2. El mito de Adapa y Génesis 3. Al igual que el relato bíblico de la caída, la leyenda de Adapa trata con la cuestión de por qué el hombre debe sufrir y morir. En contraste, sin embargo, la respuesta babilonia no es que el hombre ha caído de su integridad moral y esto ha traído el pecado el cual ha engendrado la muerte, sino que el hombre ha perdido su oportunidad para obtener la vida eterna como resultado de un engaño de uno de los dioses. El origen del pecado humano no es lo que preocupa en la leyenda de Adapa, mientras que esto es lo básico en el relato del Génesis. Por tanto, las dos narraciones, aunque tienen semejanzas superficiales, son totalmente opuestas en su enfoque central.

C. EL MITO BABILONICO
LA EPOPEYA DE GILGAMESH

Esta leyenda probablemente fue escrita a principios del segundo milenio a. de J.C. Aunque fue basada en una primitiva tradición sumeria, era evidentemente muy popular, ya que se han descubierto porciones de ella en Boghazkoy en el Asia Menor y un pequeño fragmento entre los escombros de Meguido.

1. ¿Quién era Gilgamesh? Gilgamesh es una combinación de historia y leyenda. En la vida real, fue el quinto rey de Uruc (alrededor del 2600 a. de J.C.), mientras que en la leyenda aparece como un individuo al estilo de Sansón. La tradición señala que era un tercio humano y dos tercios divino; además su ascendencia era una mezcla divina y humana. Su madre era la diosa Ninsún y su padre era Lugal-banda, un rey anterior de Uruc.

2. Resumen de la epopeya. Gilgamesh era un tirano en el pueblo de Uruc. A fin de aplacarlo, el pueblo persuade a la diosa Aruru para que cree a Enkidu. Este se hace muy amigo de Gilgamesh; juntos libran grandes batallas obteniendo victorias iguales. Por fin Enkidu muere. Gilgamesh llora la muerte de su amigo y comprende que él también un día morirá. Pero recuerda que su antepasado Utnapistim, quien sobrevivió al diluvio, es el único mortal que logró volverse inmortal; por tanto Gilgamesh, deseando hacer lo mismo, busca a Utnapistim. Después de variadas aventuras le encuentra.

Utnapistim le cuenta a Gilgamesh que los dioses decidieron enviar el diluvio a la tierra, principalmente mediante el dios de la tormenta, Enlil. Pero el bondadoso Ea advirtió a Utnapistim y le impulsó a fabricar un barco para salvarse él, su familia, algunos metales preciosos y varias especies de animales. La lluvia cayó por siete días y siete noches, después de la cual la nave atracó en una montaña. Utnapistim envió varios pájaros para comprobar si las aguas habían bajado. Luego ofreció ofrenda a los dioses y aunque Enlil lo amenazó inicialmente, luego le concedió la inmortalidad a él y a su esposa, no como recompensa, sino como alternativa a la destrucción de la humanidad.

Gilgamesh sabe que el rescate de Utnapistim fue una excepción y no un precedente. Por ello regresa a Uruc, sabiendo que algún día le tocará morir.

3. Las semejanzas entre la Epopeya de Gilgamesh y el diluvio de Génesis. El relato del diluvio en la epopeya babilónica tiene numerosas semejanzas con el registro en Génesis 6:9—9:18:

a) En ambos relatos el diluvio fue divinamente planeado.

b) Noé y Utnapistim fueron advertidos de que vendría un diluvio.

c) En ambos se construye un arca para salvar la vida.

d) En ambos la embarcación se asienta sobre una montaña.

e) Las aves son enviadas para ver si el diluvio ha concluido.

f) Tanto Noé como Utnapistim al desembarcar ofrecen sacrificios.

g) En ambos relatos se especifica la duración del diluvio.

h) En ambos se indican las causas físicas del diluvio.

4. Las diferencias entre los dos relatos. Son las siguientes:

a) La epopeya de Gilgamesh es groseramente politeísta. En ella, los dioses se agachan como perros y se juntan como moscas, incluso ni siquiera se ponen de acuerdo entre sí mismos. Por el contrario el relato de Génesis está dominado por un majestuoso monoteísmo.

b) El diluvio babilónico es provocado porque los dioses se molestan por el ruido que hacen los hombres; es decir actúan sólo por capricho. Mientras que en Génesis la causa del juicio divino es por cuestiones netamente morales: el pecado de los hombres.

c) Los nombres de los héroes difieren.

d) El monte Ararat y el monte Nisir son diferentes.

e) La Biblia muestra que Dios salvó a Noé para preservar la raza humana. El relato babilónico no refleja un plan divino de esa naturaleza, ya que Utnapistim se salvó por accidente, porque uno de los dioses le llevó el chisme acerca de las intenciones de Enlil.

f) Utnapistim hace uso de sus habilidades para salvarse del diluvio. En cambio, Noé y su familia se salvaron por la absoluta gracia de Dios.

5. Conclusión. Después de considerar las semejanzas y diferencias entre ambos relatos, surge claramente la idea de que ambos se están refiriendo a un mismo evento. Las diferencias pueden ser explicadas mediante el hecho de que los babilonios tergiversaron el relato original añadiendo un politeísmo crudo, cambiando los nombres de los personajes y adaptando la historia del diluvio a su propia geografía y cultura. Por su parte las similitudes deben ser comprendidas por el hecho de que ambos relatos proceden de una fuente común original, de la cual el texto del Génesis es su fiel expresión.

D. LA COSMOLOGIA ANTICUADA

Los lectores de la Biblia pueden albergar dudas referentes a la inspiración de ella al leer el texto y notas de algunas versiones modernas. Enseñan conceptos que chocan con nuestras ideas tradicionales. Por ejemplo, se traduce la palabra “expansión” (heb. *raquia*) por “bóveda” (Gén. 1:6-8, RVA, Dios Habla Hoy, Biblia de Jerusalén) para referirse a la atmósfera o cielo por encima de nosotros. Dice una nota en *La Biblia de estudio, Dios habla hoy* (Sociedades Bíblicas Unidas, 1994), p. 23:

> La palabra hebrea traducida por bóveda designa algo sólido y resistente, como una lámina de metal batido a golpes de martillo. Esta idea está de acuerdo con la visión del mundo que se tenía antiguamente, según la cual el universo era una estructura compuesta de tres niveles: el cielo, la tierra y el mundo subterráneo (cf. Ex. 20:4). A la tierra se la imaginaba como una superficie plana; el cielo era concebido como una bóveda, cúpula sólida o “firmamento” (cf. Job 37:18), sobre la que se apoyaba el inmenso depósito de agua u océano superior del que procedían las lluvias (cf. Gn. 7:11; Sal. 148:4; Is. 40:22); y en el mundo subterráneo había un océano inmenso, sobre el que se asentaban los pilares que sostenían la tierra (véase Sal. 24:2; 104:5; 136:6).

¿Enseña la Biblia esta estructura curiosa del universo? Contestamos que no; solamente emplea el lenguaje y figuras corrientes de la época en que fue escrita. La revelación de Dios se acomoda al entendimiento de los hombres que la reciben. En aquel entonces se solía usar la palabra *raquia* para comunicar la idea del cielo o atmósfera. Puesto que la Escritura tiene principalmente el propósito de enseñar la religión de Jehovah, no debe sorprendernos si no corrige los conceptos erróneos de su tiempo. El hacerlo resultaría en confundir a sus lectores y distraer su atención del mensaje teológico y espiritual. Habría sido mejor si los traductores de las versiones modernas hubieran empleado un término que equivaldría al concepto actual del de la expresión arcaica tal como "expansión", "atmósfera" o "cielo".

E. LOS "HIJOS DE DIOS": ¿ANGELES O SETITAS PIADOSOS?

Otra piedra de tropiezo puede ser el término "hijos de Dios" en Génesis 6:1-4: los hijos de Dios se casaron con las hijas de los hombres, y sus hijos eran gigantes. ¿Quiénes eran los "hijos de Dios"? Ciertos pasajes escriturales del Antiguo Testamento usan esta expresión para referirse a los seres celestiales o ángeles (Job 1:6; 2:1; 38:7; Sal. 29:1; 89:7).

Muchos de los críticos liberales piensan que el relato proviene de un antiguo mito pagano, el cual los israelitas aceptaron e incorporaron en su literatura sagrada. Según esta teoría, los gigantes nacieron de la unión antinatural de seres sobrenaturales, llamados "hijos de Dios", con mujeres humanas. La intención de los redactores del texto de esta leyenda sería el afirmar "la incontenible expansión del pecado y la corrupción creciente del género humano" en la época de Noé.[7]

Esta explicación se basa sobre el uso en el Antiguo Testamento de la expresión "hijos de Dios" o "hijo de Dios" para referirse al séquito celestial de Jehovah, o a un ángel (ver Job 1:6; 2:1; 38:7; Sal. 29:1; 89:6), del mismo modo al "hijo de los dioses" (Dan. 3:25). Los críticos señalan también que los casamientos entre divinidades y seres humanos son comunes en la mitología del Medio Oriente en los tiempos bíblicos. Según los rabinos, los "hijos de Dios" se refieren a los ángeles caídos, y los críticos suponen que la mención de ésos en Judas y 2 Pedro apoyan la teoría judía.

---

[7] Nota en *La Biblia de estudio, Dios habla hoy* (s.l.: Sociedades Bíblicas Unidas, 1994), p. 30.

Otra hipótesis identifica a los "hijos de Dios" con reyes de dinastías orientales. Voth explica:

> Son déspotas orientales que por su poder podían practicar indiscriminadamente la violación de mujeres. Las "hijas de los hombres" representan a la gente común, la que no tiene poder y es víctima de los abusos de quienes lo poseen.[8]

Se argumenta que los gobernantes o magistrados son mencionados a veces en el Antiguo Testamento como "dioses" (Sal. 82) o "hijos de Dios" (2 Sam. 7:14). Si éste es el uso en Génesis 6:2, entonces los gobernantes se casaron con mujeres del pueblo.

D. W. Baker, profesor de hebreo en Regent College, Vancouver, Canadá, añade otra alternativa: el pueblo del pacto.

> El ser hijo de Dios denota principalmente estar relacionado con él mediante el pacto, y se usa (I) para Israel en su conjunto ("Israel es mi hijo, mi primogénito", Ex. 4:22; c.f. Os. 11:1); (II) para los israelitas en general; para un israelita en particular... (III) para el rey davídico, el ungido de Jehová...[9]

Este último uso del término "hijos de Dios" parece armonizar bien con la interpretación de los eruditos conservadores: se refiere a los descendientes de Set, el hijo piadoso de la primera pareja humana. Según esta explicación el linaje de la mujer (Gén. 3:15) se corrompió casándose con "las hijas de los hombres", es decir, con las descendientes impías de Caín.

En otras partes del Antiguo Testamento se encuentran expresiones equivalentes a "los hijos de Dios" que a menudo se refieren a seres humanos, aunque se hallan en contextos muy diferentes a la situación del Génesis 6 (ver Deut. 14:1; 32:5; Sal. 73:15; Isa. 43:6). En el Nuevo Testamento, se describen los creyentes como "hijos de Dios".

También, los conservadores observan la regla de hermenéutica que dice que el Antiguo Testamento debe interpretarse a través del Nuevo. Jesús enseña claramente que los seres celestiales son asexuales y que no hay matrimonio en el cielo (Mat. 22:30; Mar. 12:25). Además, sería imposible que seres espirituales pudieran unirse físicamente con seres corporales, pues aquéllos no tienen cuerpo.

---

[8] Esteban Voth, *Génesis primera parte,* en Comentario Bíblico Hispanoamericano, Justo L. González, ed. (Miami: Editorial Caribe, 1992), p. 159.

[9] D. W. Baker, "Hijos de Dios" en *Nuevo diccionario bíblico,* J. D. Douglas, ed. (Buenos Aires, Barcelona, Downers Grove: Ediciones Certeza, 1991), p. 602.

F. CONCLUSION

Los eruditos de la crítica bíblica, en su gran mayoría, creen que la religión de Israel tenía mucho en común con la religión pagana de sus vecinos. Continuamente buscan paralelos entre las dos y atribuyen las semejanzas encontradas en la fe hebrea, a las ideas y mitos paganos. Por lo tanto, proyectan las ideas paganas en su interpretación de las Escrituras sagradas. No toman en cuenta la inspiración de la Biblia ni la unicidad de la religión de Israel.

El descubrimiento de los mitos babilónicos ¿desprestigia la veracidad de los relatos bíblicos? ¿Puede ser dañada la fe de los creyentes al estudiar los mitos babilónicos? En ninguna manera. Antes bien el estudio de tales mitos le permite al cristiano comprender de mejor modo su Biblia. Además le capacita para poder responder a las críticas hechas contra las Escrituras. Los hallazgos de los mitos babilónicos, lejos de desprestigiar la fe cristiana, la han enriquecido sobremanera. La doctrina de la inspiración no ha sufrido ni un ápice luego de que las tablillas mesopotámicas salieron a la luz. Al respecto Alan Millard ha escrito:

> No hay por qué argumentar que Génesis se derivó de los otros (relatos mesopotámicos) como se han apresurado a decir algunos críticos de la Biblia. Las diferencias de punto de vista y contenido son de hecho tan notorias que sirven para poner de relieve la inspiración divina del Génesis más que para socavarla.[10]

[10] Alan Millard, "Otros relatos de la creación" en *Manual bíblico ilustrado*. David Alexander, ed. (Miami: Editorial Caribe, 1976), p. 130.

EJERCICIOS

I. Verdadero (V) o Falso (F):

___ 1. El Enuma Elish fue escrito en días del rey Asurbanipal.

___ 2. Es probable que el Enuma Elish esté basado en mitos sumerios.

___ 3. El Enuma Elish tiene un orden similar al relato bíblico de la creación.

___ 4. El enfoque central del mito de Adapa es el mismo que Génesis 3.

II. Llene los espacios o conteste brevemente:

1. ¿Por qué los escritores del Antiguo Testamento hacen referencia a mitos en sus escritos?

2. El motivo principal del Enuma Elish es ______________
____

3. Señale cuatro diferencias entre el relato bíblico de la creación y el Enuma Elish:

 a)
 b)
 c)
 d)

4. ¿Cuál es la mejor explicación para las similitudes entre el Enuma Elish y Génesis?

5. En el mito de Adapa, el hombre ha perdido la vida eterna a causa de un ______________________________

6. ¿Qué diferencias importantes hay entre la epopeya de Gilgamesh y el relato de Génesis?

   a)
   b)
   c)

7. La palabra *raquía* se solía usar para comunicar la idea ______________________ o _________________________

8. Los "Hijos de Dios" de Génesis 6 pueden referirse a ___ ______________________; éstos se casaron con "las hijas de los hombres", es decir con ______________________

7
DANIEL EN EL FOSO DE LOS CRITICOS: LA CRITICA MODERNA DEL ANTIGUO TESTAMENTO

Cuando Jesús dijo que Moisés permitía el divorcio (Mat. 19:7, citando Deut. 24:1-4), ¿ignoraba el hecho de que Moisés no había escrito los primeros cinco libros de la Biblia? ¿No supo el Señor que su cita de una "profecía" de Daniel (Mat. 24:15; Dan. 9:27) fue tomada de una sección de Daniel, compuesta casi 350 años después de la época del profeta y consiste en historia y no profecía?

Y, ¿no sabe usted, estimado lector, que solamente los capítulos 1 al 39 del libro de Isaías fueron escritos por el profeta de este nombre?; ¿que David escribió sólo algunos de los salmos que le son atribuidos?; ¿y que los relatos de la creación y el diluvio son mitos asirios y babilónicos? Estas son las conclusiones a que han llegado los críticos modernos de la Biblia. Desgraciadamente, muchas de sus nociones negativas han recibido plena aceptación entre muchos teólogos y aun están incluidas en las notas de algunas versiones prestigiosas de la Biblia.[1]

A. ANTECEDENTES DE LA CRITICA BIBLICA

1. Definición. ¿Qué se entiende por el término "crítica"? En el habla ordinaria es sin duda una palabra negativa, pero en el sentido

[1] En Biblias de estudio católicas tales como *Nácar-Colunga, Biblia de Jerusalén* y *Biblia Latinoamericana* se encuentran ciertas conclusiones de críticos racionalistas. La Biblia de estudio Dios Habla Hoy (1994) también menciona algunas ideas críticas pero con mucha cautela (ver la introducción al Pentateuco, pp. 19, 20; la nota sobre los hijos de Dios, Gén. 6:2; la introducción a Daniel [p. 1096] y la introducción a 1 Timoteo [p. 1583]).

especializado tiene que ver con realizar juicios inteligentes acerca de asuntos históricos, literarios, textuales y lingüísticos.

Durante los siglos XVIII y XIX, algunos teólogos en las universidades alemanas aplicaron a la Biblia métodos de investigación y análisis que los historiadores habían desarrollado para reconstruir el pasado. Trataron de descubrir la fecha de cada libro, su autor, su propósito, las características del estilo y el lenguaje. Se preguntaron: ¿Cuáles son las fuentes originarias de los documentos bíblicos? ¿Son dignas de confianza? ¿Cuál es el significado y el fondo histórico de cada uno? La crítica bíblica es el intento de distinguir lo verdadero de lo falso, lo auténtico de lo adulterado.

2. La necesidad y el peligro. ¿Por qué es necesario aplicar metodologías críticas al estudio del libro sagrado? La respuesta se halla en el hecho de que la Biblia nació en un contexto histórico, de manera que la misma Escritura pide ser sometida a estudio. Es innegable que la Biblia escrita a través de procesos históricos requiere una crítica reverente pero realista. Ella debe ser estudiada teológica e históricamente, de lo contrario el estudio sería meramente parcial. Nunca se ha de olvidar que ella es tanto Palabra de Dios como palabra de hombres inspirados.

Los conservadores afirman que la crítica bíblica, cuando se aplica con reverencia y erudición, puede ser de gran ayuda en comprender la Palabra. Los Padres de la Iglesia y los reformadores y eruditos evangélicos han utilizado tales estudios con gran beneficio. Sin embargo, los críticos alemanes, bajo la influencia del racionalismo, llegaron a conclusiones que serían capaces de destruir toda confianza en la integridad de las Escrituras si pudieran demostrarse.

Los críticos alemanes se acercaron al estudio de la Biblia con ciertos presupuestos o prejuicios:

(a) Rechazaron todo elemento milagroso. Es decir que para ellos la Biblia no es inspirada por Dios, sino un libro más, un libro como cualquier otro.

(b) Algunos críticos, como Karl H. Graf y Julius Wellhausen, aceptaron la teoría del filósofo Hegel de que la religión de los hebreos había ido evolucionando. Según esta teoría, Israel en el principio creía en muchos espíritus, luego fue desarrollando la creencia en un solo Dios, y más tarde llegó a la fase sacerdotal. También el culto hebreo evolucionó en cuanto a sus sacrificios, fiestas sagradas y sacerdocio. Hoy se descarta esa noción.

(c) En cambio, el crítico Hermann Gunkel suponía que el material de Génesis había sido tomado de otras culturas del Medio Oriente y adaptado a las necesidades de los israelitas. Es decir, los hebreos tomaron prestado de los mitos, leyendas y costumbres religiosas de sus vecinos purificándolas de los elementos politeístas. La clave para entender la religión de Israel estaría en estudiar las religiones de sus vecinos. Según Gunkel, lo peculiar de la religión israelita es la creencia de que Dios se ha revelado a sí mismo en la historia hebrea.

B. LA DISECCION ANALITICA DEL PENTATEUCO: LA HIPOTESIS DOCUMENTARIA

La tradición ha atribuido a Moisés la composición de todo el Pentateuco, Cristo y los apóstoles confirman esta opinión (Juan 1:45; 5:45-47; Rom. 10:5). Pero los críticos racionalistas desarrollan la teoría de que no fue escrito por el gran legislador de una sola vez, sino que es una recopilación de antiguos documentos; su redacción final se sitúa al término de una larga historia: "La historia comenzó con Moisés, el cual empleó tradiciones orales y documentos escritos anteriormente, y su redacción final fue hecha en el tiempo de Esdras (siglo V a. de J.C.). Entre estos dos puntos está el trabajo de otros autores que recogieron, ordenaron y pusieron por escrito las narraciones y las colecciones de leyes, muchas de las cuales se habían transmitido oralmente a través de los siglos".[2] Había un desarrollo progresivo de ellas, debido a las condiciones sociales y religiosas de los tiempos posteriores.

Juan Astruc (1753), profesor de medicina en París, intuyó esta teoría, notando que se usaba el nombre "Elohim" (Dios) en algunos pasajes del Génesis, y "Jehovah" en otros. Para Astruc, esto evidenciaba que Moisés había usado dos documentos como fuentes, (cada uno con una manera especial de nombrar a Dios) para escribir el Génesis.

Más tarde, los eruditos alemanes descubrieron lo que a ellos les parecía ciertas duplicaciones, diferencias de estilo y discordancia en las narraciones las cuales indicaban la existencia de diversos estratos literarios —documentos o tradiciones orales— en la formación del Pentateuco. Llegaron a la conclusión de que Moisés no escribió el Pentateuco, sino que lo hizo un redactor desconocido que empleó varias fuentes al escribirlo.

---

[2] "Pentateuco, introducción" en *La Biblia de estudio, Dios habla hoy* (s.l.: Sociedades Bíblicas Unidas, 1994), p. 20.

A fines del siglo XIX, Julio Wellhausen y Karl H. Graf desarrollaron la "hipótesis Graf-Wellhausen", que fue aceptada como la base fundamental de la Alta Crítica. Usaron la teoría de la evolución religiosa de Israel como uno de los medios para distinguir los supuestos documentos que constituirían el Pentateuco. También la utilizaron para poner fechas a esos documentos. Por ejemplo, si les parecía que un cierto documento tenía una teología más abstracta que otro, concluían en que había sido redactado en una fecha posterior, ya que la religión iba siendo cada vez más complicada. Así establecieron fechas según la medida de desarrollo religioso que ellos imaginaban. Consideraron que el libro de Génesis era, en su mayor parte, una colección de mitos cananeos, adaptados por los hebreos.

Para fortalecer sus conclusiones acerca de una fecha posterior de la redacción final del Pentateuco, se apoyaron en el descubrimiento de ciertas palabras tardías y de arameísmos en la obra. Señalaron que hay palabras en el texto que rara vez son utilizadas en otras partes de la literatura hebrea, excepto en el Talmud y en la Midras. Por lo tanto pertenecerían al período persa.

Wellhausen y Graf, denominaron los supuestos documentos de la siguiente manera:

a) El "Jehovista" (J), que prefiere usar el nombre Jehovah. Habría sido redactado posiblemente en el reino de Salomón y considerado el más antiguo.

b) El "Elohista" (E) que designa a Dios con el nombre común de Elohim. Habría sido escrito después del primer documento, alrededor del siglo VIII a. de J.C.

c) El código Deuteronómico (D) comprendería todo el libro de Deuteronomio. Habría sido escrito en el reinado de Josías por los sacerdotes que usaron este fraude para promover un despertamiento religioso (2 Rey. 22:8).

d) El código Sacerdotal (P) es el que pone un interés especial en la organización del tabernáculo, el culto y los sacrificios. Podría haber tomado cuerpo durante el cautiverio babilónico, y dio el plan general al Pentateuco.

Consideraron que los documentos con excepción del "D", corren paralelamente a través de los primeros libros del Pentateuco. La obra final habría sido redactada en el siglo V a. de J.C., probablemente por Esdras. Esta especulación de Wellhausen y Graf se llama: "teoría documentaria J.E.D.P.".

Los críticos liberales aseveran que existen narraciones duplicadas que prueban la diversidad de documentos. Según ellos, son versiones diferentes de determinados hechos: la semejanza es sustancial, pero difieren en los detalles. Encuentran dos relatos de la creación (Gén. 1:1—2:4a; 2:4b-25); dos narraciones combinadas del diluvio (Gén. 6—8). Agar, la sierva de Sara, es despedida dos veces (Gén. 16; 21:8-21), mientras que en dos oportunidades Abraham, y una tercera vez Isaac, presentan a su esposa como si fuera su hermana para poner a salvo sus vidas (Gén. 12:10-20; 20; 26:7-11).

También, el Decálogo se presenta en dos versiones ligeramente distintas (Exo. 20:1-17; Deut. 5:6-21), y el catálogo de las grandes fiestas religiosas de Israel aparece cuatro veces en distintos contextos (Exo. 23:14-19; 34:18-26; Lev. 23; Deut. 16:1-17).

Existen errores de cronología de índole histórica y geográfica, pues algunas afirmaciones suponen que el escritor habitaba en Canaán y no en la llanura de Sinaí o de Transjordania. En Génesis 14:14 se menciona la ciudad de Dan, que tomó su nombre de los danitas que la conquistaron 500 años después de la época de Abraham (Jos. 19:47; Jue. 18:29). Se habla de los reyes de Edom "antes que hubiese rey de los hijos de Israel" (Gén. 36:31-33). El último capítulo cuenta la muerte y sepultura de Moisés.

Se encuentran expresiones referentes a la humildad y grandeza de Moisés, las cuales difícilmente pueden ser atribuidas a él: "Moisés era un hombre muy manso, más manso que todos los hombres que había sobre la faz de la tierra" (Núm. 12:3); "El mismo Moisés era como un gran hombre en la tierra de Egipto" (Exo. 11:3).

Otro problema es el de las cifras enormes de los dos censos de las tribus en Números 1 y 26. Supondría una población total de dos millones y medio de israelitas. ¿Podría haber sustentado Egipto tanta cantidad de esclavos? ¿No es esto evidencia de que los números exagerados en estos censos fueron inventados por un autor posterior a la época de Moisés?

Estos son los argumentos de los críticos racionalistas que sostienen que hay estratos literarios en el Pentateuco los cuales revelan una mano redaccional primitiva. Piensan que han encontrado multiplicidad de estilos, duplicación de relatos, anacronismos y aun diverso uso de nombres divinos: todo ello probaría que la redacción de los primeros cinco libros de la Biblia fue hecha al final de un proceso que duró más de 800 años.

C. AUTENTICIDAD MOSAICA DEL PENTATEUCO

¿Han comprobado decisivamente los críticos modernos que el Pentateuco no fue escrito por Moisés? ¿Ignoraba Jesús este hecho o simplemente se acomodó a la opinión de los judíos de su época? ¿Citaría Jesús textos de un "fraude piadoso" (Deuteronomio) a fin de derrotar a Satanás en la tentación? (ver Mat. 4:4 y Deut. 8:3; Mat. 4:10 y Deut. 6:13).

En este caso, Jesús insinúa claramente que ha citado "palabra" de "la boca de Dios" (Mat. 4:4). Para Jesucristo el Antiguo Testamento es la Palabra inspirada de Dios y como tal es verdadera y autoritativa: "la Escritura no puede ser anulada" (Juan 10:35). ¿Cómo puede ser el Pentateuco, pues, una obra compilada a través de los siglos, preparada por varios redactores y llena de contradicciones y errores?

Los eruditos cristianos conservadores sostienen que no es necesario aceptar las conclusiones destructivas de los críticos racionalistas, y cuestionan seriamente la teoría dominante de la crítica del Pentateuco la cual se combina en dos ramas, la teoría documental y la teoría del desarrollo (la religión hebrea fue el resultado de la evolución: el politeísmo antecedía al monoteísmo, los profetas, la ley). Ambas nociones se basan en la suposición de contradicciones internas. Asevera el erudito evangélico, J. W. Wenham:

> Muchas de las supuestas contradicciones, obviamente no son contradicciones, y todas son largamente discutibles. La puerta está abierta de par en par para aquellos que creen que el contenido del A.T., correctamente entendido, forma una unidad armoniosa y orgánica.[3]

Consideraremos uno por uno los argumentos de los críticos escépticos.

1. La crítica misma rechaza la teoría del desarrollo del Pentateuco expuesta por Wellhausen. Lothar Ruppert, un comentarista liberal que escribió, *Genesis: Ein Kritischer und Theologischer Kommentar* (1993), observa:

> Las investigaciones recientes sobre la formación del Pentateuco han planteado una serie de problemas que aún no han encontrado una solución definiti-

[3] J. W. Wenham, "Moisés y el Pentateuco" en *Nuevo comentario bíblico,* D. Guthrie y J. A. Motyer, editores generales (El Paso: Casa Bautista de Publicaciones, 1977), p. 42.

> va, pero han puesto en claro, por lo menos, dos puntos importantes. El primero es que la teoría documental en su versión clásica... no ha quedado indemne después de las críticas a que fue sometida en las últimas décadas. El segundo, también negativo, es que todavía no se ha llegado a establecer un nuevo "paradigma" capaz de sustituirla.[4]

Se nota, sin embargo, que la crítica moderna no abandona completamente la teoría documental, sino que busca reformarla. "Lother Ruppert considera que no todo es irrecuperable en la hipótesis antigua. Más bien habría que afirmar... que la antigua teoría documental debe ser modificada."[5] La tendencia moderna es fusionar JE o, en otros casos, tener E1 y E2. Piensan que cada documento tuvo un desarrollo particular antes de que terminaran por dar a la obra su forma definitiva, mediante la fusión de JE + D + P.

Los descubrimientos arqueológicos de las tablas de Nuzi y Ugarit desmintieron las aseveraciones de Wellhausen de que Abraham y los patriarcas fueron figuras legendarias y de que Génesis tenía poco o nada de valor histórico. Los hallazgos demostraron la exactitud de la descripción histórica del Medio Oriente que se encuentra en Génesis 12—50.

Los eruditos conservadores rechazan rotundamente la hipótesis documentaria J.E.D.P. Consideran que Wellhausen trabajó en un vacío histórico suponiendo que los hebreos no sabían escribir, no podían usar arameísmos, ni tampoco utilizar las variaciones de estilo, tan comunes en su mundo, como recurso literario. Incluso él pretendía que los hebreos podían utilizar los principios de redacción propios de la literatura semítica antigua.

Respecto de las palabras tardías y arameísmos, el problema reside en el hecho de que los críticos no poseen un grado de certeza total como para decir que los hebreos no pudieron haber usado determinadas palabras. Archer argumenta:

> ¿Por qué son tan inconcluyentes estas "palabras infrecuentes" o raras como indicativas de una fecha o época? Principalmente por la insuficiencia de los datos con que contamos. Hoy en día en la Biblia sólo poseemos una pequeñísima fracción de la producción literaria total de los antiguos hebreos.[6]

---

[4] Condensado y citado por A. J. Levoratti en el artículo "Reseñas críticas" en la revista *Traducción de la Biblia,* Sociedades Bíblicas Unidas, vol. 5, número 1, 1 semestre 1995, p. 19.

[5] Ibíd.

[6] Gleason L. Archer, *Reseña crítica en una introducción al Antiguo Testamento* (Grand

Referente a los arameísmos, además podemos decir que los hebreos conocieron el idioma arameo no precisamente en el cautiverio babilónico, como se pretende, sino que conocían tal idioma desde muy antiguo. Una autoridad bíblica señala: "Parece que los patriarcas hebreos hablaban arameo mientras residieron en el área de Harán."[7] Esta declaración tiene mucha lógica, ya que en Harán vivían los arameos, y es probable que los patriarcas se comunicaran perfectamente con ellos.

2. Parece que los nombres no están distribuidos adecuadamente en Génesis como para formar las bases para la partición de los documentos. Por lo menos en cinco capítulos de Génesis, el nombre de Dios no se menciona, y aun así esos capítulos están divididos entre J.P. (E1) y E2. Según esta teoría el nombre de Jehovah no debería estar en los documentos atribuidos a E y P. Pero sí se halla el nombre Jehovah en tales documentos (véanse Génesis 5:29; 7:16; 14:22; 15:1, 2; 17:1; 20:18; 21:1b, 33; 22:11, 14-16; 28:21). ¿Qué respuestas darán los documentalistas frente a estos pasajes citados? Por otra parte el nombre Elohim, no debería hallarse en el documento J, pero también se encuentra allí (véase Gén. 3:1-5; 4:25; 6:2-4; 7:9; 9:26, 27; 33:5, 11; 43:14).

¿Por qué emplea el escritor del Pentateuco más de un nombre para Dios?

Para los semitas, el nombre de una persona manifiesta las propiedades del que lo lleva. A veces equivale a la persona misma. Los nombres de Dios son revelaciones de su carácter y naturaleza. Puesto que es imposible que un nombre exprese todas las facetas de la naturaleza divina, era necesario que Dios tomara varios nombres. Parece que el autor a menudo empleaba los nombres divinos según el contexto y de acuerdo con su propia teología.[8] Por ejemplo, se emplea el término Elohim (Dios), en el relato de la creación del universo (Gén. 1) porque este nombre expresa la majestuosidad y poder infinito del Creador. Cuando el escritor inspirado cuenta de la relación de Dios con el hombre (Gén. 2:4;3) le llama Elohim Yahveh o simplemente Yahveh (Jehovah), el nombre personal de Dios.

Además, era una práctica común entre las naciones del Antiguo Oriente referirse a sus deidades importantes con más de un nombre. Por

---

Rapids: Publicaciones Portavoz Evangélico, 1981) , p. 149.

[7] *Diccionario bíblico arqueológico,* Charles F. Pfeiffer, editor (El Paso: Editorial Mundo Hispano, 1982), p. 75.

[8] Edward Young, "Historia de la crítica literaria del Pentateuco" en *Nuevo comentario bíblico, op. cit.,* p. 38.

ejemplo, en Egipto Osiris (Señor del mundo de los muertos) tenía otros tres títulos. En Babilonia, el dios Bel fue conocido también por su nombre Enlil; en Grecia Zeus se llamaba Kronión y Olimpio; Atena se llamaba Pallas; Apolo, Febo. No es de extrañarse que la Biblia emplee varios nombres para Dios.

3. Las diferencias en estilos no es un criterio confiable para identificar distintos documentos en el Pentateuco. Debemos reconocer que existen variaciones en el estilo, pero, ¿es que sólo los escritores hebreos carecían del derecho de variar su estilo en una obra literaria? En la literatura de todas las épocas, la variedad de estilo siempre ha sido algo completamente lógico y necesario. Realizar esto es un modo de evitar la monotonía. El erudito Gordon Wenham observa:

> Más recientemente... se ha argüido que las diferencias en estilo hebreo que se utilizan para definir las fuentes pentateucas no tienen significado a la luz de antiguas convenciones literarias, y que se necesita un enfoque nuevo a este aspecto de la crítica del Pentateuco.[9]

En conclusión, el mismo experto en hebreo afirma: "Es sumamente difícil distinguir diferentes fuentes literarias en un mismo documento a no ser que algunas de estas fuentes hayan en verdad sobrevivido",[10] y no se ha encontrado ninguno de los supuestos documentos.

4. Los relatos dobles y supuestas duplicaciones no prueban la existencia de fuentes múltiples. Uno de los argumentos esgrimidos para probar que había diversos documentos en el Pentateuco es la existencia de narraciones duplicadas o paralelas. Según los críticos racionalistas, los dos relatos de la creación, las dos narraciones combinadas del diluvio, las dos huidas de Agar y las tres veces que personajes presentaron a su esposa como si fuera su hermana, son el resultado de una torpe combinación de diversas tradiciones referentes a un mismo evento. Estos eruditos opinan que "algún editor o redactor posterior las reunió a todas de manera tal que permanecieron en el texto muchas de las discrepancias, y eso permite al crítico erudito separar científicamente sus partes".[11]

Pero, ¿realmente hay dos relatos de la creación? Génesis 1:1—2:4a es el relato de la creación y 2:4b-25 describe la preparación del huerto

---

[9] Gordon Wenhan, "Crítica literaria y el Antiguo Testamento" en *Manual bíblico ilustrado,* David Alexander y Pat Alexander, eds. (Miami: Editorial Caribe, 1976), p. 183.
[10] Ibíd.
[11] Archer, *op. cit.,* pp. 139, 140.

de Edén para el hombre.[12] Hay que notar que el capítulo 2 ni siquiera menciona detalles de la creación del universo. Se limita a la creación del hombre y al ambiente en que vivía.

Referente a los diversos relatos del diluvio, Archer comenta:

> Nótese que el lector desprejuiciado es incapaz de detectar ningún elemento diverso en estos tres capítulos... y que las supuestas divergencias solamente pueden ser detectadas por un proceso artificial de disección.[13]

Con respecto a los dos episodios según los cuales Abraham hizo pasar a Sara como su hermana, ante faraón (Gén. 12:10-20) y ante Abimelec (20:1-18), se asevera que son formas variantes de una misma tradición. Archer replica:

> Pero la suposición de que los hombres nunca cometen dos veces el mismo error ni ceden a la tentación más de una vez, por decir lo menos, es ingenua, especialmente cuando consideramos el hecho de que Abraham salió económicamente beneficiado en ambas ocasiones.[14]

Además, no es extraño que su hijo Isaac recurriera al mismo subterfugio con respecto a su esposa Rebeca, y todo ello ocurrió en Gerar. El hecho de que los dos gobernantes filisteos que fueron engañados por este truco se llamaran Abimelec, no es evidencia de que los dos relatos sean duplicaciones. Es probable que los filisteos transmitieron a sus sucesores los mismos nombres de gobernante en gobernante, una práctica habitual entre los faraones de Egipto.

En cuanto a los dos relatos de la huida de Agar de la casa de Abraham (16:4-14; 21:9-21), notamos que en el primero relata cómo Agar se escapó por su propia cuenta, y el segundo cómo fue despedida por Abraham:

> Considerando la tensión existente entre Sara y Agar en aquellos años, ¿no es razonable, acaso, que ocurrieran esos dos incidentes en distintas épocas y bajo disímiles circunstancias? ¿No abunda la historia en tales episodios repetidos en las vidas de otros personajes importantes, como el obispo Atanasio y sus tres desterrados?[15]

---

[12] Young, *op. cit.*, p. 38.
[13] Archer, *op. cit.*, p. 142.
[14] Ibíd., p. 143.
[15] Ibíd., p. 144.

Sobre las supuestas inconsistencias de los relatos dobles y paralelos, podemos señalar lo siguiente: en primer lugar las supuestas contradicciones son sólo eso, "supuestas". Quienes se acercan al texto con la presuposición de que la obra es producto de varios autores encuentran las contradicciones, pero el que se aproxima al texto con mente más amplia no halla tales contradicciones.

5. Se pueden atribuir referencias a eventos posteriores al tiempo de Moisés y cambios de nombres geográficos a las notas explicativas y otra posible obra de los escribas que transmitieron el texto. Cuando los teólogos conservadores afirman que el texto sagrado no tiene error, se refieren a los autógrafos o sea a los manuscritos originales:

> El momento de "inspiración" fue el momento de expresión, cuando Dios "inspiró" la Palabra que debía ponerse por escrito... Somos conscientes de la existencia de una cierta medida de corrupción en la transmisión del texto, que no vicia la revelación del Pentateuco, pero que debe ser tenido en cuenta para evaluar la evidencia de la paternidad literaria en detalle.[16]

Es probable que un copista cambiara el antiguo nombre de una ciudad cananea, dándole el nombre de Dan (Gén. 14:14) para que los lectores de la ley entendieran. En otra ocasión añade una frase de explicación de la antigua situación "antes que hubiese rey de los hijos de Israel" (Gén. 36:31). Se cree que Josué o posiblemente el sumo sacerdote, Eleazar, escribió el relato de la muerte y sepultura de Moisés, el cual se halla al final del libro de Deuteronomio. Los comentarios sobre Moisés como el hombre más humilde o, en otras ocasiones, el más renombrado, pueden ser de la misma fuente.

6. Tres de los libros del Pentateuco se caracterizan por su notable unidad, la cual indica un solo autor.

Wenham afirma:

> Génesis es una unidad, que resume la revelación divina anterior a la época de Moisés. Levítico, siendo esencialmente un manual para los sacerdotes, es una unidad. Deuteronomio, la segunda ley, es también una unidad.[17]

Por otra parte, Exodo y Números, no demuestran un plan ordenado.

---

[16] Wenham, "Moisés y el Pentateuco", *op. cit.*, p. 43.
[17] Ibíd., p. 44.

Son una colección misceláea de leyes e historia; no revelan la misma unidad de concepción.

> Es más fácil verlos como las virtualmente inéditas memorias de Moisés, que las generaciones posteriores no se sintieron con libertad para alterarlas oficialmente, en vez de verlos como una cuidadosa composición del período de la monarquía.[18]

Algunos eruditos conservadores especulan que un testigo ocular de los últimos acontecimientos en la vida de Moisés, tal vez el sumo sacerdote Eleazar, editó ligeramente los escritos de Moisés. Se supone que los documentos fueron encomendados al cuidado de él, junto con la ley deuteronómica que debía ser leída a los israelitas reunidos cada siete años (Deut. 31:9-11):

> Los discursos de Moisés no podían ser leídos en primera persona sin explicación, y sería muy natural para el veterano líder, mientras preparaba su manuscrito, añadir sus propios comentarios y reminiscencias.[19]

Desde luego, todo lo haría bajo la inspiración del Espíritu Santo.

7. Los eruditos admiten que las cifras aparentemente exageradas tienen más que ver con la transmisión del texto que con la paternidad literaria.

Wenham señala lo siguiente:

> Las cifras en los censos de las tribus en Números 1 y 26 están dadas por la errónea adición del número de *'allepim* (soldados con armadura completa) y el número de *me 'at* (unidades de batalla de aproximadamente cien hombres). Los primeros, mal vocalizados como *'alapim* (miles), fueron sumados a los últimos (que para las diferentes tribus fluctuaban entre doce veintisiete "cientos", e.g. un *'elep dos me 'ot* y dos *'alapim* siete **me 'ot**), para dar los números actuales. De acuerdo con este cálculo, la fuerza de combate israelita habría contado aproximadamente con 18.000 hombres y toda la migración con alrededor de 72.000.[20]

Es probable que hubo una etapa en la historia de Israel cuando las listas de los censos presentaron problemas para los lectores de esos manuscritos, y los copistas trataron de corregirlas. "Pero esos intentos de

---

[18] Ibíd., p. 45.
[19] Ibíd.
[20] Ibíd., p. 43.

corrección, a pesar de haber sido hechos en una época muy posterior a Moisés, de ningún modo apuntan hacia un original postmosaico".[21]

8. No existe suficiente evidencia para dudar de que Moisés escribiera Deuteronomio. Según las especulaciones de los críticos liberales, el proto-Deuteronomio fue el libro extraviado que fue encontrado en el templo en el reinado de Josías (2 Rey. 22:8). Los sacerdotes, ansiosos de provocar un avivamiento yahvista, habían recopilado antiguos materiales jurídicos cuyo principio de unidad fue el "mandamiento principal", y habían puesto su producción en la boca de Moisés. Los eruditos solían afirmar lo siguiente acerca del "Código Deuteronómico" (Deut. 12—26):

> Conforme a un plan poco definido reúne muchos de los antiguos elementos, pero es testigo de una evolución en las costumbres sociales y religiosas (por ejemplo, las leyes sobre la unidad de santuario, el altar, el diezmo, los esclavos)...[22]

La clave de esta idea se encuentra en el énfasis que pone Deuteronomio en la centralización del culto: había de ser un solo lugar de adoración (Deut. 12). Wellhausen notó que en Exodo 20:24-26 un sinnúmero de altares fue considerado como algo natural. También, el hecho de que después de la batalla en Micmas, Saúl edificó un altar, nos indica que los altares podían ser construidos en cualquier lugar (1 Sam. 14:33-35). Por lo tanto, según él, Deuteronomio refleja una época muy posterior a Moisés. En consecuencia no fue la obra del gran legislador sino una falsificación empleando el nombre de él para darle autoridad.

R. K. Harrison señala la debilidad del argumento de que la centralización de la adoración en Jerusalén fue una de las principales razones para la compilación de Deuteronomio.

> El libro no pone énfasis sobre la pretensión de Jerusalén... y no contiene legislación a tal efecto. El énfasis real de Dt. 12 no está en el contraste entre muchos altares a Dios y un solo altar, sino entre los altares de los paganos cananeos y el lugar donde el nombre de Dios debía ser reverenciado.[23]

---

[21] Ibíd.
[22] "Introducción al Pentateuco" en *Biblia de Jerusalén* (Bruselas: Desclée de Brouwer, 1966), p. 7.
[23] R. K. Harrison, "Deuteronomio, introducción" en *Nuevo comentario bíblico,* op. cit., p. 161.

Además, el mandato en Deuteronomio 27:1-8 de erigir un altar sobre el monte Ebal, parece desacreditar la teoría wellhauseana de que Deuteronomio fue escrito para promover la centralización de la adoración en Jerusalén.

Con el transcurso del tiempo y los descubrimientos arqueológicos, la hipótesis de desarrollo o evolución de la religión hebrea, fue descartada, "pero no la subyacente hipótesis documental que es tan ampliamente sustentada (en una u otra forma) como siempre".[24]

Es obvio que Moisés, en sus discursos de despedida (Deuteronomio), previó el peligro de permitir culto en cualquier lugar pues el pueblo hebreo sería tentado a participar en los ritos paganos de los cananeos, quienes tenían un sinnúmero de altares en los lugares altos. Ya se había establecido el tabernáculo y sólo quedaba la designación de su ubicación, según la elección de Dios (Deut. 12:5,11). Al entrar en la tierra prometida, Israel sabría aquel lugar.

Para los eruditos que respetan la inspiración de la Biblia, no existe una razón convincente para negar que Deuteronomio es exactamente lo que el libro mismo da a entender que es. Consiste principalmente en los discursos de Moisés dirigidos al pueblo en la fértil llanura de Moab. Israel estaba a punto de cruzar el río Jordán y comenzar la conquista de Canaán y Moisés estaba por acabar su carrera. Quiso preparar al pueblo para la conquista de Canaán. Con estilo exhortativo, Moisés presentó los preceptos de la ley en términos prácticos y espirituales para ser aplicados a la nueva vida en Canaán. Por esto, hay pequeñas modificaciones en la presentación de esas leyes.

R. K. Harrison y otros estudiosos conservadores del Antiguo Testamento, observan que hay evidencia en la estructura de Deuteronomio, de que éste fue escrito en el segundo milenio a. de J.C. El pacto de Sinaí se asemeja en forma a los tratados internacionales de soberanía o de vasallaje comunes en el Cercano Oriente desde el tercer milenio a. de J.C. Tales pactos seculares se caracterizan por los siguientes elementos: (a) un preámbulo, identificando al autor y dando sus atributos; (b) el prólogo histórico, generalmente haciendo hincapié sobre la bondad del soberano; (c) las estipulaciones del tratado; (d) los testigos divinos y garantes del tratado; (e) las bendiciones o maldiciones que sucederían si es que el pacto fuera guardado o violado.[25]

---

[24] Young, *op. cit.*, p. 40.
[25] Harrison, *op. cit.*, p. 161.

Deuteronomio contiene la mayoría de los elementos de la forma del tratado salvo la omisión de la lista de los dioses como testigos.

* Prólogo histórico, 1—3
* Estipulaciones, 4—26
* Cláusula documental, 27
* Bendiciones y maldiciones, 28

Se coloca Deuteronomio en el segundo milenio a. de J.C. porque contiene un prólogo histórico, algo que estaba ausente en los tratados formulados después de fines del segundo milenio a. de J.C. Los críticos de formas "reconocen no sólo la antigüedad de elementos aislados en Deuteronomio, sino la edad temprana del tratado deuteronómico en su totalidad, y lo colocan firmemente contra el fondo histórico de la edad mosaica".[26]

9. La paternidad literaria de Moisés explica mejor las cualidades superlativas del Pentateuco, mejor que cualquier otro concepto. Aunque en el Pentateuco mismo no se afirma claramente que éste haya sido escrito por Moisés en su totalidad, otros libros del Antiguo Testamento lo citan como obra de él (Jos. 1:7, 8; 23:6; 1 Rey. 2:3; 2 Rey. 14:6; Esd. 3:2; 6:18; Neh. 8:1; Dan. 9:11-13). Ciertas partes muy importantes del Pentateuco se le asignan a él (Exo. 17:14; 24:3-7; Deut. 31:24-26). Los escritores del Nuevo Testamento concuerdan exactamente con el testimonio de los del Antiguo. Hablan de los cinco libros en general como "la ley de Moisés" (Hech. 13:39; 15:5; Heb. 10:28). Para ellos, "leer a Moisés" equivale a leer el Pentateuco (ver 2 Cor. 3:15: "Cada vez que leen a Moisés, el velo está puesto sobre el corazón de ellos"). Finalmente las palabras de Jesús mismo dan testimonio de que Moisés es el autor: "Porque si vosotros creyeseis a Moisés, me creeríais a mí; pues él escribió de mí" (Juan 5:46; ver también Mat. 8:4; 19:8; Mar. 7:10; Luc. 16:31; 24:27, 44).

Wenham señala la importancia de Moisés y su obra, el Pentateuco:

> Es verdad que los otros libros históricos de la Biblia son importantes obras literarias y que no tenemos conocimiento cierto acerca de quiénes fueron sus autores, pero el Pentateuco, y el Génesis en particular, es único. Con un estilo simple deja establecido el fundamento de toda la tradición bíblica judeocristiana. Como dice F. D. Kidner: "Si su principal arquitecto no fue Moisés, fue evidentemente un hombre de estatura comparable con la suya"

---

[26] Ibíd.

(*Génesis,* TOTC, 1967, p. 16). Pero, ¿dónde puede encontrarse un hombre de estatura comparable?[27]

Moisés, más que cualquier otro hombre, tenía la preparación, experiencia y genio que lo capacitaban para escribir el Pentateuco. Dado que fue criado en el palacio de los faraones, recibió instrucción "en toda la sabiduría de los egipcios y era poderoso en sus palabras y hechos" (Hech. 7:22). Era testigo ocular de los acontecimientos del éxodo y el peregrinaje en el desierto. Mantenía la más íntima comunión con Dios y recibía revelaciones especiales. Como hebreo, Moisés tenía acceso a las genealogías y a las tradiciones orales y escritas de su pueblo, y durante los largos años de la peregrinación de Israel, tuvo el tiempo necesario para meditar y escribir. Y sobre todo, tenía notables dones y un genio extraordinario, de lo cual da testimonio su papel como caudillo, legislador y profeta.

Un estudioso desconocido, escribiendo la introducción al Pentateuco en la Biblia Nácar Colunga, concluye con estas palabras:

> No se puede atribuir a Moisés globalmente el Pentateuco tal como hoy lo tenemos... ya que hay ciertamente estratos legislativos e históricos posteriores al gran profeta. Sin embargo, tampoco debemos aceptar la hipótesis de que los documentos o tradiciones son posteriores a Moisés... Por otra parte, muchas de las leyes tienen su mejor explicación en el marco de vida trashumante de los tiempos de Sinaí, cuando Israel estaba naciendo como colectividad bajo la égida creadora de Moisés.[28]

El gran problema de los críticos es que se han acercado a la Biblia con prejuicio antisobrenaturalista, el cual les impide realizar un trabajo científico. Sus conclusiones son absurdas: nos exigen que aceptemos como reales un número de documentos, autores y recopiladores sin la más mínima evidencia externa. "No han dejado tras sí huella alguna, ni en la literatura, ni en la tradición hebrea, tan tenaz para con el recuerdo de sus grandes nombres."[29] Parece que los documentos J.E.D.P. existen solamente en la imaginación de los eruditos que prefieren aceptar las especulaciones de racionalistas antes que creer en la doctrina de la inspiración divina.

---

[27] Wenham, "Moisés y el Pentateuco", *op. cit.,* p. 44.

[28] *Sagrada Biblia* 2a. edición, Eloíno Nácar Fuster y Alberto Colunga, traductores (Madrid: La Editorial Católica, S.A., 1969), p. 23.

[29] *Nuevo auxiliar bíblico,* G. C. Robinson y A. M. Stibbs, eds. (El Paso: Casa Bautista de Publicaciones, 1958), p. 57.

D. ESPECULACIONES CRITICAS DE LA PROFECIA Y LOS SALMOS

1. Contraste entre el concepto tradicional de la profecía y el de los críticos modernos. De acuerdo con la noción tradicional, el mensaje profético pertenece al presente y al futuro. El profeta es enviado a sus contemporáneos y les transmite los deseos divinos referentes a su situación actual. Por regla general, sus "predicciones" vienen a confirmar sus "predicaciones", es decir, pueden anunciar un suceso próximo como señal de que su mensaje es de Dios. Sin embargo, el mensaje puede sobrepasar las circunstancias en que se pronunció y también puede sobrepasar la misma conciencia del profeta, prediciendo cosas del lejano porvenir que sólo Dios conoce.

En contraste, el concepto de los críticos modernos, es que los profetas no se dedicaban a leer el porvenir para anunciarlo anticipadamente. Eran enviados a proclamar la palabra divina en el "momento preciso, y su mensaje, incluso cuando incluía alguna referencia al futuro, estaba siempre vinculado a las necesidades de aquel momento".[30] Las supuestas "predicciones proféticas" son realmente historia escrita después que sucedieron los acontecimientos descritos, o buenas adivinanzas basadas sobre la observación aguda, pero natural, de la situación por el profeta.

La razón primordial de los críticos liberales para limitar el alcance de la profecía al momento histórico del profeta, se encuentra en su prejuicio contra la posibilidad de que Dios actúe sobrenaturalmente. No creen que Dios puede comunicarse con los hombres; se acercan al estudio de las Sagradas Escrituras con una mente cerrada.

2. Los dos Daniel. Un ejemplo del empleo del presupuesto crítico, se ve en sus conclusiones sobre el libro de Daniel. El profeta de este nombre vivió en el siglo VI a. de J.C. y por lo tanto su mensaje se debe haber limitado a cosas que sucedieron en aquel entonces tales como la caída de Babilonia efectuada por Ciro. Sin embargo, se hace referencia a la persecución del rey Antíoco IV Epífanes, algo que ocurrió casi 350 años después de la muerte del profeta. También este libro alude repetidamente a la profanación del templo de Jerusalén por parte de este rey helenista (ver 9:27; 11:30-35). Estas claras alusiones contrastan notablemente con la vaga referencia de su muerte (11:45) en 164 a. de J.C.

---

[30] "Los libros proféticos, introducción" en *La Biblia de estudio, Dios habla hoy, op. cit.*, p. 851.

Esto hace pensar en que la redacción definitiva del libro se llevó a cabo poco antes del fallecimiento del tirano (165 a. de J.C.).[31]

De estos dos fondos históricos, se ha deducido la existencia de dos escritos de épocas diferentes que fueron combinados por un editor. Por otra parte, muchos críticos reconocen que el libro es una unidad: "Los procedimientos literarios y la línea del pensamiento son idénticos de un cabo al otro del libro."[32] Para ellos, surgen las preguntas, ¿Daniel fue escrito por un autor, alguien que vivió en la época de Antíoco IV y los Macabeos?, o, ¿fue escrito por dos autores, cada uno en su propia época, y fue editado después por un redactor?

La mayoría de los críticos consideran que este libro es totalmente espurio, compuesto por alguien del siglo II a. de J.C., con la intención de estimular la resistencia contra la tiranía de Antíoco Epífanes. Presentan algunos argumentos contra la autenticidad del libro.

a) Se ha sostenido que en Daniel hay inexactitudes históricas que indican que el autor vivió mucho tiempo después de acontecer muchos de los sucesos que describe. Por ejemplo, la aparición del rey Belsasar en el capítulo 5 fue interpretada por los primeros críticos como algo no histórico. Descubrimientos posteriores de tablillas que se refieren a Belsasar como el "hijo del rey", echaron por tierra este argumento. Entonces ellos objetaron que Belsasar es descrito como hijo de Nabucodonosor cuando en realidad su padre fue Nabonido. Este argumento, sin embargo, "pasa por alto el hecho de que según el uso antiguo del término hijo, con frecuencia se refería a un sucesor que ocupaba el mismo cargo, hubiera o no una relación de parentesco sanguíneo".[33]

Se alega que la expresión "Darío el medo" (5:31) es evidencia de una confusión histórica. El problema es que las fuentes históricas no mencionan a este personaje; tampoco es posible asignarle un lugar en la sucesión cronológica de los monarcas del Antiguo Oriente. Ciro el Persa había ya conquistado a los medos cuando tomó Babilonia.

Una nota en una Biblia de estudio explica que tal vez sea otro nombre para Gubaru, hombre encargado por Ciro para gobernar los territorios babilónicos recientemente conquistados. O puede ser que "Darío el medo" fue el título del trono que tomó Ciro en Babilonia.[34]

---

[31] *Biblia de estudio, Dios habla hoy,* ibíd, p. 1096.
[32] "Introducción a los profetas" en *Biblia de Jerusalén, op. cit.,* p. 993.
[33] Archer, *op. cit.,* p. 421.
[34] *The NIV Study Bible, New International Version,* Kenneth Barker, ed. general (Grand Rapids: Zondervan Bible Publishers, 1985), p. 1308.

b) El problema lingüístico. El libro de Daniel está escrito en tres lenguas: hebrea, aramea y griega. ¿Por qué la parte histórica —homogénea por su contenido— está escrita parte en hebreo y parte en arameo?, y en cambio, ¿por qué el capítulo 7, de carácter visionario y muy ligado por su contenido, está en dos idiomas diferentes? Los críticos estiman que el libro actual es la recopilación de textos que circulaban indistintamente en hebreo o arameo, y un redactor los puso uno al lado del otro tal como los encontró. Los críticos solían creer que la presencia de las palabras persas y griegas indican que ciertas partes del libro fueron escritas en el siglo II a. de J.C.

El lenguaje mismo del libro, sin embargo, indica que fue escrito mucho antes del siglo II a. de J.C. La evidencia lingüística encontrada en los Rollos del Mar Muerto, los cuales nos dan muestras de la escritura hebrea y aramea del siglo II, demuestra que los capítulos hebreos y arameos tuvieron que ser compuestos en siglos anteriores al siglo II a. de J.C. Además, los Rollos demuestran que las palabras griegas y persas en Daniel no determinan una fecha tardía. Algunos de los términos técnicos en Daniel 3 ya eran tan arcaicos en el siglo II a de J.C. que los traductores de la Septuaginta (versión griega del Antiguo Testamento traducida en el siglo II a de J.C.) los tradujeron erróneamente.[35]

Además, según varios estudiosos de la Biblia, inclusive el gran erudito hebraísta Edward J. Young, ciertas profecías de mucha importancia en Daniel se cumplieron indefectiblemente siglos después de ser escritas. Por ejemplo, el simbolismo de la cuarta bestia indica claramente que se refiere al Imperio Romano (ver 2:33; 7:7, 19), el cual no tomó dominio sobre Siro-Palestina sino hasta el año 63 a. de J.C. También la profecía sobre "el mesías" que vendría 483 años después de la salida de la orden para restaurar y edificar a Jerusalén (9:25) se cumplió en la venida de Jesucristo. Es obvio que hay un elemento predictivo asombroso en Daniel, el cual echa por tierra el racionalismo de los críticos modernos.

Por lo tanto, las pruebas objetivas parecen hacer innecesarias las conjeturas de que Daniel fuera escrito en el siglo II a. de J.C. o de que es el resultado de la recopilación de dos documentos, uno escrito en el siglo V a. de J.C. y el otro tres siglos después.

3. Los tres Isaías. Los críticos dividen el libro de Isaías en tres grandes secciones. Se atribuyen al profeta Isaías los capítulos 1—39 (salvo algunos pasajes), mientras que los capítulos 40—55 y 56—66 se

---

[35] Ibíd.

atribuyen a autores distintos de la época babilónica y de la época persa respectivamente. Se les llama "Deutero-Isaías" y "Trito-Isaías", respectivamente.

¿Cómo es que suponen los críticos que lo que parece ser un solo libro son realmente tres libros? Las razones para establecer esta teoría son de índole histórica y literaria. Así, en la primera sección, el profeta se dirige a los hebreos en los tiempos de la dominación asiria, mientras que la segunda sección refleja la situación de los deportados de la cautividad babilónica un par de siglos después. La servidumbre babilónica de los israelitas está para acabarse. Estos están en los umbrales de una liberación llevada a cabo por el conquistador Ciro. Para los críticos, la mención del nombre de este libertador apoya la suposición de que la segunda sección fue escrita 150 años después de la muerte de Isaías, ya que es insólito en las profecías mencionar nombres propios de personajes futuros.

Se considera que la tercera y última parte del libro se refiere a los repatriados en Palestina que luchaban por reconstruir la nación. Sin embargo, ciertos eruditos creen que el profeta pudo haberse dirigido a sus contemporáneos.

También, se contrasta el estilo apasionado, hinchado, redundante y cálido de la segunda y tercera partes del libro con el estilo conciso e incisivo de la primera.

Los críticos conservadores no ven problema en el hecho de que Isaías podía dirigirse a personas no contemporáneas. Dice Kidner:

> La pretensión de que los profetas actúan, no sólo habitualmente sino invariablemente, limitados a su época, y tienen por destinatarios a sus contemporáneos, se ve contradicha por Isaías 13:1—14:27 (para no extendernos más allá), que es un oráculo sobre Babilonia atribuido a "Isaías hijo de Amós" (13:1). Y no se refiere a Babilonia como la provincia asiria tal cual era en tiempos de Isaías, sino a la potencia mundial de un siglo después; además, Israel es consolado por su larga cautividad allí (14:1-4). En realidad la profecía es una miniatura de Isaías 40—48 universalmente aceptada como indiscutiblemente contemporánea.[36]

El nombrar a Ciro un siglo y medio antes de su época (44:28; 45:1) no es un hecho fuera de lo común en la Biblia: Josías también fue mencionado por nombre (1 Rey. 13:2). Isaías indica que la asombrosa exactitud de sus profecías es evidencia de que Jehovah es el Dios verdadero

---

[36] Derek Kidner, "Isaías, introducción" en *Nuevo comentario bíblico,* op. cit., p. 443.

e inmensamente superior a los dioses paganos. "He aquí, ya sucedieron las cosas primeras; y ahora os anuncio las cosas nuevas. Antes que salgan a luz, yo os las anuncio" (42:9; ver 42:23). Y de nuevo en 43:9, 12: "¿Quién de ellos (es decir, de los dioses paganos) hay que nos anuncie esto, y que nos haga oír las cosas antiguas?... Yo anuncié y salvé; yo proclamé..." Asimismo en 44:7: "¿Quién es como yo? ¡Que lo proclame! Que declare y relate delante de mí las cosas que han sucedido desde que establecí al pueblo antiguo, y declaren (los ídolos) las cosas por venir."

Archer menciona el propósito divino de las extensas y precisas predicciones del futuro en el libro de Isaías:

> Eran para suministrar confirmación de que el mensaje del profeta era, a todas luces y con absoluta seguridad, el mensaje del único Dios verdadero, que reina soberano sobre los asuntos de los hombres; que por decreto de Dios y por el poder de Babilonia, la nación del pacto sería llevada a la cautividad. Sólo por el poderoso estímulo de predicciones cumplidas reunirían las futuras generaciones de exiliados el valor necesario para retornar a Palestina, aun después que el gobierno persa hubiera otorgado su permiso. Y para poder sostener la fe de Israel a través de todos estos abrumadores reveses —la completa devastación de ciudades y campos de pastoreo, y la destrucción del templo— era necesario proveer una prueba absolutamente decisiva de que estos sucesos ocurrieron por permiso y según los planes de Dios con Israel, y no porque fuera un Dios diminuto, superado por las más poderosas deidades del imperio caldeo.[37]

El lapso entre la vida del profeta y el cumplimiento de su profecía referente a Ciro y la liberación de los cautivos en Babilonia, no puede compararse con el intervalo entre la fecha de la profecía del Siervo sufriente (Isa. 52:13—53:12) y su cumplimiento en Cristo, el cual es de más de siete siglos. El problema de los críticos liberales es que no quieren reconocer el aspecto sobrenatural de la profecía.

El argumento literario y del contenido teológico son una espada de dos filos. Se encuentra tanto un lenguaje similar como ciertos temas similares en las dos partes del libro. Por ejemplo se le expresa al rey asirio, Senaquerib, en 37:26 (701 a. de J.C.) la soberanía divina en la historia, tema principal de Isaías 40—42, en el mismo tono y en casi los mismos términos de los últimos capítulos. También es así con el vocabulario de ambas secciones de la obra. El ejemplo mejor conocido es el

---

[37] Archer, *op. cit.*, p. 372.

uso del título divino, "el Santo de Israel" (doce veces en 1—39, trece veces en 40—66).

Referente al cambio de estilo entre los capítulos 1—39 y 40—66, se cree que la última sección difiere de la primera porque ésa fue dirigida a una situación y a destinatarios completamente distintos de los de la segunda parte. Es probable que los capítulos 40 al 66 fueran producto de los últimos años del profeta. Kidner explica que esta parte del libro es

> un mensaje escrito, no predicado; preocupado por consolar y no para advertir; dirigido a las futuras generaciones con apenas un vistazo al presente. Se trata de circunstancias inmensamente diferentes. Tales profecías pueden parecer una improbabilidad intrínseca, pero las objeciones no se pueden hacer tanto al anverso como al reverso. En realidad lo extraordinario sería (aceptado, en obsequio del argumento, que Isaías fuera el autor) que un cambio tan radical de situación, método y objeto no produjera ningún cambio apreciable de pensamiento y expresión.[38]

En una conversación con el escritor de este capítulo sobre la crítica moderna, el doctor Samuel Pagan, entonces director del Departamento de Traducciones para las Américas de las Sociedades Bíblicas, aseveró que el análisis de las dos partes de Isaías por computadora demuestra que los términos son iguales en ambas secciones.

Toda la evidencia externa favorece la unidad del libro de Isaías. Durante 25 siglos fue aceptado como la obra del profeta cuyo nombre constituye el título del libro. También la paternidad de Isaías está de acuerdo con la noción bíblica de la profecía. Si la predicción es un elemento fundamental del mensaje profético, si el dirigirse el profeta a sus contemporáneos es sólo el punto de partida para las profecías acerca de Aquel que iba a venir, entonces la conclusión es inevitable que el libro es indivisible y no es la obra de varios autores en diferentes épocas.

4. La crítica racionalista y especulativa referente a los Salmos. De la misma manera en que los eruditos liberales rechazan el elemento profético sobrenatural en otros libros de la Biblia, lo niegan en el Salterio. Uno de sus presupuestos irrenunciables es que los acontecimientos y experiencias relatados en los salmos se relacionan siempre con historia o con la situación contemporánea del Salmista. Por ejemplo, el Salmo 22, que describe con asombrosa exactitud la pasión de

---

[38] Kidner, *op. cit.*, p. 443.

Cristo, supuestamente narra la experiencia del salmista y no es profecía. Insisten ellos en esto a pesar de que la crucifixión descrita en el Salmo 22:16, 17, era una forma de ejecución desconocida en Israel.

Asimismo es imposible encontrar una situación histórica semejante a la que describe el Salmo 2:1-6 referente a la ascensión al trono de un rey davídico. Sin embargo, los críticos enseñan que fue escrito para la ceremonia de la entronización de un monarca. Explican que los términos divinos usados para el rey en este poema y en otros salmos —"ungido" (de Jehovah), "mi hijo", el "hijo" (2:2, 7, 12); "Dios" (45:6, 7); "Señor" (110:1)— indican que los reyes en Israel fueron divinizados, algo que las Escrituras niegan rotundamente. Para ellos, todo tiene significado histórico y cuando no encuentran evidencia concreta, basan sus conclusiones sobre especulaciones dudosas, pero de acuerdo con su prejuicio antisobrenatural.

Otra presuposición de los críticos racionalistas es que ciertos salmos reflejan la costumbre pagana de entronizar a su deidad principal. El erudito Mowinckel introdujo el concepto de que las fiestas de los hebreos eran las fuentes principal de los salmos. Según él, la fiesta de los tabernáculos, que supuestamente celebraba la entronización de Jehovah con complicado ritual, inspiró la composición de más de 40 salmos. Se describe así:

> Aquí el drama de la creación fue actuado con una batalla ritual contra el mar y sus monstruos (cf. e.g., Sal. 89:9), como las batallas de los mitos cananeos y babilónicos. A su debido tiempo, Yahveh, su presencia simbolizada por el arca, asciende al monte Sion en procesión para ser desafiado, admitido (Sal. 24:7-9) y finalmente aclamado con el grito: "¡Jehovah reina!" (ver Sal. 93:1). Como rey, confirmaría su pacto con Israel y la casa de David, les exhortaría a guardar su ley (Sal. 81:8-10; 95:8-10), y, como Marduk (deidad babilónica) determinando el destino del año entrante, juzgaría a los pueblos en justicia (96:13).[39]

El gran erudito católico, R. de Vaux, no ve ninguna evidencia en la Biblia de alguna ceremonia de entronización de Jehovah ni una conexión entre la dignidad real de éste y la fiesta de tabernáculos. El grito "¡Jehovah reina!" (93:1) es simplemente una aclamación fiel: "Jehovah es rey" y no es una fórmula de entronización. Los salmos que contienen esta frase son poemas que elogian el reino de Jehovah y no son anuncios de su ascensión.[40]

---

[39] Derek Kidner, *Psalms 1-72* (London: Inter-Varsity Press, 1973), p. 9

[40] R. de Vaux, *Ancient Israel* (London: Dartman, Longman and Todd, 1961), pp. 502-06.

Muchas veces los críticos se contradicen y algunas de sus conclusiones apoyan la posición conservadora. Por ejemplo, se solía sostener que la mayoría de los salmos eran poemas personales de judíos piadosos escritos después del exilio y sólo pocos fueron escritos por David. Ahora, gracias a las investigaciones de H. Gunkel, crítico de formas, se reconoce que la mayor parte de los salmos se cantaban en el culto público del templo, antes de su destrucción en el 587 a. de J.C.[41]

Es obvio que muchos de los críticos consideran la religión de Israel como la de cualquier otro país del antiguo Medio Oriente. Prefieren elaborar sus propias especulaciones que aceptar la clara enseñanza de las Escrituras y las indicaciones de la tradición antigua de Israel, esto es porque se acercan a la Biblia con la mente cerrada negando la posibilidad de que sea un libro inspirado. "No hay ciego más ciego que el que no quiere ver."

---

[41] Gordon Wenham, "Crítica literaria y el Antiguo Testamento" en *Manual bíblico ilustrado,* David Alexander y Pat Alexander, eds. (Miami: Editorial Caribe, 1976), p. 183.

EJERCICIOS

I. Llene los espacios o conteste brevemente:

1.La crítica bíblica es el intento de ____________________

2. ¿Por qué es necesario aplicar estudios críticos a la Biblia?

3. Para H. Gunkel, la clave para entender la religión hebrea es ______________________________________

4. Wellhausen y Graf consideraron que el libro de Génesis en su mayor parte era una colección ________________ ______________________, adaptados por los hebreos.

5. De acuerdo con la teoría de Graf y Wellhausen, ¿cuáles son los documentos que constituyen el Pentateuco?

6. Según los eruditos racionalistas, ¿qué argumentos probarían la diversidad de documentos para el Pentateuco?

a)
b)

7. Los hallazgos de las tablas de Nuzi y Ugarit demostraron la _________________________________

8. ¿Por qué el argumento documentalista basado en las palabras tardías y arameísmos es insuficiente?

9. ¿Cuáles son las debilidades en el argumento de los distintos nombres divinos?

a)
b)

II. Verdadero (V) o Falso (F):

___ 1. Las diferencias de estilo es un criterio confiable para identificar distintos documentos en el Pentateuco.

___ 2. Los teólogos conservadores reconocen la existencia de relatos duplicados.

___ 3. En el Pentateuco hay elementos posmosaicos.

___ 4. Deuteronomio fue escrito para promover la adoración en Jerusalén.

___ 5. Gubaru y Darío el medo podrían ser la misma persona.

___ 6. La primera sección el libro de Isaías trata de la situación de los deportados a Babilonia.

___ 7. Nombrar a Ciro por nombre un siglo y medio antes de su época es algo completamente único en la Escritura.

III. Conteste las siguientes preguntas:

1. ¿Por qué Moisés estaba capacitado como para escribir el Pentateuco?

2. ¿De qué manera el lenguaje del libro de Daniel indica que este libro fue escrito mucho antes del siglo II A.C.?

3. ¿De qué manera Kidner contesta al argumento liberal de que Isaías no podía haberse dirigido a personas no contemporáneas?

4. a) ¿Cuál es el presupuesto irrenunciable de los liberales respecto a los Salmos?
   b) ¿Cuál es la debilidad de tal argumentación?

8
¿CONTIENE EL NUEVO TESTAMENTO MITOS E INVENCIONES HUMANOS?: LA CRITICA NEOTESTAMENTARIA

Los críticos liberales analizan los libros del Nuevo Testamento de la misma manera que abordan el texto sagrado del Antiguo Testamento, con presuposiciones naturalistas. No hay que extrañarse de que sus conclusiones se caracterizan por el mismo escepticismo de las conclusiones de los críticos del Antiguo Testamento.

Consideraremos dos disciplinas de la crítica del Nuevo Testamento que, en manos de liberales, se prestan para dañar la fe: la crítica de formas y la de redacción. También estudiaremos un ejemplo de la manera en que los críticos escépticos fechan los libros del Nuevo Testamento.

A. CRITICA DE FORMAS

La crítica de formas se aplica al estudio de los Evangelios tratando de remontarse al período de la transmisión oral del mensaje evangélico, es decir, antes de que los textos sagrados fueran escritos y después de la muerte de Jesús (30-60 d. de J.C.). Los Evangelios sinópticos no fueron escritos mucho antes del año 60 d. de J.C.

El crítico de formas anhela descubrir cómo la tradición oral del cristianismo fue tomando forma hasta quedar consolidada y establecida en las formas fijas de los Evangelios. Trata de detectar características de la transmisión oral del mensaje de Jesús y determinar la situación de vida en la iglesia primitiva que dio origen a las formas particulares que se encuentran en los Evangelios.

1. Las presuposiciones y conclusiones de los críticos de formas. Los pioneros de la crítica de formas, tales como Martín Dibelius y Rudolf Bultmann, rechazan llanamente la creencia tradicional de que los Evangelios consisten en relatos históricos de la vida y ministerio de Jesucristo. Ya hemos citado la afirmación de Bultmann: "Es imposible usar la luz eléctrica, la radiocomunicación y aprovechar los descubrimientos de la cirugía y medicina modernas y al mismo tiempo creer en el mundo de espíritus y milagros del Nuevo Testamento."

El clasifica como mitos el bautismo de Jesús, su tentación y la transfiguración. Los mitos, explica Martín Dibelius, son relatos en donde "personajes mitológicos sobrehumanos intervienen en la vida humana".[1] La tarea del teólogo, según Bultmann, es desmitificar el Nuevo Testamento.

Los críticos de formas presuponen que durante el período "oral", aproximadamente del 30 al 60 d. de J.C., había historias sobre Jesús y dichos que circulaban en círculos cristianos como unidades separadas. Paulatinamente, fueron alteradas y embellecidas de acuerdo con los diversos puntos de vista teológicos de cada grupo. Según Dibelius, hubo "narradores de anécdotas o historias" que iban por las iglesias inventando "cuentos" de milagros y dichos supuestamente hablados por Jesús, para dar contenido a su enseñanza o remachar una idea suya. Los Evangelios registran las características acumuladas durante el período de transmisión oral.

A Bultmann le parece que los Evangelios reflejan la teología, vida, necesidades y problemas de la Iglesia primitiva, y no lo que realmente sucedió durante el ministerio de Jesús. Supone que los Evangelios no tienen casi nada que ver con Jesús, sino con la fe y la predicación de la iglesia acerca de él.

Ernest Käsemann, sintetiza la posición liberal: "Los Evangelios nos presentan primordialmente la predicación cristiana primitiva acerca de Jesús; sus palabras y hechos particulares sólo se encuentran cuando están entretejidos en aquella predicación".[2] Se afirma que no presentan al "Jesús de la historia" sino más bien al "Cristo de la fe". A Bultmann, "lo que le interesa como historiador es esta pregunta: ¿Cómo es que esta predicación adquirió la forma que tiene? En otras palabras, ¿cómo

---

[1] Martín Rebelins citado en la tesis de Humberto Casanova Roberts, "El método de la Formeschichte" (Facultad de Teología Evangélica de Chile, 1986), p. 21.
[2] Ernest Käseman, "The Problem of the Historical Jesus" en *Essays on New Testament.* Studies in Biblical Theology, Nº 41 (Napperwille: Allenson, 1964), p. 34.

y de qué manera esta predicación surgió y se desarrolló hasta formar los relatos evangélicos?"[3]

2. Evaluación. ¿Cómo reaccionan los conservadores frente a las conclusiones de los críticos radicales? Ellos reconocen la importancia de conocer lo más a fondo posible el ambiente en el que le tocó vivir a Jesús y el de la iglesia primitiva, pero consideran que el trabajo de los investigadores radicales arroja más sombra que luz sobre los Evangelios. Afirman que sus conclusiones son insostenibles y no vacilan en señalar las debilidades de ellas.

a) Puesto que la evidencia histórica de lo que sucedió en los primeros treinta años de la vida de la iglesia es tan limitada, los investigadores de la crítica de formas tuvieron que depender mucho de su propia imaginación. Se vieron obligados a conjeturar, imaginar o deducir muchas cosas. Alguien observa con ironía: "Mirando por su microscopio, el crítico no ve nada salvo el reflejo de su propio ojo."

Richard Coleman comenta:

> Mientras que el siglo progresaba, llegaba a ser más y más obvio el hecho de que el exégeta no pudo separar lo objetivo de lo subjetivo, pues los dos estaban entretejidos en los mismos eventos. Y los hechos o conclusiones que pudieron extraer eran estériles y sujetos a revisión continua.[4]

Cada uno de los críticos se acercó al estudio con sus propias ideas preconcebidas, sus presuposiciones en cuanto a lo que era verosímil o inverosímil en el proceso de formación y transmisión de las tradiciones. Como resultado las conclusiones de cada uno difiere de los demás. Desgraciadamente, mucho de su trabajo "se ha realizado con postulados naturalistas, lo cual ha llevado al escepticismo histórico".[5] Por ejemplo, Dibelius y Bultmann atribuyen todo lo sobrenatural —la encarnación de Cristo, sus milagros y su resurrección— a la imaginación de los predicadores cristianos en el período después de la muerte de Jesús. No es de extrañarse que lo clasifiquen como mitos y leyendas.

Uno de los postulados principales de la escuela liberal —el de que había dos etapas en el desarrollo de la iglesia primitiva: la judaica y la helenista— no ha dado buenos resultados. Los investigadores han

---

[3] H. Ridderbos, *Bultmann* (New Jersey: Presbyterian and Reformed, 1960), p. 12, citado por Casanova, *op. cit.*, p. 30.

[4] Richard J. Coleman, *Issues of Theological Conflict, Evangelicals/Liberals* (Grand Rapids: Eerdmans, 1980), p. 145.

[5] Casanova, *op. cit.*, p. 34.

tenido que recurrir a evidencias literarias artificiales para clasificar ciertas formas según el supuesto estrato de tradición que les corresponda, el judaico o el helenista. No se encuentra evidencia alguna de que haya habido una mentalidad helenística tras los Evangelios. Al contrario, se ve que el carácter semítico prevalece en todas sus partes.

Otro postulado liberal, que no tiene fundamento en los Evangelios, es que Jesús era meramente un profeta judío. El distinguido erudito conservador F. F. Bruce afirma: "La presentación de Jesús como Mesías o el Hijo de Dios impregna todo el estrato del material de nuestros Evangelios, aun el más primitivo de ellos, no importa cómo sea dividido o clasificado."[6] Así que la crítica de formas en manos de conservadores ha rendido un gran servicio a la iglesia, refutando el concepto liberal del "Jesús histórico".

b) El intento de atribuir los temas en los Evangelios a la situación de la iglesia primitiva suscita más preguntas que respuestas. Si los relatos y controversias descritos por los evangelistas tuvieron origen en invenciones de predicadores cristianos los cuales pusieron palabras en la boca de Jesús para solucionar problemas en la iglesia, ¿por qué no incluyeron ciertos asuntos candentes mencionados en los Hechos y las Epístolas de Pablo? Por ejemplo, en los discursos de Jesús no se encuentran referencias en relación con los problemas entre judíos y gentiles o a la carne ofrecida a los ídolos.

c) Los críticos liberales son culpables del razonamiento circular, algo que admite el mismo Bultmann: "Debemos usar las formas de la tradición literaria para establecer las influencias que operaban en la vida de la comunidad, y debe usarse la comunidad para que las formas mismas cobren sentido."[7]

d) Es lógico creer que todavía vivían muchos testigos oculares del ministerio de Jesús cuando los Evangelios fueron escritos (Luc. 1:2; 1 Cor. 15:6). Las palabras y hechos del Señor todavía estaban frescos y vivos en la memoria de los que caminaron y vivieron con él. ¿No habrían protestado en contra de la falsificación, omisión, invención o deformación de la historia evangélica por parte de los escritores de los Evangelios?

e) Los críticos liberales pasan por alto el hecho de que es muy probable que los apóstoles, y otros testigos oculares de la vida y ministerio de

---

[6] F. F. Bruce, "El evangelio cuádruple" en *Nuevo comentario bíblico,* D. Guthrie y J. A. Motyer, eds. (El Paso: Casa Bautista de Publicaciones, 1977), p. 66.
[7] Citado en Casanova, *op. cit.,* p. 29.

Jesús, ejercieran una función supervisora y autoritativa sobre las labores literarias de los evangelistas. Piensan que la composición de los Evangelios fue hecha por personas con poco interés en registrar objetivamente los hechos históricos.

La exactitud de los detalles históricos registrados en Lucas demuestra que los evangelistas se preocuparon de preservar un relato fidedigno de la vida y ministerio del Señor. Además, es posible que el período oral no fuera tan largo como se imaginan los críticos. Existen ejemplos de culturas antiguas del Medio Oriente que escribieron sus tradiciones muy cercanas al tiempo en que fueron pronunciadas.

Es posible que Mateo, el publicano y discípulo de Cristo, escribiera los relatos y los dichos de Jesús aun mientras caminaba con él. Papías, obispo de Heriápolis, alrededor del año 140 d. de J.C., afirmó que Mateo compiló los dichos (logia) de Jesús en hebreo (probablemente arameo) y que cada uno los tradujo como pudo. También dijo que Marcos había sido el escribano de Pedro y que después de la muerte de éste escribió todo lo que había recordado, pero no en orden. Ireneo (alrededor del 170) compartió la opinión de Papías, pero agregó que Lucas transmitió la predicación del apóstol Pablo y que el cuarto Evangelio fue escrito por Juan, el discípulo de Jesús.

En su prólogo, Lucas insinúa la existencia de ciertos documentos acerca de la vida y ministerio del Señor (Luc. 1:1-4) cuando afirma que "muchos han tratado de escribir la historia de los hechos sucedidos entre nosotros" (Luc. 1:1 DHH). Los Rollos del Mar Muerto corroboran lo que dice Lucas, pues demuestran que los judíos doctos del período de la Iglesia primitiva solían escribir los hechos y enseñanzas de sus líderes religiosos.

Lucas sostiene que había "investigado todo con diligencia desde el comienzo" estas cosas para escribir "en orden" (Luc. 1:3). Por lo tanto, podemos estar seguros de que su Evangelio es un registro históricamente fidedigno y no es una colección de mitos e invenciones de predicadores de la iglesia primitiva.

También, los evangélicos conservadores señalan que los antiguos orientales tenían fama por su extraordinaria memoria y su gran capacidad de transmitir inalteradas las tradiciones orales. Empleaban varios métodos para asegurar precisión, tales como un estilo monótono, expresiones repetidas y cierto ritmo y eufonía. Los rabinos, en especial, se dedicaban a transmitir tanto las palabras como el pensamiento exactos. Solían decir: "Todo el que olvida una palabra de las Escrituras tendrá que dar cuenta como si hubiera entregado su vida." Para asegurar el proceso entero, sólo a los rabinos adiestrados y sus aprendices se les permitió transmitir la tradición.

f) La crítica de formas no toma en serio la posibilidad de que el Espíritu Santo pueda tener un papel supervisor sobre el proceso de formar la tradición oral. Asume que ésta iba formándose según las leyes que gobiernan la elaboración de cualquier otra tradición. No acepta la inspiración divina de las Sagradas Escrituras.

B. CRITICA DE REDACCION

1. El carácter de la crítica de redacción. Esta disciplina se refiere al estudio de cómo los escritores bíblicos redactaron los materiales disponibles para desarrollar su punto de vista o enfoque teológico. Aunque esta crítica ha sido usada en el Antiguo Testamento (en particular para los libros de Samuel, Reyes y Crónicas), su aplicación ha sido más rigurosa en el Nuevo Testamento, especialmente en estudios de los Evangelios y porciones de Hechos.

Antes de que esta metodología se desarrollara formalmente, los eruditos ortodoxos habían observado que cada evangelista presentaba a Jesús de una manera característica. La grandeza de su persona no podría haberse presentado en un solo cuadro. Así que hay cuatro retratos del Señor, cada uno de los cuales recalca facetas distintivas del carácter de Cristo.

Los críticos de formas y de la tradición habían considerado que los evangelistas fueron meros recopiladores de las unidades de tradición y no redactores verdaderos. En contraste, los eruditos alemanes, después de la Segunda Guerra Mundial, llegaron a la conclusión de que cada evangelista hizo un trabajo editorial que reflejaba sus propósitos y enfoques teológicos. Su labor de redacción fue creativa en todo.

Los críticos notaron que en los Evangelios Sinópticos se presentan ciertos hechos, dichos y discursos en orden y contextos diferentes; cada evangelista parece colocarlos según su criterio. Por ejemplo, Lucas sitúa el rechazo de Jesús en Nazaret al principio del ministerio de éste, mientras que Mateo y Marcos lo describen en otra etapa del ministerio. Mateo tiende a agrupar los dichos de Jesús en grandes discursos tales como el Sermón del monte, mientras que Lucas esparce los mismos dichos en varias partes de su obra. Se observa también que hay variantes en los mismos dichos registrados en los respectivos Evangelios.

Los críticos se preguntan: ¿Cuál es el punto de vista o propósito teológico del autor-editor? ¿Cuál es su motivación? ¿Por qué selecciona cierto material para incluir en su obra, y por qué omite otro? ¿Cómo lo dispone o arregla para realizar su propósito? ¿Por qué Mateo, Lucas y Marcos cuentan la historia de Jesús empleando respectivamente distintos énfasis? ¿Qué partes de la narración provienen de las fuentes disponibles al evangelista y cuáles son de su creación?

Un escritor semiliberal, Richard Coleman, presenta las conclusiones de algunos críticos de la redacción. Los evangelistas eran hombres de diversas personalidades. "Emplearon numerosos métodos para lograr sus propósitos particulares, tales como abreviar, dar su propio énfasis, elegir ciertos pasajes del Antiguo Testamento, ampliar los materiales, adoptar un estilo particular, reubicar las escenas —de milagros o discursos— y usar ciertas frases de transición (entre los relatos)".[8] Muchos críticos de redacción creen que los evangelistas inventaron dichos y episodios de Jesús para desarrollar su punto de vista teológico.

Los críticos de la redacción procuran distinguir entre las fuentes empleadas por los evangelistas y su obra de redacción, entre lo auténtico y lo creado por el autor, entre hechos y ficción.

2. Evaluación de la crítica de redacción. La obra del crítico en el área de determinar la exactitud del registro respectivo de cada evangelista, es anulada por la carencia de las fuentes que usaban los evangelistas. Puesto que el investigador no las tiene, no puede hacer una comparación. Tiene que especular y esto le lleva a conclusiones muy subjetivas. En consecuencia, hay poco acuerdo entre los críticos referente a sus conclusiones.

Existe un lado positivo en esta disciplina. Los eruditos ortodoxos siempre han usado la crítica de redacción, pero no la han denominado con este término. Nunca han considerado que los Evangelios son meras biografías de Jesús; más bien, han preguntado, ¿cuál es el tema y propósito de cada uno? ¿Por qué Mateo y Lucas incluyen los relatos del nacimiento del Señor y Marcos y Juan los omiten? ¿A quién se dirige cada evangelista?

Muchas de las diferencias entre la obra de los evangelistas se atribuyen al hecho de que cada uno arregló el material para desarrollar su propio tema y dar su propio énfasis. Por ejemplo, parece que Lucas coloca el rechazo de Jesús en Nazaret al principio de su ministerio (algo que no está de acuerdo con la cronología de Marcos y Mateo), para recalcar el tema que domina todo su Evangelio y el libro de Hechos, es decir, el cumplimiento de la profecía del Antiguo Testamento de que las

---

[8] Coleman, *op. cit.*, p. 153.

buenas nuevas serían rechazadas por los judíos y aceptadas por los gentiles.

Puede ser también que Lucas esparce los mismos dichos del Sermón del monte en varias partes de su obra para lograr el arreglo de su material según su enfoque. Por otra parte, es posible que Jesús, como otros maestros por excelencia, usaba un cuerpo de enseñanzas clave y las repetía en los distintos lugares. Esto explicaría también algunas variantes de expresión de las mismas enseñanzas que se encuentran en los Evangelios Sinópticos.

Los críticos conservadores reconocen que los escritores de los Evangelios registran el discurso mismo de Jesús, cada uno a su manera. Si la teoría de inspiración exigiera que los Evangelios siempre nos dieran la ipsissima verba de Jesús (sus palabras mismísimas), nos encontraríamos en problemas serios. Pero obviamente no es así. Los Evangelios nos cuentan lo que dijo Jesús pero, pueden contarlo en las palabras exactas del Señor, o pueden resumir lo que él dijo empleando palabras diferentes que también comunican la verdad de lo que dijo. Por ejemplo, Mateo escribiendo para los judíos dice: "¡Bendito el que viene en el nombre del Señor! ¡Hosanna en las alturas!" (21:9). En contraste Lucas emplea palabras más entendibles a sus destinatarios los gentiles: "¡Bendito el que viene en el nombre del Señor! ¡Paz en el cielo, y gloria en las alturas!" (19:38). No obstante la diferencia de términos, el significado es esencialmente el mismo.

Por otra parte, los conservadores rechazan llanamente toda creatividad de parte de los evangelistas. Niegan que éstos inventaron episodios y pusieron sus propias ideas en la boca del Señor. No aceptan la idea de que los evangelistas tergiversaron la verdad para enseñar su teología particular. Kenneth Kantzer, profesor evangélico y editor de la revista *Christianity Today,* dice: "Los autores bíblicos siempre hablan la verdad. Si dicen que Jesús dijo algo, de veras lo ha dicho, no obstante tengamos o no las palabras exactas que usaba."[9]

Huelga decir que como quiera que fueran escritos los Evangelios sinópticos, los evangelistas presentan un cuadro fidedigno de la vida y ministerio de Jesucristo. No cabe duda de que consiguieron y recogieron esmeradamente sus materiales, como bien lo demuestra la sencillez y objetividad de sus composiciones. Asimismo registraron el testimonio de los testigos oculares y ministros de la palabra (Luc. 1:2).

---

[9] Kenneth S. Kantzer, "Redaction Criticism: Handle with Care" en la revista *Christianity Today,* 12 de octubre, 1985, pp. 11, 12.

Sobre todo, contaron con la ayuda del Espíritu Santo, el cual guió a los apóstoles a "toda la verdad" y los hizo recordar todo lo que Jesús les había enseñado (Juan 16:13; 14:26). Es evidente que las especulaciones de los liberales referentes a lo que no sea auténtico en los Evangelios, se basan en no tener una doctrina adecuada sobre la inspiración de las Escrituras.

La prueba contundente de la veracidad de los Evangelios, sin embargo, se encuentra en los mismos relatos. ¿Quién podría idear dichos y enseñanzas tan maravillosos como los que están registrados en los Evangelios? Tienen que haber procedido de la boca del Señor mismo y haber sido fielmente transmitidos a las páginas de los Evangelios. No queda otra explicación digna de ser considerada.

C. LA DATACION DE LAS CARTAS PASTORALES SEGUN EL CRITERIO DE LOS CRITICOS

Los críticos liberales tienden a reconstruir la historia de la iglesia primitiva y de su teología pasando por alto los puntos de vista tradicionales. Por ejemplo, ellos ponen en tela de juicio la paternidad literaria paulina de las Cartas Pastorales: 1 Timoteo, 2 Timoteo y Tito. Suponen que estas epístolas corresponden a una fecha posterior al tiempo en que Pablo vivió, y que fueron escritas por un discípulo de Pablo a fines del siglo I.

Según esta teoría,

> a veces un autor (para nosotros desconocido) escribía usando el nombre de un personaje de reconocida autoridad, bien fuera para recoger por escrito las ideas expresadas por ese otro personaje o para interpretarlas, dándoles él realmente la forma literaria y siendo el verdadero responsable del contenido. Esto solía hacerse después de la muerte del supuesto autor.[10]

Los argumentos de los críticos donde sostienen la conclusión de que el apóstol Pablo no escribió las Cartas Pastorales son los siguientes:

a) La situación histórica de estas epístolas no corresponde al período de la historia de Hechos. Cuando el escritor compuso 1 Timoteo y Tito, no estuvo en la cárcel. Pero en 2 Timoteo se presenta como prisionero

---

[10] "Las cartas, introducción" en *Biblia de estudio, Dios habla hoy* (Sociedades Bíblicas, 1994), p. 1476.

en Roma (1:8; 2:9) sujeto a juicio (4:6-8), 1 Timoteo 1:3 indica que él había estado recientemente en el área de Efeso, donde había dejado a Timoteo con el cargo de administrador. La carta a Tito insinúa que el autor había visitado Creta (1:5) y concluye su mensaje instando a Tito a pasar el invierno consigo en Nicópolis, ciudad situada en Epiros; ésta es la única referencia bíblica de una visita de Pablo a aquella región.

En 2 Timoteo hay detalles históricos más específicos que los que se encuentran en las otras dos cartas pastorales. Por ejemplo, Pablo pidió que Timoteo le trajera su capa dejada en Troas, algo que parece indicar que le había visitado recientemente (4:13). En el mismo capítulo, el escritor menciona que a Trófimo, lo había dejado enfermo en Mileto (v. 20). Estos y otros detalles no se encuentran en el libro de Hechos.

b) El lenguaje de estas cartas se diferencia bastante del lenguaje de las otras epístolas atribuidas a Pablo. Aparecen términos y expresiones que no se usan en aquéllas, y no aparecen otras que son típicamente paulinas. También la forma de expresar la doctrina en esta carta se diferencia de las otras epístolas.

c) Las cartas pastorales reflejan una organización más desarrollada y establecida en las comunidades que la del cuadro presentado en las otras epístolas. Parece que "la actividad carismática, tan prominente en algunas cartas anteriores, ha sido sustituida por una vida más organizada".[11]

Los eruditos conservadores sostienen la paternidad paulina de las Cartas Pastorales. Creen que Pablo fue puesto en libertad en Roma y siguió con su obra misionera. Después fue encarcelado nuevamente y martirizado. Así podían haber ocurrido los eventos mencionados en sus cartas que no se relatan en Hechos.

No es de extrañarse que el lenguaje y términos de una carta personal sean diferentes de las expresiones doctrinales de las epístolas enviadas a las iglesias. También no se encuentra claramente en las otras epístolas paulinas la información sobre el grado de desarrollo de la organización de las congregaciones. Parece que los críticos liberales confían demasiado en la supuesta capacidad de reconstruir la situación de la iglesia primitiva.

Harold Piesenfeld, un literato sueco, amigo y discípulo de Bultmann el desmitificador por excelencia, se convirtió al catolicismo porque se desilusionó con el escepticismo de los críticos protestantes. El dijo: "Para los biblistas" (críticos) "la Sagrada Escritura se ha convertido en

---

[11] "1 Timoteo" en *Biblia de estudio, Dios habla hoy, op. cit.*, p. 1583.

un libro cualquiera, en un almácigo de palabras para conservar en un museo, de acuerdo con unos métodos considerados infalibles y que únicamente se basan en teorías de los investigadores".[12]

EJERCICIOS

I. Llene los espacios:

1. El crítico de formas intenta descubrir cómo ____________
____

2. De acuerdo con Bultman la labor del teólogo consiste en _______________________________________

3. Dibelius y Bultman atribuyen todo lo sobrenatural a la ____

4. Mucho del trabajo de los críticos se ha realizado con bases _________________________________
_________________ lo cual ha conducido al escepticismo.

5. Los críticos de redacción creen que cada evangelista hizo un trabajo ____________________________ en el cual se veían sus ____________________ y enfoques _______________________________________

II. Verdadero (V) o Falso (F):

___ 1. Martin Dibelius cree que los Evangelios son relatos históricos de la vida de Jesús.

[12] Victorrio Messori, "El misterio de Qumrán" en el diario *El Mercurio,* sección arte y letras, Santiago, Chile, domingo 15 de Enero de 1995, p. E 24.

___ 2. Hay escasa información de los primeros treinta años de la vida de la iglesia.

___ 3. Hay evidencia de una mentalidad helenística en los Evangelios.

___ 4. La propia crítica de formas usada por conservadores ha refutado el concepto liberal del "Jesús histórico".

___ 5. Es posible que Mateo haya escrito relatos y dichos de Jesús mientras caminaba con él.

___ 6. La teoría de inspiración no exige que en los Evangelios se hallen las mismísimas palabras de Jesús.

III. Conteste brevemente:

1. De acuerdo con los críticos de las formas, ¿cómo se formaron los Evangelios?

2. ¿En qué consiste el llamado razonamiento circular usado por Bultmann?

3. ¿Qué debilidad se presenta al intento de atribuir los temas en los Evangelios a la situación de la iglesia primitiva?

4. ¿Qué procuran distinguir los eruditos de la crítica de redacción?

5. ¿Por qué las conclusiones de los críticos de redacción no son uniformes?

6. Dense los argumentos que indican que Pablo escribió las Epístolas Pastorales.

9
¿PUEDEN OCURRIR MILAGROS?

¿Puede un hombre de fines del siglo XX aceptar como un hecho verídico que Jesucristo alimentó a varios miles de personas con cinco panes y dos peces? ¿Es razonable aceptar como un hecho literal que Jesús nació realmente de una virgen sin participación de varón, que literalmente caminó por las aguas del Mar de Galilea y también que resucitó a varias personas?

Estas preguntas surgen con la presentación de hechos milagrosos en las Sagradas Escrituras. Hasta el siglo XV muy pocos rechazaron los milagros, pero a partir de ese tiempo, y especialmente en los últimos 250 años, los ateos y librepensadores han rechazado la veracidad de tales episodios. A fines del segundo milenio se habla de una cultura "poscristiana". Los adherentes a esta posición dicen que los conceptos del mundo bíblico respecto a los milagros son inaceptables para el hombre moderno. Afirman que el hombre ha llegado a su mayoría de edad, que vivimos en un mundo científico y tecnológico en el cual no hay lugar para los milagros.

Ante esta posición surgen preguntas sinceras en la mente del creyente. ¿Puedo creer en los milagros que relata la Biblia como hechos verídicos sin sacrificar mi intelecto? ¿Son posibles los milagros? ¿Son válidas las objeciones que se plantean contra los milagros?

A. ¿QUE ES UN MILAGRO?

Es fundamental comenzar por saber claramente qué es un milagro. En el Nuevo Testamento los términos "maravilla" (*dynamis*), "prodigio" (*semeion*) y "señal" (*teras*) se usan para designar los acontecimientos extraordinarios. El vocablo griego *dynamis* señala al poder divino que está siendo ejercido en el acontecimiento. *Semeion* indica el significado del acontecimiento, es decir, a la obra revelatoria del hecho. *Teras* apunta al carácter del fenómeno que llama la atención. Basado en estas palabras, Vernon Grounds define el milagro como:

> Un fenómeno observable efectuado por el poder de Dios, una desviación aguda del orden de la naturaleza, una desviación calculada para producir una fe que produzca reverencia, es Dios que prorrumpe para respaldar a un agente que le revela.[1]

Por tanto un milagro es una acción sobrenatural, en la cual no hay ninguna posibilidad de explicación naturalista. Un milagro es la acción de Dios en la historia de los hombres. En palabras de C. S. Lewis, un milagro es "una interferencia en la naturaleza por un poder sobrenatural".[2] Para los creyentes, a través de la historia de la iglesia, los milagros han sido vistos no sólo como expresiones extraordinarias de la gracia y el amor de Dios, sino también como señales que respaldan a la persona a través de la cual se realiza el milagro.

B. OBJECIONES A LOS MILAGROS Y LA RESPUESTA CRISTIANA

A los que no creen en un Dios poderoso y activo en el mundo, les cuesta creer que pueden suceder milagros. Para ellos, lo que los cristianos llaman "milagro" es meramente algo inexplicable porque el conocimiento y la experiencia del hombre están limitados. Por otra parte, ciertos pensadores han formulado fuertes objeciones a la posibilidad de lo sobrenatural. Consideraremos algunas de ellas.

1. Los milagros son una violación de las leyes naturales. En el siglo XVII el filósofo judío Benito Spinoza planteó este argumento para negar la posibilidad de los milagros. David Hume, escéptico escocés, lo desarrolló. Razonó así: Un milagro es una violación de las leyes de la naturaleza pues contradice lo que la experiencia nos demuestra: que las leyes de la naturaleza están establecidas, firmes e inalterables.[3]

Pero, ¿realmente los milagros son violaciones a las leyes naturales? La verdad es que los milagros no son violaciones o transgresiones de las

---

[1] Vernon C. Grounds, "Milagro" en *Teología del Nuevo Testamento,* Everett F. Harrison, ed. (Grand Rapids: T.E.L.L., 1985), p. 341.

[2] C. S. Lewis, *Miracles: A Preliminary Discussion* (London: Bles, 1947), p. 15.

[3] David Hume, "Miracles" citado en *Classical and Contemporary Readings in the Philosophy of Religion,* John Hick, ed. (Prentice Hall, Inc., 1964), p. 136.

leyes naturales, porque estas leyes no son prescriptivas sino descriptivas. Es decir, las leyes de la naturaleza describen lo que ocurrirá dado un conjunto de condiciones; cuando esas condiciones no se dan, la ley no se aplica. Cuando ocurre un milagro, las condiciones iniciales son diferentes debido a que la actividad especial de Dios es parte de esas condiciones. Por lo tanto, la ley no ha sido violada. Las palabras de Agustín de Hipona apoyan la misma idea:

> Un portento no sucede en contra de la naturaleza, sino contrario a lo que nosotros conocemos como naturaleza... Porque usamos el nombre de la naturaleza para el curso común de la naturaleza; y cuando Dios hace algo contrario a esto, lo llamamos prodigio o milagro. Pero en contra de la ley suprema de la naturaleza, que está más allá del conocimiento de los impíos y creyentes débiles, Dios jamás actúa, no más de lo que actúa contra sí mismo.[4]

Lo que dice Agustín es que un milagro no es un suceso contra la naturaleza sino algo contra lo que sabemos sobre la naturaleza, y debemos admitir que nuestro conocimiento es limitado. Obviamente puede haber leyes más elevadas que son desconocidas para el hombre. De todos modos no debemos considerar que los milagros son interrupciones irracionales en el proceso de la naturaleza, sino sólo intervenciones en las partes desconocidas de este proceso, es decir, no son violaciones completas de las leyes naturales.

Por otra parte, si un milagro fuera una violación de las leyes naturales, ¿no tendría el Autor de estas leyes el derecho de suspenderlas en ciertas ocasiones para llevar a cabo los sublimes propósitos divinos? ¿Quién es soberano, Dios o la naturaleza? A Hume y los que comparten sus ideas les gustaría encasillar a Dios dentro de los límites de sus conceptos.

2. La credibilidad de los testigos. Esta es la segunda parte del argumento de David Hume en contra de la posibilidad de los milagros. Hume dice que los milagros en la historia han sido atestiguados por personas sin educación ni sentido común. Estas personas, siendo generalmente campesinos, tienden a exagerar y transformar en milagros los hechos naturales.[5]

Si el criterio de Hume fuera aceptado, la única historia que podría

---

[4] Ibíd., p. 342.

[5] Colin Brown, *That You May Believe: Miracles and Faith Then and Now* (Grand Rapids: William B. Eerdmans Publishing Company, 1985), pp. 20, 21.

haber sido escrita sería lo que provendría de los centros metropolitanos de Europa desde el siglo XV en adelante, ya que ésta es la única cultura que cae dentro de los rótulos intelectuales descritos por Hume. Pero, ¿eran ignorantes los habitantes del mundo grecorromano? ¿Se puede considerar a los hebreos como personas sin criterio ni capaces de discernir lo verdadero de lo ficticio?

3. La irrepetibilidad de los milagros muestra su imposibilidad. Anthony Flew tomando ideas de Hume, desarrolló este argumento que puede ser sintetizado de la siguiente forma:

a) Los milagros son por naturaleza eventos particulares e irrepetibles.

b) Las leyes científicas por naturaleza describen eventos generales y repetibles.

c) La evidencia para los eventos generales y repetibles es mucho más grande que la evidencia para eventos particulares o irrepetibles.

d) El científico nunca basa sus creencias en evidencias débiles o poco serias.

e) Por tanto, el científico no puede creer en milagros.

El creyente está completamente de acuerdo con las dos primeras declaraciones, ya que si los milagros no fueran particulares e irrepetibles por mecanismos naturales, ellos dejarían de ser milagros. También el creyente puede estar totalmente de acuerdo con la cuarta premisa, ya que ciertamente el cristiano también acepta la posición basada sobre una fuerte y sólida evidencia. Pero, ¿qué de la tercera premisa? ¿No es ésta una presuposición altamente naturalista? Además, si los milagros pudieran ser probados en las mismas condiciones que los hechos naturales, ¿continuarían siendo milagros para el naturalista?

En última instancia el problema radica en que el naturalista cree que todos los eventos son causados por leyes naturales como en un sistema cerrado, y en este sistema no hay lugar para Dios ni para los milagros. Pero el teísta cree en la existencia de un ser supremo y por ende los milagros son la lógica consecuencia de esa existencia divina.[6] Además, hoy hemos arribado a una etapa en el desarrollo de la ciencia cuando la idea de un universo cerrado ya no satisface. El universo está probando que es demasiado complejo para ser explicado en términos tan sencillos. Por tanto, el verdadero científico no niega la posibilidad de los milagros. En palabras de J. Jouncey: "El científico no puede, y de hecho no

---

[6] Norman Geisler, *Christian Apologetics* (Grand Rapids: Baker Book House, 1976), pp. 267-69.

afirma que los milagros son increíbles meramente porque no los puede situar dentro de su mundo."[7]

4. La naturaleza del método científico elimina los milagros. Este argumento ha sido desarrollado de la siguiente manera:

a) La ciencia asume que todos los eventos son naturalmente explicables.

b) Si todos los eventos son científicamente explicables, entonces no hay eventos sobrenaturales.

c) Luego, la ciencia elimina los milagros.

Básicamente esta forma de argumentar es una expresión del más puro naturalismo. La cuestión es, ¿todo científico es un naturalista? ¿La ciencia debe asumir el naturalismo? Es el parecer de muchos científicos que es más científico reconocer los límites de la ciencia. La metodología científica como tal no puede hacer declaraciones metafísicas. Decir que un milagro no tiene una explicación natural no equivale a decir que tal evento no puede ser verídico. Tal vez lo más sano en estos casos para el científico sería reconocer que hay leyes que desconoce.[8]

5. La escasa probabilidad de que ocurra un milagro. Este argumento también pertenece a David Hume. Básicamente puede resumirse así:

a) Las leyes de la naturaleza están construidas sobre un alto grado de probabilidades;

b) Un milagro por definición (como una excepción) está basado sobre un escasísimo grado de probabilidad;

c) Dado que el hombre inteligente debe basar sus creencias sobre los más altos grados de probabilidad;

d) Por tanto, el hombre inteligente no puede creer en milagros.

El argumento de Hume presupone que la posibilidad de que ocurra un evento se debe determinar por la frecuencia con que ocurre. Sin embargo, esta posición fracasa por el hecho de que en la historia humana hay muchas situaciones y eventos que se dan en forma única e irrepetible. Por ejemplo, si se piensa en la colisión de un planeta y un cometa, ¿cada cuánto tiempo ocurre? El que tal hecho no ocurra frecuentemente, ¿significa que nunca pudo haber ocurrido, ni nunca podría acontecer? Del mismo modo el creyente reconoce que los milagros no

---

[7] J. Jouncey, *La ciencia retorna a Dios* (El Paso: Editorial Mundo Hispano, 1978), p. 35.

[8] Bernard Ramm, *Protestant Christian Evidences* (Chicago: Moody Press, 1953), pp. 146-49.

ocurren frecuentemente (por eso se llaman milagros), pero esto no significa que nunca hayan ocurrido, o que no puedan suceder en el futuro.

6. Los milagros son incompatibles con la naturaleza y los propósitos de Dios. Este argumento viene de teólogos deístas, los cuales sostienen que dado que Dios es omnisciente y es el principio creador y sustentador de todas las cosas, además siendo inmutable por excelencia, luego su inmutabilidad misma chocaría con una intervención eventual en el orden de la naturaleza. Esta objeción, fundada en el carácter de Dios, proviene de la incomprensión de su existencia como un ser viviente y personal. Su inmutabilidad no es la de una fuerza impersonal sino la fidelidad de una persona. Su voluntad soberana creó criaturas responsables con quienes él se relaciona fielmente.

D. LOS MILAGROS SUCEDEN EN LA ACTUALIDAD

Cuando David Hume atacó la posibilidad de los milagros señalando que ocurren con poca frecuencia y los que supuestamente suceden no son verificables, habló en términos generales y pasó por alto la amplia e incontrovertible evidencia de la resurrección de Jesucristo, el más grande de todos los milagros (ver el capítulo 10 sobre la deidad de Cristo).

La prueba contundente de que los milagros ocurren es que suceden en la actualidad. La periodista Nancy Gibbs hizo una investigación esmerada para determinar si ellos ocurren o no. En su artículo, "The Message of Miracles" (El mensaje de los milagros) en la revista *Time,* 10 de abril de 1995, describe la sanidad milagrosa de una niña, Elizabeth Jernigan, que sufría de un raro tumor canceroso en el cerebro, de un tipo terminal. En la historia de la medicina, ninguna persona que había tenido esta clase de tumor había sobrevivido. Los médicos la operaron, pero no pudieron quitar todo el tejido canceroso. La condición de la niña empeoró. Los padres oraron desesperadamente y un pastor anglicano la ungió con aceite en el nombre del Señor Jesucristo y oró. De allí en adelante, ella mejoró. Un mes después de la primera operación, los médicos descubrieron que había desaparecido completamente el cáncer.

En el cristianismo moderno, miles de creyentes han presenciado el poder sanador del gran Médico, Jesucristo. Casos de ceguera, cáncer, sordera, esterilidad, parálisis y muchas otras enfermedades han sido sanados cuando se oró a Dios en el nombre de Jesucristo. Hay muchas sanidades verificadas por la ciencia médica. Otros sucesos sobrenaturales de distintas índoles han pasado a través de los siglos en las vidas de los cristianos que han puesto su fe en un Dios accesible y todopoderoso.

E. CONCLUSION

Después de haber respondido a algunas de las principales objeciones que se levantan contra los milagros, parece razonable inferir que al aceptar la existencia de un Dios soberano, todopoderoso y que se preocupa por su creación y sus criaturas, luego no vemos ninguna razón que impida la realización de milagros.

Como vemos, la credibilidad de los milagros tiene una sólida base intelectual, pero va a depender mucho de la visión del mundo que tenga el individuo. Si se acepta un mundo natural como un criterio cerrado, entonces no habrá lugar para los milagros, pero si se entiende el mundo como la creación del Dios todopoderoso, el cual está abierto a su acción, luego los milagros son absolutamente posibles. Finalmente, el hecho de que suceden milagros hoy en día, es evidencia decisiva de la realidad.

EJERCICIOS

I. Verdadero (V) o Falso (F):

___ 1. Los creyentes reconocen que los milagros no son repetibles y particulares.

___ 2. Cuando hay un milagro no hay ninguna posibilidad de explicación naturalista.

___ 3. Las leyes naturales son prescriptivas.

___ 4. Los milagros son eventos irrepetibles por mecanismos naturales.

___ 5. Si el método científico puede explicar todo fenómeno, entonces no puede haber milagros.

II. Llene los espacios:

1. Los incrédulos piensan que los "milagros" son inexplicables principalmente porque el ____________ y la ________________ de los hombres están limitados.

2. Por otra parte, los científicos que aceptan la posibilidad de que los milagros suceden, reconocen los _____________________ de la ciencia.

3. Agustín sostiene que un milagro no es un suceso contra la naturaleza sino algo contra _______________ _________________________ sobre la naturaleza.

4. En la historia humana hay muchos eventos que se dan en forma ________________ e _________________.

5. Los teólogos deístas creen que los milagros son incompatibles con la ________________ y de Dios.
6. La prueba contundente de que los milagros ocurren es que ____

7. Si se acepta la evidencia de un ____________________ luego no hay razón para dudar que pueden ocurrir milagros.

8. La evidencia contundente de que ocurren milagros es que ____

III. Conteste brevemente:

1. ¿Por qué podemos asegurar que los milagros no son violaciones a las leyes naturales?

2. ¿Cuál es la debilidad en el argumento de Hume respecto a la credibilidad de los testigos?

3. ¿Qué es lo que describen las leyes de la naturaleza?

10
JESUS: ¿MERO HOMBRE O PLENAMENTE DIOS-HOMBRE?

En el año 1863, el historiador humanista francés, Joseph Ernest Renán, publicó el libro, La vida de Cristo, en el cual pintó en colores vívidos un retrato de Jesús como un extraordinario predicador itinerante, pero sólo un mero hombre. Renán no fue la primera ni la última persona en poner en tela de juicio el cuadro del Nuevo Testamento que describe al Maestro de Galilea como la encarnación de Dios mismo.

Los ebionitas, una secta judía que se juntó con los cristianos después de la caída de Jerusalén, también negaron la naturaleza divina de Jesucristo. Decían que el Nazareno era el último y más grande de los profetas, pero nada más que el hijo natural de José y María. Después de su bautismo, el Cristo descendió sobre él, pero se apartó de él antes de la crucifixión.

Hay muchos hombres y grupos a través de los siglos, que han rechazado la deidad de Jesús. Los gnósticos del siglo II enseñaron que el Cristo celestial se posesionó del hombre Jesús, y actuó en él, pero nunca se encarnó. En el siglo IV, los arrianos consideraban a Jesucristo como un ser de gran dignidad, el primogénito entre los seres creados, pero inferior a Dios.

Los racionalistas del siglo XVIII tomaron un paso más radical negando llanamente la divinidad de Jesús de Nazaret. En manera semejante, teólogos unitarios y antisobrenaturalistas aseveraban que Jesús fue un hombre como los demás, aunque con una progresiva consciencia de que Dios estaba con él, llevando a cabo su obra. Esta posición es común actualmente en círculos universitarios agnósticos. Los nuevaerianos lo relegan al papel de un gran maestro; quizás incluso un yogui, un "avatar" (persona que ha progresado en sus reencarnaciones al punto de no tener que seguir reencarnándose; una persona que manifiesta la verdad divina), o un hombre igual a Buda.

Pero, realmente, ¿quién es Jesús de Nazaret? ¿Es Dios encarnado o solamente un hombre? ¿Tienen razón todos estos grupos al negar su deidad? O, ¿hay evidencias contundentes para sostener la doctrina primordial del cristianismo? Las respuestas a estas preguntas son de suma importancia, ya que, si Jesucristo es Dios, entonces el cristianismo es único y autoritativo. Por el contrario, si no lo es, luego el cristianismo es simplemente una religión más, en nada diferente de las otras creencias mundiales. Si Jesús no es verdaderamente Dios, el cristianismo está fundado sobre una gigantesca mentira.

Para demostrar que Jesús es verdaderamente Dios, hemos de considerar distintos testimonios los cuales, tomados en conjunto, llegan a ser una evidencia incontrovertible de la deidad de Jesucristo.

A. EL TESTIMONIO DEL PROPIO JESUS

Jesucristo se distingue entre todos los otros líderes religiosos de la historia por el hecho de que sólo él pretende ser deidad. Tomás Schultz observa:

> Ningún líder religioso reconocido, ni Moisés, Pablo, Buda, Mahoma, Confucio, etc., ha aseverado ser Dios; eso es, con la excepción de Jesucristo. Cristo es el único líder religioso que ha aseverado ser Dios, y el único individuo que ha logrado convencer a una gran porción de la humanidad de que él es Dios.[1]

Consideraremos las afirmaciones de Cristo acerca de su deidad:

1. Jesús se identificó como Jehovah del Antiguo Testamento. Se ve esta identificación en muchos puntos. Cristo afirma: "Yo soy el buen pastor" (Juan 10:11), pero el Salmista dice, "Jehovah es mi pastor" (Sal. 23:1). Declara ser el juez de todos los hombres y naciones (Juan 5:27-29; Mat. 25:31-33), pero Joel, citando a Jehovah, escribió: "... porque allí me sentaré para juzgar a todas las naciones de alrededor" (Joel 3:12). Jesús dice "Yo soy la luz del mundo" (Juan 8:12), mientras que Isaías señala: "Jehovah será para ti luz eterna" (Isa. 60:19). Cristo ora al Padre diciendo: "Padre glorifícame tú en tu misma presencia, con la gloria que yo tenía contigo antes que existiera el mundo" (Juan 17:5),

---

[1] Josh McDowell, *Evidencia que exige un veredicto* (Miami: Editorial Vida, 1982), p. 92.

pero Isaías cita el dicho de Jehovah: "No daré mi gloria a otros" (Isa. 42:8).

Pero la mayor aseveración de Jesús para identificarse con el Dios del Antiguo Testamento se encuentra en Juan 8:58: "De cierto, de cierto os digo que antes que Abraham existiera, Yo Soy." La reacción de los judíos que le escucharon no deja ninguna duda de que entendieron perfectamente la pretensión del Señor. No sólo Jesús proclama su preexistencia antes de Abraham, sino también se hace igual a Dios, por esto quisieron apedrearlo. Cristo se identifica también como el "Yo Soy" de Exodo 3:14. Esta pretensión se repite en Marcos 14:62 y en Juan 18:5, 6. En este último caso el efecto de la afirmación de Cristo es dramático: "Cuando les dijo: Yo Soy, volvieron atrás y cayeron a tierra".

2. Jesús afirma ser igual a Dios. En Juan 10:30 Jesús dijo: "Yo y el Padre una cosa somos". A. T. Robertson, erudito en el estudio del griego del Nuevo Testamento, señala que el término "uno" (*heu*) aquí no es masculino sino neutro, y significa "esencia" o "naturaleza".[2] Así que Jesús asevera que es de la misma esencia o naturaleza del Padre. Se ve que los fariseos entienden con claridad la afirmación de Cristo, ya que intentan apedrearlo por blasfemia (Juan 10:33).

En Juan 5:17, 18 leemos: "Pero Jesús les respondió: Mi Padre hasta ahora trabaja; también yo trabajo. Por esta razón los judíos aún más procuraban matarle, porque no sólo quebrantaba el día sábado, sino que también llamaba a Dios su propio Padre, haciéndose igual a Dios." Es obvio que los judíos entendieron que Jesús señalaba su igualdad con el Padre en naturaleza, privilegio y poder.

En otras ocasiones Cristo afirma que tiene dignidad y poderes que solamente corresponden a la deidad. Declara que puede perdonar pecados (Mar. 2:10, 11), levantar y juzgar a los muertos (Juan 5:25, 29; ver Joel 3:12; Deut. 32:35). El merece honra y acepta culto que se da sólo a Dios (Juan 5:23; 9:33-39; 20:27-29). Dice que creer en Dios es equivalente a creer en él (Juan 14:1). Además señala que verlo a él es lo mismo que ver al Padre (Juan 14:9).

3. Jesucristo afirma su propia autoridad como superior a la del Antiguo Testamento. En Mateo 5:21, 22 leemos: "Oísteis que fue dicho a los antiguos: No matarás;... pero yo os digo..." Las palabras de Jesús eran puestas por sobre la ley mosaica. ¡Qué atrevimiento más

---

[2] Archibald Thomas Robertson, *Imágenes verbales en el Nuevo Testamento,* tomo 5, *Juan y Hebreos* (Terrasa: CLIE, 1990), p. 312.

blasfemo si fueran las palabras de un hombre común y corriente, pero qué gloriosas en los labios del Dios encarnado!

Cook agrega:

> Enseñaba las Escrituras no como un comentarista, sino como su propio autor. Desechando las glosas, la tradición, las desviaciones y las falsas interpretaciones, hacía relucir la verdadera intención.[3]

En Lucas 21:33, Jesús llega a afirmar: "El cielo y la tierra pasarán, pero mis palabras no pasarán." En Juan 14:6, Jesús declara ser el camino, la verdad y la vida. J. Merrill Tenney comentando este versículo señala.

> Esta afirmación de Jesús es uno de los pronunciamientos filosóficos más grandes de toda la época. No dijo que conocía el camino, la verdad y la vida, ni que los mostraba. No se puso como exponente de un nuevo sistema; se declaró como la clave final de todos los misterios.[4]

También Jesús dijo: "Si alguno tiene sed, venga a mí y beba" (Juan 7:37); esto indicaba que él tenía poder de saciar la sed espiritual del ser humano. Lo mismo señaló respecto de la paz: dijo ser el dador de la auténtica paz (Juan 14:27). Además, indicó que tenía el poder de otorgar descanso a los trabajados (Mat. 11:28). Invitó a los hombres a seguirlo (Mar. 1:17). Incluso llegó a sentirse con la autoridad de limpiar el templo en Jerusalén (Mat. 21:12-17). Su autoridad queda magníficamente reflejada al leer Mateo 28:18, 19: "Toda autoridad me ha sido dada en el cielo y en la tierra... en el nombre del Padre, del Hijo..."; como se ve, colocaba su nombre en igualdad con el de Dios. Hasta en la oración que debían hacer sus seguidores, quedó expresada la autoridad de Jesús (Juan 14:13, 14).

4. Jesús se identifica como el Mesías profetizado en el Antiguo Testamento. El Salmo 110:1 relata una conversación entre el Padre y el Hijo: "Jehovah dijo a mi señor: siéntate a mi diestra." Jesús aplica este pasaje a sí mismo en Mateo 22:43, 44. En el momento de su juicio se presenta la ocasión culminante de la autoidentificación de Jesús con el Mesías veterotestamentario. Leemos en Marcos 14:61-64: "Otra vez el sumo sacerdote preguntó y le dijo: ¿Eres tú el Cristo, el Hijo del Bendito? Jesús le dijo: Yo soy; y además veréis al Hijo del Hombre

---

[3] Francisco S. Cook, *La vida de Jesucristo,* 1973, p. 40.

[4] J. Merrill Tenney, *San Juan: el evangelio de fe* (Miami: Editorial Caribe, 1980), p. 225.

sentado a la diestra del Poder y viniendo en las nubes del cielo. Entonces el sumo sacerdote rasgó su vestidura y dijo... habéis oído la blasfemia..."; Jesús estaba tomando sus palabras del pasaje mesiánico de Daniel 7:13. Este texto además implica la deidad del Mesías; sólo así se explica por qué el sumo sacerdote haya rasgado sus ropas y haya dicho que Jesús era un blasfemo.

B. EL TESTIMONIO DE LOS APOSTOLES

1. Los discípulos antes de la pasión y resurrección del Señor. Es significativo que los discípulos de Jesús, provenientes de un trasfondo judío y por ende plenamente monoteísta, hayan testificado abiertamente acerca de la divinidad de su maestro. Después de estar más de dos años con él y haberle observado en todas las circunstancias y todos los momentos, ellos, a través de su portavoz, Pedro, testificaban: "¡Tú eres el Cristo, el Hijo del Dios viviente!" (Mat. 16:16).

2. El apóstol Juan. Al iniciar su Evangelio, Juan se refiere a Jesús como el *logos* (verbo). Este término para los griegos quería decir "razón", la mente de Dios que guía y dirige el universo. Pero el escritor inspirado lo usa para indicar a Cristo. Llega a declarar que "el Verbo era Dios" (Juan 1:1). Luego el apóstol manifiesta que este Logos es el Creador de todas las cosas (Juan 1:3).

Posteriormente, Juan en el libro de Apocalipsis llama a Jesús "el primero y el último" (Apoc. 1:17; 2:8; 22:13), título de Jehovah en el Antiguo Testamento (Isa. 41:4; 44:6; 48:12). Juan confiesa que el objetivo de haber compuesto su Evangelio fue que "estas cosas han sido escritas para que creáis que Jesús es el Cristo, el Hijo de Dios, y para que creyendo tengáis vida en su nombre" (Juan 20:31). ¡Qué gran testimonio acerca de la deidad de Jesús! En su primera epístola, el mismo apóstol nuevamente testifica de la deidad de Jesús al escribir: "y estamos en el verdadero, en su Hijo Jesucristo. Este es el verdadero Dios y la vida eterna" (1 Jn. 5:20).

3. El apóstol Pablo. Aunque Pablo no estuvo entre los primeros seguidores de Jesús, luego de su conversión camino a Damasco el Apóstol testimonió claramente en sus escritos acerca de la deidad de Jesucristo. En Colosenses 1:16, Pablo se refiere a Jesús como el creador del universo: "porque en él fueron creadas todas las cosas..." En la misma carta Pablo asevera que "en él (Cristo) habita corporalmente toda la plenitud de la Deidad" (2:9). En 1 Timoteo 3:16 señala que "El fue manifestado en carne..." Dice Pablo claramente en Romanos 9:5:

"... y de ellos, según la carne, proviene el Cristo, quien es Dios sobre todas las cosas, bendito por los siglos..." También en su doxología de 2 Corintios 13:14, el Apóstol coloca al Señor Jesucristo en un plano de igualdad con Dios Padre y el Espíritu Santo. En Filipenses 2:6 Pablo nota (se refiere a Jesús): "existiendo en forma de Dios, él no consideró el ser igual a Dios..."

C. EL TESTIMONIO DE LA VIDA DE JESUS

1. Su impecabilidad. A través de toda la Biblia se muestran grandes hombres que sirvieron a Dios, como Abraham, Moisés o David, pero de ninguno de ellos se nos dice que fuera impecable en su vida y carácter. En el propio Nuevo Testamento leemos de los errores de los discípulos de Jesús. Sin embargo, cuando el Nuevo Testamento se refiere a Jesús, jamás menciona la más mínima falla en él. El Evangelio de Juan contiene la siguiente afirmación de Jesús: "¿Quién de vosotros me halla culpable de pecado?" (Juan 8:46). Esta declaración nos muestra que el Señor no tenía conciencia de pecado propio. Esto contrasta grandemente con la totalidad de los santos a través de la historia. Todo creyente sabe que mientras más se acerca a Dios, mayor es su conciencia de pecado.

Una de las cuestiones más impresionantes de la impecabilidad de Jesús, es que hay algunos hombres que alegan para sí perfección, pero muy pocas personas les aceptan tal pretensión. Sin embargo, con Jesús no es así, ya que muchos han aceptado su impecabilidad. Pedro, un testigo ocular de la vida de Jesús, le llama "un cordero sin mancha y sin contaminación" (1 Ped. 1:19) y agrega: "El no cometió pecado, ni fue hallado engaño en su boca" (1 Ped. 2:22). Juan, otro testigo ocular, se refirió a él como "Jesucristo el justo" (1 Jn. 2:1; ver 3:7). El apóstol Pablo da su testimonio sobre la impecabilidad de Jesús afirmando: "Al que no conoció pecado" (2 Cor. 5:21). En manera similar, el escritor de Hebreos señala que Jesús "fue tentado en todo igual que nosotros, pero sin pecado" (Heb. 4:15). También está el testimonio de aquellos que ni siquiera eran sus discípulos: Pilato afirma: "No hallo ningún delito en este hombre" (Luc. 23:4); el centurión romano exclamó, luego de que Cristo expirara en la cruz: "Verdaderamente, este hombre era justo" (Luc. 23:47). Uno de los hombres que estaban colgados en la cruz junto a Jesús, dijo: "... éste no hizo ningún mal" (Luc. 23:41).

¿Cómo es posible que un simple hombre viva una vida libre de pecado? Bernard Ramm contesta:

> Y Jesús poseyó una perfecta impecabilidad y pureza no por luchas, privación, ascetismo o peregrinación. Lo hizo por nacimiento y naturaleza... Llevó la vida de perfecta piedad y santidad personal sobre la exclusiva consideración de que era Dios encarnado... Es lo que esperaríamos del Dios encarnado, y esto es lo que hallamos en Jesucristo. La hipótesis y los hechos armonizan.[5]

Es razonable concluir que Jesús vivió de acuerdo con lo que dijo ser. Su vida impecable es una fuerte evidencia de su divinidad.

2. Su vida milagrosa. Jesús no sólo vivió una vida impecable, lo cual ya es un tremendo milagro, sino que también su vida desde su misma concepción fue sobrenatural.

El nació de una virgen (Mat. 1:21-23; Luc. 1:26-38). Al comenzar su ministerio, cambió el agua en vino (Juan 2:7-11), más tarde caminó sobre las aguas del mar de Galilea (Mat. 14:25), multiplicó los panes y los peces (Juan 6:11-13), abrió los ojos del ciego (Juan 9:7), hizo andar al paralítico (Mar. 2:3-12), limpió a un leproso (Mat. 8:1-4), echó fuera demonios (Luc. 4:31-37), calmó los vientos y las olas (Mar. 4:35-41), sanó a un sordomudo (Mar. 7:31-37), e incluso devolvió la vida a varias personas en distintas ocasiones (Mar. 5:35-43; Luc. 7:11-17; Juan 11:38-44).

Cuando fue interrogado tocante a si él era el Mesías, Jesús respondió mostrando sus milagros como credenciales de su misión (Mat. 11:2-5). Uno de los fariseos principales reconoció que "nadie puede hacer estas señales que tú haces, a menos que Dios esté con él" (Juan 3:3). El ciego sanado por Jesús afirmó: "Si éste no procediera de Dios, no podría hacer nada" (Juan 9:33).

La vida milagrosa de Jesús es precisamente lo que uno esperaría si Dios se encarna. A. E. Garvie afirma:

> Un Cristo que siendo Hijo de Dios, y procurando llegar a ser Salvador de los hombres, no realizara milagros, sería menos inteligible y creíble que el Jesús a quien los registros evangélicos nos presentan de manera tan consistente.[6]

La conclusión es que la divinidad de Jesús es ampliamente verificada por la presencia de lo milagroso en su vida.

---

[5] Bernard Ramm, *Protestant Christian Evidences* (Chicago: Moody Press, 1953), pp. 164-69.

[6] A. E. Garvie, *Studies in the Inner Life of Christ* (New York: Hoddes and Stoughton, 1907), p. 73.

D. EL TESTIMONIO DE LA RESURRECCION DE JESUS

1. La importancia de la resurrección. El milagro más impresionante del Nuevo Testamento y el más atestiguado de todos los milagros es la resurrección de Jesucristo. Este fabuloso hecho sobrenatural es la prueba suprema de las pretensiones de Cristo acerca de su deidad. Si Jesús no hubiera resucitado de los muertos, todas sus afirmaciones habrían quedado desmentidas en una fría tumba. El apóstol Pablo señala la trascendencia de la resurrección cuando escribe: "Y si Cristo no ha resucitado, vana es nuestra predicación, vana también es nuestra fe" (1 Cor. 15:14). George Ladd señala:

> Si Jesús ha muerto, se niega todo su mensaje. Si ha muerto, no puede venir en su reino. Si ha muerto, la esperanza de una venida triunfante del celestial Hijo del Hombres es, evidentemente, imposible.[7]

Por el contrario, si él ha resucitado de entre los muertos todo lo que dijo ser, hizo y prometió, es la más absoluta verdad.

Pero, ¿resucitó realmente Jesús de entre los muertos?; ¿qué evidencias tiene el cristianismo para afirmar la resurrección de Jesús? Examinaremos algunas evidencias de este singular milagro.

2. La evidencia de la tumba vacía. Testigos fidedignos, tanto amigos como enemigos, testificaron que el sepulcro estaba vacío: las mujeres, los discípulos, los ángeles y los soldados romanos (Mat. 28:6; Mar. 16:6; Luc. 24:3-12; Juan 20:1, 2). ¿Qué pasó para que desapareciera el cuerpo de Jesús? O manos humanas se lo llevaron o el poder de Dios le resucitó. Algunas teorías racionalistas para explicar el hecho serían:

a) Que José de Arimatea se llevó en secreto el cuerpo para ponerlo en un lugar más adecuado. El problema de esta hipótesis es, ¿por qué nunca se supo el lugar de la nueva tumba? Además, ¿por qué José de Arimatea (y los que le habían ayudado a trasladar el cuerpo) no dijo que Jesús estaba muerto en vez de apoyar la idea de la resurrección? ¿Cómo es que nunca nadie trajo el cuerpo de Jesús para acallar la resurrección? Por último, no hay ninguna evidencia de una tumba que se haya convertido en centro de peregrinación por contener los restos de Jesús.

---

[7] George Eldon Ladd, *Creo en la resurrección de Jesús* (Miami: Editorial Caribe, 1977), pp. 190-91.

b) Que las autoridades (judías o romanas) habrían trasladado el cuerpo. El problema de esta teoría es, ¿por qué nadie presentó el cuerpo de Jesús y así terminar con la proclamación de Jesús? Esto especialmente se puede decir de las autoridades judías, que eran las que más deseaban poner fin a la naciente fe.

c) Que Jesús no murió realmente en la cruz. Se afirma que solamente sufrió un síncope y que sus simpatizantes le bajaron de la cruz, creyendo que había muerto. El aire fresco del sepulcro en que lo colocaron, le hizo revivir, de modo que él salió de la tumba por sus propios medios.

Sin embargo, esta teoría presenta muchas debilidades; es increíble que un hombre que había pasado seis horas clavado sobre una cruz haya sido capaz de mover la enorme piedra que fue puesta en la entrada de la tumba. Y si la hubiera movido, habría sido capturado por los soldados romanos al salir del sepulcro.

Aún suponiendo que todo esto hubiera ocurrido, Strauss afirma:

> Es imposible que un ser humano que hubiera salido del sepulcro medio muerto, arrastrándose débil y enfermo, necesitando tratamiento médico, que necesitaba ser vendado, necesitaba recuperar las fuerzas e indulgencia, y que aún se dejaba vencer por los sufrimientos, diera a los discípulos la impresión de que había conquistado a la muerte y a la tumba.[8]

Por otra parte, hay bastante evidencia de que Jesús realmente murió en la cruz.

Pilato se sorprendió de que Jesús hubiese muerto tan pronto, pero la información del centurión le aseguró la muerte de Jesús (Mar. 15:44, 45). Se debe recordar que los romanos estaban habituados a realizar muertes por crucifixión, y por ende podrían saber claramente cuando alguien estaba muerto.

El relato de Juan 19:31-36 nos muestra que los soldados romanos no quebraron las piernas a Jesús porque lo vieron ya muerto.

El apóstol Juan fue testigo ocular de que la lanza al entrar en el costado de Jesús, hizo que brotara "sangre y agua". Si Jesús hubiese estado vivo cuando la lanza abrió su costado, fuertes borbotones de sangre habrían salido producto de las pulsaciones del corazón. Al salir sangre y agua es evidencia de una coagulación masiva de la sangre en las arterias principales, y es una prueba médica excepcionalmente concluyente de la muerte de Cristo.[9]

---

[8] Citado por Frank Morrison, *¿Quién movió la piedra?* (Miami: Editorial Caribe, 1977), p. 101.

[9] McDowell, *op. cit.*, p. 200.

La acción realizada por José y Nicodemo al envolver el cadáver con especias aromáticas, según costumbre de los judíos al sepultar a sus muertos, es amplia prueba de que Jesús estaba muerto.

La propia custodia de la guardia romana a la tumba de Jesús, custodia encargada por los propios judíos, es prueba indubitable que nadie ponía en duda que Jesús estaba muerto. En nuestros días, los racionalistas de todas las tendencias no ponen en duda que Jesús realmente murió en la cruz.

d) Que las mujeres cometieron un error y fueron a otra tumba. Pero, ¿es posible que mujeres que conocían el lugar de la tumba, ya que habían presenciado el entierro, se hayan equivocado tanto? Ahora bien, suponiendo que se hubieran equivocado de tumba, por la oscuridad de la mañana, ¿cómo es posible que a tan tempranas horas hubiera habido un jardinero trabajando? (Mar. 16:5, 6; Juan 20:15) (suponiendo que el ángel no era más que un jardinero). Además, todo el malentendido se hubiera aclarado si el presunto jardinero hubiera sido presentado como testigo del error de las mujeres. Finalmente, si las mujeres simplemente se equivocaron de tumba, ¿por qué las autoridades no presentaron el cuerpo de Jesús para terminar con la idea de la resurrección?

e) Que nadie visitó la tumba y el relato de las mujeres es una añadidura posterior. Se ha sugerido que pasaron por los menos dos meses antes de que los discípulos proclamaran la resurrección y que tal creencia estaría basada en apariciones espirituales de Jesús a los apóstoles. Esta hipótesis se contradice claramente por lo que indican los Evangelios. Estos señalan que varias personas visitaron la tumba en diferentes ocasiones (Mat. 28; Mar. 16; Luc. 24; Juan 20). Además, las autoridades podrían haber mostrado los restos de Jesús, sacándolos de la tumba intacta. El no hacerlo es señal de que la tumba estuvo vacía a partir del tercer día.

f) Que los discípulos robaron el cuerpo de Jesús. Ciertos escépticos creen esta teoría pero "es extremadamente improbable que los descorazonados discípulos hubieran tenido valor para defraudar con semejante falsedad a un mundo que les era hostil. Es imposible creer que hubieran persistido en sufrir por tan manifiesta postura".[10]

La autoridad del sepulcro vacío es comentada por J. Anderson:

> La tumba vacía se yergue, cual una verdadera roca, como un elemento esencial en la evidencia para la resurrección. Sugerir que no estaba efectivamente

[10] Luis Berkhof, *Teología Sistemática* (Grand Rapids: T.E.L.L., 1979), p. 413.

vacía en absoluto, como hacen algunos, me parece ridículo. Es un asunto histórico el que los apóstoles lograron desde el principio muchas conversiones en Jerusalén, a pesar de su hostilidad, proclamando las buenas noticias de que Cristo se había levantado de la sepultura —y esto sucedió a corta distancia del sepulcro. Cualquiera de los oyentes podría haber visitado la sepultura.[11]

Sin duda, la tumba vacía es una magnífica prueba de la resurrección de Jesús de Nazaret.

3. La evidencia de la transformación de los discípulos. Los seguidores de Cristo habían presenciado su muerte y quedaron completamente desilusionados en cuanto a su mesiazgo. En el camino a Emaús, algunos de ellos dijeron: "esperábamos que él era el que había de redimir a Israel" (Luc. 24:21). Se reunieron en el aposento alto por temor de los judíos. Pero después de ver al Señor resucitado, predicaron con denuedo la resurrección, y varios fueron martirizados por su testimonio. ¿Quién daría su vida para divulgar lo que obviamente era una falsedad? ¿De dónde vino la valentía extraordinaria de los discípulos?

Pero, ¿es posible que los discípulos fueran víctimas de alucinaciones?; en su conmovido estado mental, ¿pensaban los discípulos tanto en la resurrección de Jesús que por último creyeron que en verdad lo habían visto? En primer lugar debemos tener en cuenta que los discípulos, después de la muerte de Jesús, se desilusionaron y no podían pensar en la resurrección. Además es necesario considerar los siguientes hechos antes de aceptar que las apariciones de Cristo fueron a alucinaciones:

a) Generalmente sólo cierta clase particular de personas tiene alucinaciones, las altamente imaginativas y muy nerviosas. Sin embargo, las apariciones de Cristo no estuvieron restringidas a personas de una constitución psicológica especial.

b) Las alucinaciones están ligadas en el subconsciente del individuo. Con sus experiencias particulares del pasado, por tanto ellas son muy individualistas y extremadamente subjetivas. Es totalmente imposible que dos personas tengan la misma alucinación al mismo tiempo. Sin embargo, las apariciones de Cristo fueron vistas por muchas personas, hasta 500 a la vez (1 Cor. 15:6).

c) Las alucinaciones generalmente están restringidas al tiempo y lugar en que ocurren. Vale decir, ellas se dan en un lugar que trae

---

[11] Citado por McDowell, *op. cit.*, p. 218.

recuerdos y en una circunstancia en que la persona llega a tomar una actitud de nostalgia por cosas pasadas. Sin embargo, las ocasiones y los lugares en que apareció Cristo para nada conducen a tales situaciones, ya que apareció en distintos lugares y circunstancias.

d) Las alucinaciones exigen que los que las experimentan tengan una gran ansiedad por ver tales hechos. Por el contrario, en el caso de las apariciones de Cristo, los discípulos fueron compelidos a creer lo que ya habían abandonado como creencia.[12]

4. La evidencia del establecimiento de la iglesia. Es admitido que la iglesia fue formada sobre dos sólidas bases: el derramamiento del Espíritu Santo y la predicación de la resurrección de Jesús. Una multitud de judíos creyeron (Hech. 2:41), y "un gran número de sacerdotes obedecían a la fe" (Hech. 6:7). Solamente la resurrección de Cristo podía convencerlos. Hablando sobre la formación de la iglesia como evidencia de la resurrección, Pearlman comenta:

> ¿Cómo se podría explicar la existencia de la iglesia cristiana, que seguramente hubiera permanecido sepultada con su Señor, si Jesucristo no hubiera resucitado? La iglesia viva y radiante del día de Pentecostés no nació de un dirigente muerto.[13]

También William Evans hace una interesante observación acerca del origen de la iglesia:

> ¿De dónde procedió esta institución?... ¿Cuál fue su causa? Cuando el Cristo resucitado se apareció a sus desalentados discípulos y avivó en ellos la fe y la esperanza... De esta manera vino la iglesia a su existencia. Su causa fue la resurrección de Cristo.[14]

El erudito Ricardo Foulkes concluye:

> La fundación y existencia continua de la iglesia de Cristo es, por tanto, una de las pruebas más fehacientes de la realidad de la resurrección.[15]

5. La evidencia de la conversión de Pablo. La importancia del tes-

---

[12] Paul Little, *Know Why you Believe* (Illinois: Intervarsity Press, 1971), pp. 28, 29.

[13] Myer Pearlman, *Teología bíblica y sistemática* (Miami: Editorial Vida, 1981), p. 186.

[14] William Evans, *Las grandes doctrinas de la Biblia* (s.l.: Editorial Moody, s.f.), pp. 99, 100.

[15] Ricardo Foulkes, "Resurrección de Cristo" en *Diccionario ilustrado de la Biblia*, Wilton M. Nelson, ed. (Miami: Editorial Caribe, 1977), p. 552.

timonio de Saulo de Tarso radica en que este hombre no era creyente, por el contrario, él se oponía tenazmente a las enseñanzas del cristianismo, e incluso perseguía a los cristianos. Era un hombre culto, que por ninguna razón posible podría llegar a inventar o imaginar el ver al Señor Jesús resucitado. Pero, camino a Damasco algo ocurrió con el joven erudito. Frank Morrison pregunta:

> ¿Cómo es posible explicar que este incidente alcanzara las consecuencias históricas que tuvo? ¿Por qué un hombre de raza tan recia, teniendo tal mente sana y categoría viril, se veía repentinamente desarraigado de sus preciadas creencias y arrastrado por el viento, como la hojarasca, al campo dogmático de sus más odiados enemigos?[16]

¿Cómo se puede explicar que uno de los más grandes intelectuales de todos los tiempos haya pasado repentinamente de un extremo dogmático al otro? La respuesta se encuentra en el hecho de que el hombre de Tarso tuvo un encuentro personal con el Cristo resucitado.

E. CONCLUSION

Después de examinar los testimonios de Jesús, los apóstoles, las profecías mesiánicas, la vida impecable y milagros del Señor y la evidencia incontrovertible de la resurrección, no hay otra alternativa que aceptar incondicionalmente la deidad del Señor Jesucristo. Negar tal hecho es ser ciego y sordo al cúmulo de pruebas entregadas tanto por el Antiguo como por el Nuevo Testamentos. Además, y por si todo lo anterior fuera poco, está el testimonio de millones de hombres a través de la historia de la iglesia, los cuales testifican haber tenido un encuentro personal con el Señor resucitado y de este modo haber conocido a Dios por medio de una experiencia personal.

Sin duda la experiencia cristiana es de gran valor para apoyar lo que las Escrituras dicen de Jesucristo, él es Dios con nosotros, el verbo encarnado, el camino y la vida.

---

[16] Morrison, *op. cit.*, p. 152.

EJERCICIOS

I. Verdadero (V) o Falso (F):

___ 1. Los gnósticos creían que Jesús fue el último y más grande de los profetas.

___ 2. Los racionalistas del siglo XVIII negaron la encarnación de Cristo, pero afirmaron su igualdad con Dios.

___ 3. Juan 8:58 es la mayor aseveración de Jesús para identificarse con Dios.

___ 4. Jesús afirmó ser de la misma esencia de Dios.

___ 5. Jesús se identificó con el Mesías profetizado en el Antiguo Testamento.

___ 6. Jesús fue libre de pecado por nacimiento y naturaleza.

II. Llene los espacios o conteste brevemente:

1. La vida impecable de Jesús es una gran prueba de su ______________________________

2. Las credenciales de la misión de Jesús eran __________ ______________________________

3. ¿Qué evidencias hay de la resurrección de Jesús?

a)
b)

4. Mencione seis teorías racionalistas para explicar la tumba vacía.

   a)
   b)
   c)
   d)
   e)
   f)

5. ¿Por qué las apariciones de Jesucristo no pueden haber sido alucinaciones?

11
¿POR QUE PERMITE DIOS EL MAL Y EL SUFRIMIENTO?

Uno de los principales obstáculos que encuentra la fe cristiana, tal vez aún más difícil de sortear que los problemas de la ciencia y los milagros, es el llamado problema del mal. Mucha gente se pregunta: ¿Por qué sufren los inocentes?; ¿por qué hay guerras en que miles de personas inocentes mueren o quedan lisiadas?; ¿por qué hay niños que nacen con deficiencias mentales?; ¿por qué los seres humanos mueren en catástrofes naturales?; ¿por qué las enfermedades quitan la vida a la gente cuando ésta se halla en la plenitud de ella?; ¿por qué hay tanta hambre y miseria en muchos pueblos? En definitiva, ¿por qué hay tanto mal y sufrimiento en este mundo?

Todos estos interrogantes tocantes al sufrimiento humano conllevan a otro mayor: si Dios es todo amor, bondad y además omnipotente, ¿cómo puede él permitir que sus criaturas sufran? Este dilema ha llevado a muchos a poner en duda la existencia de Dios. Tal vez esta actitud se justifica especialmente cuando alguien está viviendo fuertes sufrimientos, y la pregunta que le surge es, "Dios, ¿por qué?" La tendencia general en estas cosas es blasfemar el nombre de Dios y poner sobre él la responsabilidad por el mal y el sufrimiento.

A. NATURALEZA DEL PROBLEMA

El problema del mal confunde a muchos filósofos y teólogos. En la antigua Grecia, Epicuro lo planteó de la siguiente manera:

> O Dios quiere quitar los males, y es incapaz; o él es capaz, y no quiere; o él ni quiere ni es capaz; o él quiere, y es capaz. Si él quiere y es incapaz, él es débil, lo que no concuerda con el carácter de Dios; si él es capaz y no quiere,

él es envidioso, lo que también está en desacuerdo con Dios; si él ni quiere ni es capaz, él es tanto envidioso como débil, y por tanto, no es Dios; si él quiere y es capaz, lo que es idóneo sólo de Dios, ¿de dónde, pues, se originan los males? y, ¿por qué él no los elimina?[1]

Siguiendo a Epicuro, el problema del mal ha sido usado para argumentar en contra de la existencia de un Dios amoroso y bueno. El razonamiento que se ha seguido es el siguiente:

a) La fe en Dios asume que Dios es bueno, es decir, él no soporta el mal.

b) Dios es sabio, por tanto él no podría haber creado un mundo en el que haya cosas malas.

c) Dios es todopoderoso, por ende él no podría permitir que haya cosas que sean obstáculos a su poder.

d) Sin embargo, el mal existe (esto es evidente), contradiciendo la bondad de Dios y desafiando el poder de Dios.

e) Por tanto, dada la existencia del mal, es irracional asumir que hay un Dios bueno, sabio y poderoso.

Pero, ¿queda destruida la creencia en la existencia de Dios por causa del problema del mal? ¿Qué podemos decir como cristianos a los argumentos filosóficos en contra de la validez del concepto de un Dios bueno, dada la evidente existencia del mal? El punto de vista cristiano es que Dios es bueno y omnipotente pero permite que el mal exista temporalmente en el mundo. Es una paradoja que se entiende a la luz de los objetivos divinos en la eternidad. Veamos la explicación bíblica del problema.

B. EL MAL MORAL

Antes de comenzar a presentar las diferentes respuestas que han sido dadas para tratar de solucionar la aparente contradicción surgida entre la existencia de un Dios amoroso y la existencia del mal, es necesario distinguir los tipos de males existentes.

1. Hay dos clases de mal: el moral y el natural. El primero es producto de las acciones de los seres libres y moralmente responsables. Algunos ejemplos del mal moral son los crímenes, las guerras, la injusticia social, las violaciones y todo lo que atente contra un semejante.

---

[1] William Dyrness: *Apologética cristiana* (El Paso: Casa Bautista de Publicaciones, 1988), p. 180.

Por otra parte, existe el mal natural el cual no tiene nada que ver con actos de responsabilidad humana. Es más bien un aspecto de la naturaleza, la cual parece, en ocasiones, estar en contra del ser humano. Dentro del mal natural se cuentan huracanes, terremotos, tornados y erupciones volcánicas. Estas catástrofes producen grandes pérdidas de vidas y abundante sufrimiento. Otra área en la que se incluye el mal natural son los sufrimientos producidos por enfermedades congénitas como el cáncer, la poliomielitis y otras. Lo consideraremos en otra sección de este capítulo.

2. El origen del mal moral. No debemos culpar a Dios por los actos humanos contra el prójimo. El mal moral no existe porque Dios lo haya querido así; no es el producto de su actividad creadora, antes bien existe sólo por permiso divino. Cuando Dios creó al hombre, le creó un ser perfecto, sin maldad. Lo creó para disfrutar de la creación y de la comunión con su Creador. Sin embargo, el hombre tenía libre albedrío, o sea, la capacidad de obedecer o desobedecer a Dios. Desgraciadamente, él eligió rebelarse contra su Hacedor, y cada uno de nosotros ratifica aquella rebelión: "Por esta razón, así como el pecado entró en el mundo por medio de un solo hombre y la muerte por medio del pecado, así también la muerte pasó a todos los hombres, por cuanto todos pecaron" (Rom. 5:12).

Pero, ¿por qué Dios no nos hizo de tal manera que no pudiéramos pecar? No queda duda alguna de que él lo hubiera podido hacer, pero debemos recordar que hubiéramos sido robots o máquinas sin voluntad propia. J. B. Phillips observa: "El mal está inherente en el don arriesgado del libre albedrío."[2] El amor es algo voluntario, de otro modo no es amor. Dios quiere que le amemos libremente, no quiere interferir en la capacidad del hombre para elegir, "sino en producir un consentimiento voluntario para elegir el bien antes que el mal".[3]

¿No puede Dios erradicar completamente el mal en el mundo? Sí, puede, pero debemos recordar las palabras del profeta Jeremías: "Por la bondad de Jehovah es que no hemos sido consumidos, porque nunca decaen sus misericordias" (Lam. 3:22). Algún día lo hará; habrá un día de juicio. El diablo y sus obras serán juzgados y toda persona tendrá que rendir cuenta a Dios. Entonces el mal será quitado del universo. Mientras tanto Dios tolera el mal dando a los hombres más tiempo para arrepentirse y volver a él (2 Ped. 3:9).

---

[2] J. B. Phillips, *God Our Contemporary* (New York: Macmillan, 1960), p. 89.
[3] Ibíd.

Paul Little explica que si Dios erradicara el mal ahora, haría una obra incompleta.

> Quisiéramos que él elimine la guerra pero que no se acerque demasiado a nosotros. Si Dios erradicara el mal del universo, su acción sería completa e incluiría nuestras mentiras e impurezas personales, nuestra falta de amor y de hacer lo bueno. Supongamos que Dios decretara que, a medianoche de hoy, todo el mal sería quitado del universo: ¿Quién de nosotros estaría aquí después de la medianoche?[4]

3. El antídoto divino para el mal moral. Aunque Dios no quisiera que el mal invadiera su creación y destruyera la corona de su obra, no se sorprendió por lo que ocurrió. Ya había previsto la caída y estaba preparado para redimir al hombre. El proveyó el remedio más costoso y dramático para que podamos escapar del inevitable juicio divino sobre el mal y el pecado: el sacrificio de su único y amado Hijo Jesucristo. También ha dado los dones, el Espíritu Santo y la Biblia, para transformar nuestra naturaleza y enseñarnos a vivir en armonía con él y con nuestro prójimo. La respuesta última al problema del mal moral se encuentra en la muerte expiatoria del Señor en la cruz.

4. El mal moral no puede frustrar los propósitos de Dios. Parecía que la caída del hombre fuera una victoria contundente de Satanás, un obstáculo insuperable a los planes divinos. Pero el mal moral no puede impedir la realización de los fines de Dios, ni es algo que está fuera del control divino.

El Salmista afirma: "Ciertamente la ira del hombre te traerá reconocimiento" (Sal. 76:10). Por ejemplo, Dios empleó la maldad de Judas para efectuar la crucifixión de su Hijo Jesús. Así Dios echó mano del más injusto crimen de la historia para convertirlo en la más gloriosa victoria conocida en la tierra y en el cielo. Por lo tanto Dios es capaz de usar el mal moral para llevar a la realidad muchos de sus propósitos. Más adelante veremos muchos más detalles de esta verdad en la sección titulada "los beneficios del mal".

C. EL MAL NATURAL

Esta índole de mal representa un mayor grado de dificultad que el mal moral; es un gran enigma para muchos cristianos. ¿Por qué suce-

[4] Paul E. Little, *Know Why you Believe* (Wheaton, IL: Victor Books, 1978), p. 119.

den las calamidades y desgracias naturales? Consideraremos ciertas explicaciones, algunas buenas y otras inadecuadas.

1. El mal es algo necesario. Para el filósofo Benito Spinoza todo procedía por necesidad lógica de la esencia divina. Todo lo existente, sea bueno o malo, es una expresión necesaria de la totalidad de la creatividad divina. Sin duda hay muchos males que llegan a ser útiles pero, ¿son necesarias las catástrofes naturales que quitan la vida a los inocentes? ¿En dónde radica la necesidad de que nazcan niños retardados mentales? No hay respuestas fáciles a este problema profundo ni debemos tratarlo livianamente. Alguien ha dicho: "Los que pasan por alto las cicatrices nunca han sentido una herida." Además, si se acepta la teoría de Spinoza, ¿no hace ésta a Dios creador del mal?

2. Dualismo. Hay dos fuerzas o principios en el universo, la del bien y la del mal, o sea en adición a Dios está el poder del mal. Hay un conflicto continuo entre los dos y el uno no puede vencer al otro.

Por un lado esta explicación negaría la omnipotencia de Dios: si Dios es todopoderoso, ¿cómo es que no puede vencer el mal? Y si no puede, esto nos dejará sin esperanza. Por otro lado, la Biblia enseña que existe un elemento parecido al dualismo en el mundo. La luz lucha contra las tinieblas, el bien contra el mal, la verdad contra el error y el espíritu contra la carne.

El mal está personificado en Satanás y sus seguidores. El apóstol Pablo asevera que "nuestra lucha no es contra sangre ni carne, sino contra principados, contra autoridades, contra los gobernantes de estas tinieblas, contra espíritus de maldad en los lugares celestiales" (Ef. 6:12).

La Biblia nos enseña que el maligno estorba la obra de Dios, tienta a los hombres, emplea a éstos para perjudicar a los hijos de Dios y aun es capaz de usar las fuerzas de la naturaleza tales como el relámpago, el viento y la enfermedad para afligir a los santos (1 Tes. 2:18; Gén. 3:1-5; Job 1—2). Sin embargo, lo hace sólo con el permiso de Dios (Job 1:10-12). Referente a la tentación de Pedro en las vísperas de la crucifixión, el Señor le dijo: "Simón, Simón, he aquí Satanás os ha pedido para zarandearos como a trigo" (Luc. 22:31). El diablo está sujeto al control divino.

También Dios emplea las fuerzas del adversario para llevar a cabo sus propósitos. El hecho de que Jesús fue llevado por el Espíritu al desierto para ser tentado por el diablo, nos enseña que el Padre quería que su Hijo fuera puesto a prueba y el instrumento usado por Dios para realizarlo era Satanás (ver Mat. 4:1). Por último, notamos que los días del enemigo están contados. Será juzgado y echado en el lago de fuego y azufre. Así será quitada permanentemente la fuente del mal en el mundo (Apoc. 20:10).

3. Todo está predestinado por Dios, incluso el mal natural. El gran teólogo Juan Calvino creía que todo lo hecho en este mundo ha sido realizado para la gloria de Dios. El mal no es algo que ha aparecido por sorpresa en el mundo tomando a Dios desprevenido. Por el contrario, Dios es el absoluto soberano y rector del universo, por ende el mal es usado por Dios instrumentalmente para promover su gloria y nunca este mal se encuentra fuera de su control. Por lo que se debe entender que el mal está restringido y limitado bajo el poderío de Dios. En la total esfera de cosas, incluyendo el curso de la historia humana, el mal promueve el bien y la gloria de Dios.

La teoría de Calvino no carece totalmente de base bíblica: "En él" (Jesucristo) "también recibimos herencia, habiendo sido *predestinados* según el propósito de aquel que realiza todas las cosas conforme al consejo de su voluntad, para que nosotros... seamos para la alabanza de su gloria" (Ef. 1:11, 12; las cursivas son nuestras). Sin embargo, ¿se refiere a todos los sucesos en el mundo o meramente a los hechos divinos relacionados con la salvación? El contexto parece indicar la última alternativa.

Otro texto bíblico que parece sostener la teoría calvinista se encuentra en Romanos 8:28: "Y sabemos que Dios hace que todas las cosas ayudan para bien a los que le aman, a los que son llamados conforme a su propósito." Al interpretarlo, debemos darnos cuenta de algunas cosas. Primero, se limita a los creyentes, los que son llamados. En segundo lugar, las cosas que obran para bien del cristiano tienen el propósito de formar en él la imagen de Cristo (Rom. 8:29).

Una objeción al uso de este texto tal como es traducido en algunas versiones, se halla en otro desciframiento del versículo. Se lee así: "Sabemos que Dios obra en todo para el beneficio de quienes lo aman..." (Nueva Versión Internacional).

Según esta traducción de Romanos 8:28, Dios no es el autor de todos los males. Es lógico que jamás causará la destrucción de su pueblo que anda en santidad. Más bien "tornará en beneficio toda aflicción, prueba, persecución y sufrimiento; el beneficio que Dios obra los conforma a la imagen de Cristo y en última instancia los glorifica (v. 29)".[5] En

---

[5] *Biblia de estudio pentecostal, Nueva versión internacional, Nuevo Testamento,* Donald C. Stamps, redactor de notas (Deerfield, FL: Editorial Vida, 1991), p. 324.

otras palabras, Dios puede sacar el bien de todas las circunstancias de la vida de los suyos conforme a su propósito.

La teoría de Calvino de que el mal —como un trasfondo negro, siempre hace relucir la gloria de Dios, su poder, sabiduría y amor— tropieza con la realidad humana. Hay sucesos que aparentemente producen el efecto contrario y nos confunden. Calvino explica que se deben a los designios secretos de Dios. Si supiéramos sus propósitos, no estaríamos confundidos. Por lo tanto, debemos retener nuestra fe en el amor de Dios y su soberanía aun en las noches más oscuras.[6]

Pensadores tal como J. Hick (*Evil and the Love of God* [El mal y el amor de Dios]) notan que Calvino no tiene una palabra de consuelo o amor para los que no son los escogidos por Dios (la Biblia tampoco ofrece esperanza a los incrédulos). Tal vez él puede defenderse en la teología sistemática, pero en la teología pastoral su defensa de Dios no es aquella que dará paz a los afligidos. Los designios secretos de Dios tienen poco poder consolador.[7] Sin embargo, queda un área de misterio en el sufrimiento humano.

4. Dios estableció la naturaleza de acuerdo con leyes racionales y confiables. Ellas actúan siempre de la misma manera. A veces las catástrofes resultan del mal funcionamiento, o aun normal, de estas leyes. El atribuir a la voluntad directa de Dios casos de hermanos siameses o de deficiencia mental de los niños es blasfemar contra Dios. Dios puede suspender las acciones destructivas de la naturaleza, y muchas veces lo hace, pero no siempre. Por razones no claras para los seres humanos, Dios permite que sucedan muchas cosas.

Por otra parte, las mismas leyes que provocan terremotos, tornados, inundaciones, también nos permiten llevar una vida más placentera en este planeta. Por esto Dios respeta estas leyes y tiende a no violarlas. En palabras de Fritz Ridenour:

> Pedirle a Dios que modifique la ley natural para la conveniencia de una persona o un grupo de personas en un cierto momento o lugar, sería como pedirle a Dios que al mismo tiempo provocara inconveniencias a otra gente en otra situación.[8]

---

6 Bernard L. Ramm, *A Christian Appeal to Reason* (Bruselas: International Institute, 1988), p. 125.

7 Ibíd.

8 Fritz Ridenour, *¿Quién dice?* (Miami: Editorial Vida, 1977), p. 32.

5. El mal a veces es el juicio de Dios. De vez en cuando, Dios emplea catástrofes naturales para castigar a los malhechores. Por ejemplo, es probable que destruyera tanto Sodoma y Gomorra como Pompeya con una acción volcánica, porque no pudo soportar más su notoria impureza. (Hay pensadores que creen que el SIDA es un juicio divino contra la homosexualidad y la permisividad de esta generación.) El Apocalipsis de Juan habla de los grandes juicios de Dios sobre la naturaleza. Sin embargo, tales azotes corresponden más a los tiempos del Antiguo Testamento que a los del Nuevo (salvo por el tiempo del fin del mundo), porque en ese período Dios no había revelado todavía que el hombre recibiría su recompensa o castigo en la vida de ultratumba.

Algunos creyentes atribuyen todos los males a la ley inexorable de la siembra y la cosecha, es decir, son la paga del pecado. Tienden a razonar como hicieron los discípulos cuando preguntaron a Jesús referente al hombre ciego de nacimiento: "¿Quién pecó, éste o sus padres, para que naciera ciego?" (Juan 9:2).

En su contestación, Jesús señala que el sufrimiento no es siempre la consecuencia del pecado: "No es que éste pecó, ni tampoco sus padres" (Juan 9:3). En otra ocasión indica lo mismo. Refiriéndose a los hombres sobre los cuales cayó una torre, pregunta: "¿Pensáis que ellos habrán sido más culpables que todos los hombres que viven en Jerusalén? Os digo que no" (Luc. 13:4, 5).

En 1985, ciertos creyentes atribuyeron el terremoto en Chile al juicio de Dios. Pero, ¿es Chile un país más pecador que sus vecinos? Se olvida que este país está condenado a sufrir catástrofes sísmicas por su ubicación geográfica. Chile está situado en el borde de la Placa de Nazca. Cuando ésta choca con la Placa Oceánica, se produce un violento movimiento en la región.

6. Dios permite que sucedan males naturales para advertir a la humanidad que le conviene arrepentirse para evitar un mal peor: el juicio divino. Aunque Jesús negó que la tragedia relacionada con la caída de la torre de Siloé fue castigo por el pecado individual, advirtió solemnemente que si sus oyentes no se arrepentían, ellos también sufrirían el mismo fin. Cada muerte, cada catástrofe que sucede, es una advertencia de que el hombre es mortal. Así, el mal sirve como símbolo de que habrá un día de juicio.

D. LOS MALES Y EL PADECIMIENTO PUEDEN SER INSTRUMENTOS DE BIEN

Ya hemos mencionado el concepto de Calvino de que el mal puede resultar en la gloria de Dios. Sirve en innumerables ocasiones para poner de relieve la compasión y poder libertador divinos. La Biblia nos enseña que Dios echa mano del mal para efectuar sus propósitos. Por ejemplo, José podía decir a sus hermanos: "Vosotros pensasteis hacerme mal , pero Dios lo encaminó para bien" (Gén. 50:20).

Muchas veces consideramos que el fuerte dolor físico es el peor de los males, especialmente cuando vemos un ser querido morir de cáncer. Preguntamos, ¿por qué Dios no creó seres incapaces de sufrir? La verdad es que sí los creó. Los vemos a diario: son los árboles, las flores, las piedras. Pero, ¿a usted le parece que ellos son más felices que los hombres? No poseen libertad, ni emociones, tampoco pensamientos, ni comunión con Dios. El hombre tal como ha sido creado es el clímax de la creación de Dios, es su imagen. Pero este ser único debe vivir en un mundo en donde pueda desarrollar sus máximas virtudes, y ese mundo es este, en el cual no está excluida la posibilidad del sufrimiento.

Además, el dolor físico es una parte indispensable para el funcionamiento del cuerpo. El cansancio nos advierte que es tiempo para descansar, el hambre es un aviso de que debemos comer, el dolor nos indica que estamos enfermos o nuestro cuerpo está herido. La creación original del hombre incluía la capacidad de sufrir físicamente, de otro modo no habría dicho Dios a la mujer caída: "Aumentaré mucho tu *sufrimiento* en el embarazo" (Gén. 3:16, cursivas nuestras). La maldición no inició la capacidad del hombre para sufrir; solamente la aumentó.

El mal moral puede servir para que entendamos mejor lo que es bueno. Ramm explica esta idea:

> El hombre nunca conocería el bien si primero no conociera el mal. Un hombre creado bueno, protegido eternamente del mal, no apreciaría la bondad. Por lo tanto el mal está introducido en el universo para que el hombre pueda experimentar lo bueno y en hacerlo, apreciarlo... Solamente los que han conocido lo malo, la vergüenza, la depravación, el pecado y la culpa, pueden comprender el amor, la redención, el perdón y la salvación.[9]

---

[9] Ramm, *op. cit.*, pp. 124, 125.

El padecimiento, la lucha contra el mal y la injusticia pueden ser medios para forjar nuestro carácter, enseñarnos a ser valientes y mostrar amor al prójimo. Por otra parte, pueden resultar en amargura y autoconmiseración. Todo depende de nuestra actitud.

La aflicción puede servir como un correctivo: "Porque el Señor disciplina al que ama" (Heb. 12:6). El Salmista testifica: "Antes que fuera humillado, yo erraba; pero ahora guardo tu palabra" (119:67). El libro de Jueces ilustra cómo Dios usaba las naciones paganas para castigar a su pueblo apóstata y hacerlo volver a su Señor.

También, nuestra debilidad frente a los males nos puede producir un sentido creciente de dependencia de Dios. El aguijón en la carne estimuló al Apóstol a orar a Dios tres veces para liberación. La respuesta del Señor fue: "Bástate mi gracia, porque mi poder se perfecciona en tu debilidad" (2 Cor. 12:9).

El libro de Job nos enseña que no todo el mal es el resultado de la acción directa de Dios o de las leyes de la naturaleza. Tenemos un adversario que quiere destruirnos. En ciertos casos, el Señor le permite dañarnos, a fin de desarrollar nuestra fe y demostrar que seremos fieles a pesar de que somos atribulados y aparentemente desamparados. Es una prueba para ver si le servimos por interés o por amor.

E. ¿POR QUE SUFREN LOS JUSTOS Y PROSPERAN LOS MALOS?

No obstante los beneficios del sufrimiento, parece que los justos a veces reciben más que su parte y los malos quedan indemnes. Job recalca cada vez más esta aparente injusticia. Asaf presenta este enigma y cuenta su reacción en el Salmo 73:2-14:

> En cuanto a mí,
> por poco se deslizaron mis pies;
> casi resbalaron mis pasos,
> porque tuve envidia de los arrogantes,
> al ver la prosperidad de los impíos...
> No sufren las congojas humanas,
> ni son afligidos como otros...
> Se mofan y hablan con maldad
> desde lo alto planean la opresión.
> Dirigen contra el cielo su boca...
> ¡Ciertamente en vano he mantenido puro mi corazón
> y he lavado mis manos en inocencia!
> Pues he sido azotado todo el día,
> empezando mi castigo por las mañanas.

Luego encontró la respuesta al entrar en el santuario: "Comprendí el destino final de ellos" (73:17). Se dio cuenta de que ellos serían castigados en el futuro y él sería recibido en gloria. La prosperidad de los malos es solamente pasajera, pero el gozo de los justos es eterno: "... y mi porción es Dios, para siempre"(73:26).

De igual manera, Job vislumbró la solución escatológica: "Pero yo sé que mi Redentor vive, y que al final se levantará sobre el polvo. Y después que hayan desecho esta mi piel, ¡en mi carne he de ver a Dios...!" (19:25, 26). La resurrección es la respuesta de Dios a los justos que sufren en esta vida, y el juicio final es el destino de los injustos arrogantes. "Porque considero", dice Pablo, "que los padecimientos del tiempo presente no son dignos de comparar con la gloria que pronto nos ha de ser revelada" (Rom. 8:18). Mientras tanto la gracia de Dios basta para el creyente y su poder se perfecciona en la debilidad.

F. CONCLUSION

Para muchas personas la presencia del mal en el mundo es motivo para poner en tela de juicio la bondad y el amor de Dios. Pero la Biblia señala tres pruebas que desmienten tal aseveración:

a) Dios demuestra su amor hacia nosotros participando en nuestro padecimiento: "En toda la angustia de ellos, él fue angustiado" (Isa. 63:9). Por último Dios cargó en su Hijo las consecuencias de nuestra maldad. Ramm elabora elocuentemente este pensamiento:

> La cruz es la más clara revelación del amor, bondad y sabiduría de Dios. Así que, cuando ocurre una tragedia en cualquiera de sus formas... el cristiano halla consuelo mirando a la cruz donde no hay sombra, sino solamente la radiante luz de la verdad divina que nos habla del amor indecible de Dios.[10]

b) La segunda venida de Cristo, la resurrección, el juicio de los injustos y la recompensa a los fieles. Los malhechores, los perseguidores, los pecadores serán castigados y "entonces los justos resplandecerán como el sol en el reino de su Padre" (Mat. 13:43).

El vidente Juan describe el estado de ellos: "Por esto están delante del trono de Dios y le rinden culto de día y de noche en su templo. El que está sentado en el trono extenderá su tienda sobre ellos. No tendrán más hambre, ni tendrán más sed, ni caerá sobre ellos el sol ni ningún

---

[10] Ibíd., p. 133.

otro calor; porque el Cordero que está en medio del trono los pastoreará y los guiará a fuentes de agua viva y Dios enjugará toda lágrima de los ojos de ellos" (Apoc. 7:15-17).

c) Cristo establecerá un nuevo orden en la tierra en el cual todo mal será expulsado. Juan dice, "Vi un cielo nuevo y una tierra nueva... la santa ciudad... Jamás entrará en ella cosa impura o que hace abominación..." (Apoc. 21:1, 2, 27).

Epicuro no tenía razón. Es posible que el mal puede existir en un mundo gobernado por un Dios bueno, amoroso y todopoderoso. Sin embargo, el mal en este mundo es meramente pasajero, temporal. Dios lo tolera por el momento pero su triunfo es cierto, el adversario será juzgado y todo mal será destruido.

EJERCICIOS

I. Llene los espacios o conteste brevemente:

1.Cuando alguien vive fuertes sufrimientos, la tendencia general es _______ _____________________________ el nombre de Dios y poner sobre él la ___________________
____

2. El punto de vista cristiano es que Dios es ___________ y ____________________ pero permite que el mal exista
____

3. ¿En qué consiste el mal moral?

4. ¿Qué es el mal natural? (Dé ejemplos)

5. ¿Por qué Dios no nos hizo de tal modo que no pudiéramos pecar?

6. La respuesta última al problema del mal moral se halla en ____

7. ¿Por qué Dios no erradica completamente el mal?

8. La teoría de Juan Calvino sobre el mal no tiene una palabra de consuelo para los ________________________

9. El mal sirve como símbolo de que habrá un __________
____

10. Mencione tres beneficios del sufrimiento:

a)
b)
c)

11. ¿Por qué Dios no controla el mal moral?

II. Verdadero (V) o Falso (F):

___ 1. La teoría de que el mal es algo necesario niega la omnipotencia de Dios.

___ 2. Dios nunca suspende las acciones destructivas de la naturaleza.

___ 3. El sufrimiento no es siempre la consecuencia del pecado.

___ 4. Ante el problema del sufrimiento de los judíos, Job encontró la solución escatológica (en el futuro).

___ 5. El mal en este mundo es pasajero y temporal.

___ 6. La creación original incluía la capacidad de sufrir físicamente.

12
LA CIENCIA RETORNA A DIOS

En 1799, Napoleón recibió una copia del libro *Mecánicas celestiales,* de su autor, Pierre Simón marqués de Laplace. Al leer el contenido el general comentó al matemático y astrónomo: "Usted ha escrito esta obra inmensa sin mencionar al Autor del universo." Replicó Laplace: "Señor, no necesito aquella hipótesis."

Esto refleja la actitud de mucha gente en el siglo XIX. Isaac Newton, en su *Principio Matemático* (1687), había planteado el concepto de que el universo funciona como una máquina, es decir, por medio de leyes naturales, fijas y absolutas. Nada puede suceder que no sea compatible con ecuaciones matemáticas. Así los hombres llegaron a la conclusión de que no hay milagros, ni alma, ni Dios. En la década de 1830, Charles Lyell publicó el libro *Los principios de la geología,* en el cual presentó evidencia de que la tierra tiene gran antigüedad (millones de años) y su superficie es el resultado de un largo y paulatino proceso.

La crisis de fe llegó a su punto más negativo cuando Charles Darwin publicó *El origen de las especies* en 1859. En contraste con el relato bíblico de la creación, los evolucionistas sostenían que todas las formas de vida habían evolucionado espontáneamente a través de millones de años, proviniendo posiblemente de un solo ser prototipo. La gente ya no tenía que recurrir a la creencia en Dios para explicar los misterios del universo. Charles Kingsley observó: "Los hombres ya se dan cuenta de que están liberados de un Dios que se mete en sus asuntos —un mago magistral como yo lo llamo— tienen que elegir entre el imperio de azar, o un Dios vivo, inmanente y siempre activo."[1] Muchos preferían creer en el azar; parecía que Darwin había dado el golpe de gracia al teísmo.

---

[1] Citado en *Eerdmans Handbook to the History of Christianity,* Tim Dowley, editor-organizador (Grand Rapids: Wm. B. Eerdmans Publishing Co., 1977), p. 538.

Con los avances rápidos de la ciencia en la industria y las conquistas espectaculares en la medicina, parecía que la ciencia lo podía todo. Los grandes descubrimientos de los secretos del universo también produjeron la impresión de que la ciencia podría tomar el lugar anteriormente ocupado por Dios, una prueba de que Laplace tenía razón. Sin embargo, la contaminación que despiden los productos de la ciencia están destruyendo la capa de ozono y poniendo en peligro la existencia de toda vida en el planeta. Además, la matemática del gran científico Albert Einstein ha hecho posible el desarrollo de armas nucleares, las cuales pueden poner fin a los habitantes del globo terráqueo.

Puesto que ha sido un conflicto entre la teoría de la evolución y el relato bíblico de la creación, los cristianos conservadores han considerado que los científicos son ateos y enemigos de la fe. Pero, ¿en realidad lo son?

¿CUAL ES LA ACTITUD DE LOS CIENTIFICOS HACIA LA RELIGION?

A. LOS RESULTADOS DE ENCUESTAS Y TESTIMONIOS

Un periodista evangélico, Tim Stafford, investigó las creencias de varios científicos contemporáneos. Los resultados muestran que pocos de ellos son ateos y enemigos de la religión. El investigador asevera que las creencias de ellos no son diferentes de las de otras personas. "Probablemente hay tantos ateos entre los conductores de camiones como los hay entre los científicos." Sin embargo, muchos son agnósticos o indiferentes a la religión. Con los descubrimientos científicos del universo, los físicos han asumido una actitud más humilde. Ahora se dan cuenta de que en vez de tener conocimientos a fondo del universo sólo están en los linderos. Confrontados con el misterio del inmenso universo y fenómenos que no tienen explicación aparte de atribuirlo a milagros, muchos científicos modernos tienen poca dificultad en aceptar las complejidades del mundo espiritual.

Para los científicos, el agnosticismo (que se reserva el juicio acerca de la existencia del designio en el universo) queda como una opción, pero el ateísmo (negando dogmáticamente que hay propósito divino en el cosmos) es poco sostenible. Si uno admite que es incapaz de mirar tras la cortina, ¿cómo puede estar seguro de que no hay nada allí? Robert Griffiths, profesor de la universidad Carnegie-Mellon que ganó el prestigioso Premio Heineman por su obra en la física matemática, comentó: "Si quiero conseguir a un ateo para tener un debate, iré al departamento de filosofía. Es difícil encontrar tales personas en el departamento de física."[2]

Aunque los libros de texto sobre ciencia usados en escuelas y universidades enseñan la evolución como dogma indiscutible, un creciente número de biocientíficos la consideran como una mera hipótesis útil, "dato que es poderoso para explicar hechos difíciles". Se dan cuenta de que todavía quedan grandes problemas por solucionarse y mantienen una mente abierta.[3] Muchos científicos cristianos creen que Dios empleó la evolución para desarrollar las formas de vida.

Ciertos científicos admiten que la ciencia es muy limitada en referencia a los temas más profundos que tratan los teólogos. En un simposio sobre ciencia auspiciado por la Asociación de Universidades de Oak Ridge, Tennessee, EE.UU. de A., El científico Ellison Taylor, observó: "Se creía en el pasado que la religión podía explicar los fenómenos que la ciencia no pudo explicar. Pero como los vacíos fueron quitados, la ciencia desplazó la religión." El ganador del premio Nobel de Física 1963, Eugene Wigner, contestó:

> Perdóname, pero hay tantas cosas básicas que nosotros como científicos no podemos tocar, tales como: ¿Por qué existimos?, ¿por qué sentimos?, ¿por qué somos conscientes?, ¿por qué existe el mundo? No podemos ser demasiado arrogantes... Algunos de nosotros (aunque somos una minoría) opinamos que debemos ser humildes referente a la ciencia, sentir cierta veneración por lo desconocido, aunque no creamos necesariamente toda la Biblia.[4]

El astrónomo británico sir Fred Hoyle, quien anteriormente había postulado la teoría del "estado estable", o sea un modelo de una creación continua para evitar las implicaciones de un principio del mundo, ha hecho una vuelta de 180 grados. Ahora lucha con esfuerzo para explicar las pruebas de designio inteligente en el mundo. Dice: "Una interpretación de los hechos, según el sentido común, sugiere que un Superintelecto se ha metido tanto en la química y biología como en la

---

[2] Tim Stafford, "Cease Fire in the Laboratory" (Tregua en el laboratorio) en *Christianity Today,* 3 de Abril, 1987, pp. 17-21.
[3] Ibíd.
[4] James Haffman, "Science for Clergymen; Religion for Scientists" en la revista *Christianity Today,* 22 de agosto, 1969, p. 40 (1044).

física, y que no hay fuerzas ciegas en la naturaleza que valgan la pena mencionar."[5]

Hace algunos años una popular revista norteamericana encomendó al reportero Howard Whitman realizar un estudio sobre el tema: "Un reportero en pos de Dios." Sus investigaciones se publicaron en una serie de artículos, y subsiguientemente en un libro. "El autor descubrió, en sus conversaciones entabladas con científicos renombrados, que la gran mayoría no tenía dificultad alguna para creer en Dios." El doctor A. Rendle Short, científico en la rama de anatomía y autor del libro *Los descubrimientos modernos y la Biblia,* opina que gran parte de la noción de que los científicos son ateos se debe a la franqueza de unos pocos científicos ultrarradicales como Huxley, Tyndall y Haeckel. Estos no fueron ni son típicos.[6]

La revista Time del 28 de diciembre de 1992, contiene un artículo, "Science, God and man" (Ciencia, Dios y el hombre) sobre la actitud de los científicos contemporáneos hacia la religión. Observa lo siguiente:

> El libro más fascinante del año, sobre Dios, no fue escrito por teólogos sino por 60 científicos reconocidos mundialmente, incluso 24 ganadores del Premio Nobel. Cosmos, Bios, Theos presenta sus pensamientos sobre la deidad, el origen del universo y la vida en la tierra. Por ejemplo, el coeditor, físico de Yale, Henry Morgenau, concluye que hay "sólo una respuesta convincente" para las leyes intrincadas que existen en la naturaleza: la creación por medio de un Dios omnipotente y omnisciente. Aunque hay muchos científicos que son escépticos o buscan su propia teología, hay otros que son creyentes verdaderos; no en alguna fuerza cósmica, sino en el Dios de la Biblia o del Corán.

B. EVIDENCIAS CIENTIFICAS DE UN CREADOR

¿Por qué ciertos personajes ilustres del mundo de la ciencia comienzan a abandonar los polvorientos clichés del ateísmo y comienzan a tolerar y aun a aceptar la posibilidad de que exista una Mente sobrenatural tras el universo? Es que ahora existe, no una prueba —Dios no es del orden de la demostración— sino una especie de punto de apoyo científico para las concepciones propuestas por la religión.

---

[5] Citado en Bill Curban, "How it All Began" en la revista *Christianity Today,* 12 de agosto, 1988, p. 32.

[6] J. H. Jauncey, *La ciencia retorna a Dios* (El Paso: Editorial Mundo Hispano, 1981), pp. 17, 18.

La teoría cuántica ideada por el físico alemán Max Planck y las teorías de la matemática abstracta de Einstein, produjeron una revolución en la ciencia. Por medio del concepto de Planck, los astrofísicos pueden medir la velocidad y edad de los cuerpos celestes. Las ideas de Albert Einstein —nada excede la velocidad de la luz, la materia es una forma de energía, la gravedad curva espacio y tiempo y las leyes de la física son iguales en todas partes del universo— les proporcionaron instrumentos para descubrir los secretos del universo.

Con los telescopios radiales para explorar el espacio y los conceptos nuevos de estos genios, los astrofísicos llegaron a conclusiones diametralmente opuestas a las nociones clásicas del tiempo y del espacio, de la localidad y de la materialidad, de la casualidad y del azar. Como consecuencia, las ideas modernas rompen con la física de Newton y hacen una fuerte crítica al materialismo clásico.

La reacción de muchos astrofísicos modernos hace eco de las palabras de Galileo: "La filosofía está escrita en este gran libro, es decir, en el universo." Al referirse a los misterios del universo, sus fuerzas, orígenes, equilibrio, ellos tienden a ver una mano guiadora tras todo, pero evitan usar la palabra Dios. Einstein expresa esta actitud:

> Mi religión consiste en una humilde admiración del ilimitado espíritu superior quien se revela a sí mismo en los sutiles detalles que somos capaces de percibir con nuestras frágiles y pequeñas mentes. La profunda convicción emocional de la presencia de un poder razonante superior, quien es revelado en el incomprendido universo, forma mi idea de Dios.

Al retornar la ciencia a Dios es de suma importancia considerar las *indicaciones observadas* en el universo de que esto tuvo un origen, a saber, que la materia no es eterna. Actualmente la mayoría de los astrofísicos coinciden en considerar que el universo se formó hace 15.000 a 20.000 millones de años como consecuencia de lo que se ha llamado el *big bang* (un enorme estruendo, una gigantesca explosión). En una fracción de segundo, en una esfera de pequeñez infinitesimal, la energía se convirtió en toda la materia que el universo contendría más tarde: la tierra, los planetas y las innumerables galaxias. Parece que la visión científica por fin alcanza la verdad bíblica de una creación ex nihilo o sea a partir de la nada: "Por la fe comprendemos que el universo fue constituido por la palabra de Dios, de modo que lo que se ve fue hecho de lo que no se veía" (Heb. 11:3).

¿Cómo saben los astrofísicos que la violenta explosión (*big bang*) tuvo lugar verdaderamente? Según el estudioso cristiano, Jean Guitton, hay por lo menos tres razones para pensar que ocurrió.[7]

a) *La primera y más determinante,* es la existencia de una radiación fósil que fuera descubierta en 1965 por dos astrofísicos norteamericanos, Arno Penzias y Robert Wilson. Esta radiación uniforme es de una frialdad casi completa, pero posee aun así una temperatura: tres grados Kelvin por sobre el cero absoluto. Es homogénea (igual) en todas las direcciones del universo. Y es observable en la forma de un eco que puede interpretarse como el rastro de una gigantesca explosión original.

b) *El movimiento de fuga de las galaxias,* esas inmensas nubes de estrellas de las que forma parte nuestro sol. Se sabe cómo descomponer y analizar la luz que producen. Pues bien, cuanto más se alejan, más se desplaza esta luz hacia un espectro que tiende hacia el rojo. Se puede comprobar el desplazamiento de las galaxias y hacer un modelo, es decir definir el comportamiento del conjunto de las galaxias observables. Basta con un cálculo relativamente simple para deducir el momento en que estaban juntas (un poco como si se pasara una película al revés). De este modo se ha descubierto que estaban agrupadas en una pequeñísima región del espacio-tiempo, hace unos 7.000 millones de años. Los estudios sugieren que había pasado "algo" inaudito, como una gigantesca explosión por la cual la energía se convirtió en materia dando origen a las estrellas y poniéndolas en movimiento.

c) *Las características del universo parecen indicar que es una creación divina, la hechura de Dios.* Si el universo fuera la consecuencia del azar, pudo haber sido caótico, pero no lo es. Manifiesta orden desde el comienzo del tiempo, a tal punto que, según algunos físicos, todo ocurre como si el hombre hubiera nacido en un universo "hecho para él". Es como si hubiera sido construido intencionalmente a su medida, como se prepara el cuarto del niño que va a nacer.[8]

En el universo existen 15 grandes constantes sin las cuales las cosas no podrían funcionar. Son, por ejemplo, la velocidad de la luz, la gravedad, el cero absoluto, o incluso fuerzas de enlace en el interior del átomo. Estas constantes son datos de una precisión extrema, que se escriben con cierto número de cifras antes de la coma, y luego con otras cifras, a veces decenas de cifras detrás. Si una sola de estas constantes

---

[7] Tomado del artículo de Jaques Dusquesne, "El universo no nació por azar" en el diario *El Mercurio,* 30 de junio, 1991, p. E4.
[8] Ibíd.

universales hubiera sido modificada y, más precisamente, si uno solo de los decimales de estas constantes hubiera sido modificado, es posible que el universo nunca hubiese podido funcionar.[9]

¿Es posible que el equilibrio de las constantes se logre por azar? La probabilidad de que se haya producido una conjunción accidental de estas constantes es del orden de 1 entre 10 elevado a 200, o sea infinitamente remota. El astrofísico Trinh Xuan Thuna indica que la posibilidad de que el universo haya nacido por azar, es aproximadamente igual a la posibilidad de que un arquero dé con su flecha en un pequeño cuadro de un centímetro de lado situado a 15 mil millones de años luz.[10]

Las palabras del doctor Rohrbach, profesor emérito de matemática y anterior rector de la universidad de Mainz, Alemania, constituyen una buena conclusión al tema:

> No se puede decir que el universo ha existido desde la eternidad. Sin embargo, no hay más corroboración científica para la idea de que el universo se originó por su propia fuerza que la que hay para la noción de que fue originado por un Creador... Quienquiera que conozca la ciencia moderna exacta y su infraestructura intelectual y a la vez reconozca la inspiración de la Biblia, ya no experimentará contradicción entre las dos... Aquel que quiere investigar más (acerca de los orígenes) recibirá una respuesta según su decisión personal. Si escoge la nada, para él la energía proviene de la nada. Si cree en un Dios personal, para él la energía (que se transformó en materia al nacer el universo) es parte del poder de Dios y de su eternidad.[11]

---

[9] Ibíd.
[10] Ibíd.
[11] Dr. Rohrbach, "The Road to Freedom" (El camino a la libertad) en *Businessmen and Christianity,* pp. 36-45.

EJERCICIOS

I. Llene los espacios:

1. El libro *Los principios de la geología* presenta evidencia de que la tierra tiene ______________________
2. El punto más negativo en la crisis de fe ocurrida en el siglo XIX fue ______________________
3. Los científicos consideran que el ateísmo es______________ ______________. Mientras que el agnosticismo es una ______________________.
4. Muchos científicos cristianos creen que Dios se valió de la evolución para ______________________
5. Gracias a los descubrimientos del universo, los físicos modernos no se dan cuenta de que tienen ____________ (muchos/pocos) conocimientos del universo.
6. Muchos biocientíficos consideran que la teoría de la evolución es meramente una ________________ útil, dato poderoso para explicar cosas difíciles.
7. Muchos científicos renombrados no tienen ninguna dificultad para ______________________ en Dios.
8. Las ideas científicas modernas rompen con la física de ______________ y hacen una fuerte crítica al ________ ______________________.
9. La teoría conocida como *big bang* (gran explosión) coincidiría con lo que la Biblia enseña en ____________ ______________________ (libro y versículo de la Biblia).

II. Conteste brevemente:

1. ¿Por qué algunos ilustres científicos han comenzado a rechazar el ateísmo y adherirse a la posibilidad de la existencia de una mente divina?

2. ¿Cuál es el valor de la teoría conocida como *big-bang* (gran explosión) con respecto a la creación?

3. ¿Qué razones hay para pensar en que la teoría conocida como *big-bang* (gran explosión) es correcta?

4. ¿Qué pruebas hay en el universo que muestran que éste es hechura de Dios?

5. ¿Qué dice el doctor Rohrbach respecto al origen del universo?

13
LA CREACION DE LA TIERRA Y LA CIENCIA

El área del conflicto entre los cristianos y los científicos se encuentra principalmente en las versiones aparentemente contradictorias del origen de la tierra y del hombre. Si se interpretan literalmente los primeros capítulos de Génesis, entonces hace unos 10.000 ó 20.000 años la tierra incluso la vegetación y animales, habría sido creada por Dios en seis días sucesivos de 24 horas, respectivamente.

Por otro lado, los científicos sostienen que el globo terráqueo tiene millones de años. Han ideado la teoría de que todas las formas de vida, tanto animal como vegetal, comenzaron cuando las químicas inorgánicas se convirtieron espontáneamente en moléculas orgánicas, constituyendo una criatura de una sola célula. De allí esta materia viva se desarrolló, y se diversificó esta materia viva para llegar a tener las variadas formas actuales.

A. LA IMPORTANCIA DE LA CREACION

La frase, "en el principio creó Dios los cielos y la tierra" (Gén. 1:1), constituye una de las verdades más fundamentales de la fe cristiana. El hecho de que Dios en su soberanía creó el universo *ex nihilo* (a partir de la nada) es la respuesta a los errores del politeísmo, panteísmo, dualismo y el concepto de que la materia es eterna. Más allá del universo hay un ser eterno que es superior a su creación.

Fritz Ridenour señala que

> Los primeros capítulos del Génesis son, sobre todo, una magnífica revelación de Dios que trata de las relaciones fundacionales del universo: la relación de Dios con la naturaleza; de Dios con el hombre; el hombre con la naturaleza; y el hombre con el hombre.[1]

[1] Fritz Ridenour, *¿Quién dice?* (Miami: Editorial Vida, 1979), p. 165.

La obra creadora de Dios constituye la base para todas las leyes morales y espirituales de la Biblia. La idolatría es pecaminosa porque significa prestar culto a lo creado y no al Creador. El asesinato es prohibido porque significa destruir a un ser creado a la imagen de Dios. Los hombres no deben adorar las estrellas, los planetas y el sol pues éstos son meramente parte de la creación divina. Los cristianos creen que los mandamientos de Dios son para su sumo bien porque son leyes de un Creador el cual los ama y sabe lo que es mejor para sus criaturas.

Para el cristiano, por lo tanto, la doctrina de la creación divina es imprescindible. No está dispuesto, bajo ninguna circunstancia, a transar esta verdad ante el científico ateo el cual atribuye al azar el origen del universo y del hombre.

B. ¿CUAL DEBE SER LA ACTITUD DEL CREYENTE HACIA LA CIENCIA?

No es extraño que los cristianos se preocupen por lo que parece la incompatibilidad entre las conclusiones de la ciencia moderna y la cosmología de la Biblia.

¿Cuál actitud debemos adoptar hacia las aseveraciones de los científicos? ¿Debemos pasar por alto, por ejemplo, lo que enseña la ciencia referente a la antigüedad de la tierra a fin de defender una interpretación literal del relato bíblico de la creación? ¿Nos conviene rechazar rotundamente todo lo que parece no estar de acuerdo con nuestra manera de explicar las Sagradas Escrituras?

Podemos aprender mucho estudiando la historia referente a esta cuestión. Hace pocos años el Papa Juan Pablo II hizo un discurso vindicando a Galileo Galilei. En 1633 el Vaticano condenó al astrónomo al arresto domiciliario por escribir que la tierra gira alrededor del sol. Esto sucedió porque los sacerdotes habían aseverado que el Salmo 96:10 —"Jehovah... ha afirmado el mundo, y no será conmovido"— enseña que la tierra no se mueve. Galileo era un creyente firme y comprendió que la nueva astronomía desacreditaba sólo a los expositores, no a la Biblia. Los teólogos del siglo XVII no distinguieron entre creencia en la infalibilidad de la Biblia y la correcta interpretación de ella. Más de un milenio antes de Galileo, Agustín había enseñado que si la Biblia parece no estar de acuerdo con "el razonamiento claro e indudable", las Escrituras obviamente necesitan ser reinterpretadas.

Es lógico que el creyente no debe ser un oscurantista cerrando sus ojos a todo lo que le parezca estar en conflicto con sus conceptos de la realidad. Nos conviene reconocer la verdad dondequiera que se encuentre, sea en las Escrituras o en la naturaleza pues Dios es el autor de ambas verdades. Galileo observó acertadamente: "Puesto que ninguna verdad contradice otra verdad, los hechos del universo y los de la Biblia deben estar en armonía." Añadimos la premisa de que no existe conflicto entre la verdadera ciencia y las Escrituras correctamente interpretadas.

El gran teólogo fundamentalista, J. I. Packer, apoya esta política:

> Seguiremos, por lo tanto, fieles a la evidencia tanto la de las Escrituras como la de la investigación empírica, resueltos a hacer justicia a todas las fuentes (de información) mientras esperamos más luz sobre el método correcto de relacionarlas... Estudiaremos para determinar si la apariencia de contradicción no proviene de errores y suposiciones, tanto científicas como teológicas, las cuales pueden ser corregidas por un escrutinio más minucioso.
> Es tentador, en tales casos, negar los problemas, ya sea desestimando uno u otro conjunto de hechos, o encerrándolos en compartimientos separados en nuestra mente... La verdad es que los hechos de la naturaleza ayudan positivamente de muchas maneras a interpretar correctamente las declaraciones de la Escritura, y la disciplina de luchar con el problema de relacionar dos conjuntos de hechos, naturales y bíblicos, lleva a una comprensión de ambos grandemente enriquecida.[2]

C. EL PROBLEMA DE DEFINIR FUNCIONES

¿Cómo podemos los cristianos armonizar el relato de Génesis, de una creación supuestamente terminada en seis días, con las enseñanzas de la ciencia que indican que la tierra tiene millones de años?

¿La teoría de la evolución, hace obsoleta la historia de la creación?

¿Debemos elegir entre la ciencia y las Escrituras?

Como cristianos, no debemos temer a esta fuente. Estamos convencidos de que no hay contradicción entre lo que la ciencia ha descubierto realmente, y las enseñanzas de las Escrituras correctamente interpretadas.

Muchos de los conflictos entre científicos y cristianos parten de una base falsa. En ciertos casos, ni los científicos, ni los cristianos, reconocen los límites de sus respectivas áreas de autoridad, y esto trae problemas.

Aparentemente existen puntos en conflicto cuando:

---

[2] J. I. Packer, *Fundamentalismo y la Palabra de Dios* (Grand Rapids: Wm. B. Eerdmans, 1958), p. 135.

El científico	El cristiano
1. No reconoce que la ciencia se limita a describir el proceso de la creación.	1. No reconoce que el Génesis se limita a exponer la causa y propósito de la creación.
2. Enseña teorías especulativas como si fuesen ciencia y datos probados.	2. Enseña detalles de la creación sobre los que la Biblia guarda silencio.
3. Usa hallazgos científicos para ridiculizar y malinterpretar conceptos bíblicos.	3. Usa una mala interpretación de conceptos bíblicos para contradecir hallazgos científicos.

La doctrina *darwiniana* de la evolución es un ejemplo de una teoría especulativa que contradice la creación bíblica. Esta teoría falla como filosofía, porque no puede responder a preguntas profundas como:

¿Cómo llegó a existir la materia?
¿Dónde se originó la vida?
¿Cuál es el propósito del hombre?
¿Cuál es el destino humano?

Falla como ciencia, porque carece de evidencias suficientes para sostenerse.

La ciencia, por su propia naturaleza, debe limitarse a describir el cómo, o proceso de creación, hasta donde los datos lo permitan. Cuando especula acerca de la causa y propósito del mundo y el hombre, se está introduciendo en el ámbito de la filosofía y la religión. Además, debe contentarse con presentar hechos concretos y demostrables, antes que enseñar como hechos virtuales teorías especulativas del tipo de la hipótesis evolucionista atea. Finalmente, debe tener cuidado en no confundir las malas interpretaciones que algunos cristianos han hecho de algunos detalles de la creación, con lo que la Biblia, interpretada correctamente, enseña. Muchos científicos desechan por absurda la historia de la creación según Génesis porque la identifican con cierta interpretación literal, que está en violento conflicto con sus hallazgos.

Por otra parte, algunos cristianos no reconocen que la Escritura no es un libro de ciencia. Se limita a los orígenes de la creación (causa y propósito), y guarda silencio sobre fechas y muchos detalles del proceso. Teniendo en cuenta la tendencia a leer en las Escrituras muchas cosas que realmente no están allí, los cristianos harían bien en saber, no solamente lo que dice el Génesis, sino también lo que deja sin decir. Por último, la Biblia se debe interpretar cuidadosamente confiando en que los verdaderos hallazgos de la ciencia coincidirán con la verdad escritural correctamente interpretada.

Debemos darnos cuenta también de los límites del lenguaje y los conceptos del relato bíblico. Es ilógico esperar, por ejemplo, que en el relato sobre la creación, el escritor inspirado empleara conceptos y términos científicos del siglo XX. La revelación divina siempre se acomodaba al entendimiento de la gente a quien se dirigía. Por lo tanto, el narrador nos dio una descripción popular de la creación empleando un lenguaje sencillo y figurado para que una humanidad menos desarrollada mentalmente pudiera comprender las verdades fundamentales del origen de todas las cosas.

D. ¿CUAL ES LA FECHA DE LA CREACION?

¿Enseña la Biblia que la creación tuvo lugar alrededor del año 4004 a. de J.C.? Muchos cristianos así lo creen. Pero no es ése el caso. Esta fecha se debe a los cómputos matemáticos del arzobispo Ussher que vivió en el siglo XVII. El sumó los años de las tablas genealógicas del Génesis y su conclusión fue impresa en el margen de muchas Biblias durante 300 años. Ahora los científicos se burlan de esa fecha porque sus hallazgos parecen indicar que la tierra tiene una gran antigüedad.

Pero, ¿qué dice la Biblia? Sencillamente declara que "en el principio creó Dios los cielos y la tierra" (Gén. 1:1). Génesis no nos da fechas y los esfuerzos para datar el origen del hombre sumando los años de las tablas genealógicas del Génesis están condenados al fracaso. Evidentemente hay grandes lagunas en la cronología. David Dye observa: "Cuando se da un nombre, normalmente se da la edad de la persona o su dinastía; pero teniendo en cuenta la práctica genealógica oriental, es digno de considerar que en la línea sólo se mencionan los personajes destacados."[3] Esto puede verse en la genealogía de Mateo 1:1-17 que omite tres reyes (Azarías, Joás y Amasías), e indica que Joram engendró a Uzías, quien en realidad fue su nieto (Mat. 1:18). El Señor menciona individuos y naciones solamente cuando entran en su sublime plan y propósito.

---

[3] David L. Dye, *Faith and the Physical World* (Grand Rapids: Wm. B. Eerdmans, 1966), pp. 153, 154.

E. LA INTERPRETACION DE LOS SEIS DIAS DE LA CREACION

Quizá el problema más difícil sea armonizar los seis días de la creación con la aparente antigüedad del universo. Los científicos basan sus conclusiones sobre la edad de la tierra tomando en cuenta tres cosas: (a) el tiempo requerido para la carbonificación de la corteza terrestre, (b) la acumulación de la sal que se encuentra en el océano, y (c) la formación de rocas sedimentarias. Los astrofísicos determinan la antigüedad del universo midiendo la distancia de los astros de su lugar de nacimiento. Observan que el universo va en expansión y calculan la velocidad de los cuerpos celestiales. También los científicos han desarrollado técnicas radioactivas para medir la edad de la materia.

Aunque algunos de los científicos son ateos y no vacilan en atacar las creencias cristianas, la ciencia en sí misma es una disciplina objetiva que busca la verdad dondequiera pueda ser hallada. Los cristianos no deben pasar por alto los hallazgos científicos tales como la antigüedad de la tierra, los fósiles de dinosaurios "simplemente porque estos hallazgos parecen difíciles de 'armonizar' con la Escritura".[4]

Puesto que el cristiano sostiene que no hay conflicto entre la ciencia verdadera y la Biblia correctamente interpretado, ¿de qué manera explica él los seis días de la creación en el Génesis 1? Consideraremos ahora algunas de las soluciones propuestas por los cristianos.

1. La teoría de una creación reciente con indicaciones de gran antigüedad. En el siglo XIX, Edmundo Gosse sostuvo que a pesar de que los actos de la creación fueron instantáneos, necesariamente presuponían una prehistoria que en realidad no existió. El argumento es así:

> Supongamos que Adán fuera creado como un hombre que contaba treinta años. El llevaría en su cuerpo todas las marcas de los treinta años previos que nunca vivió, porque cada cuerpo es el producto de cambios físicos pasados. Lo mismo sería cierto si un árbol fuera creado instantáneamente. Tendría anillos anuales que nunca podrían corresponder con años previos. Lo mismo ocurriría con todas las cosas creadas. Cuando este razonamiento se extiende para comprender el universo como un todo, se tiene un universo que forzosamente debe demostrar y revelar una prehistoria que en realidad no tiene.[5]

---

[4] Ridenour, *op. cit.*, p. 166.

[5] J. H. Jauncey, *La ciencia retorna a Dios* (El Paso: Editorial Mundo Hispano, 1981), p. 41.

Se considera que esta teoría es ingeniosa pero un poco simplista. Podría explicar algunos fenómenos en la tierra pero muy poco un ejemplo de las cosas que difícilmente pudieron ser creadas con la apariencia de gran antigüedad es el arrecife formado por los corales. El coral es un organismo viviente que al unirse con agua disipa cal. Se calcula que el arrecife crece solamente ocho milímetros cada año y el Atalón Eniwetok necesitaba por lo menos 175.000 años para formarse. Además a muchos estudiosos cristianos les parece increíble que Dios engañara a la humanidad creando un universo con la apariencia de gran antigüedad.

2. La teoría de creación, catástrofe y recreación o sea la teoría de los lapsos. Es la teoría desarrollada por G. H. Pember en el siglo XIX. Intenta armonizar el relato bíblico de la creación con la gran antigüedad de la tierra, incluso con los hallazgos de los fósiles de dinosaurios y de hombres "preadánicos". Según esta teoría, puede haber transcurrido un largo período de tiempo, tal vez de miles o aun millones de años, entre el Génesis 1:1 y 1:2. Este período indefinido de tiempo fue suficientemente extenso como para producir los fenómenos geológicos.

Entonces sucedió la caída de Satanás y sus ángeles (Eze. 28:12-15; Isa. 14:9-14). Dios los juzgó con violencia dejando la tierra desolada y en ruina (Gén. 1:2). Después de este cataclismo la tierra fue re-creada en seis días literales.

La noción de una catástrofe terrenal se basa sobre la descripción del Génesis 1:2: "la tierra estaba *tohu* y *wabohu*" (hebreo para el desierto, caótico o desordenado y el vacío). Estos términos hebreos se unen dos veces más en el Antiguo Testamento (Jer. 4:23 e Isa. 34:11) y se refieren a visiones de juicio.

Los proponentes de la teoría de los lapsos redactan los dos primeros versículos de la Biblia de esta manera:

> En el principio creó Dios los cielos y la tierra, y (luego de un indefinido período de tiempo, adecuado a las edades geológicas) la tierra estaba (se tornó) desordenada y vacía.[6]

Una nota en la Biblia Anotada de Scofield (1966-67) asevera: "Jer. 4:23-26; Is. 24:1 y 45:18 indican claramente que la tierra había sufrido un cambio catastrófico como resultado de tal cataclismo. En las Escrituras hay ciertas insinuaciones acerca de la posible relación de este evento con el de la prueba y caída de ciertos ángeles..."

---

[6] Ridenour, *op. cit.*, p. 167.

Sin embargo, se enfrenta con serias dificultades. En primer lugar surge la pregunta: ¿Enseña la Biblia con claridad que la caída de Satanás produjo una catástrofe universal en la tierra? Obviamente la respuesta es "no". Además, la descripción del caos, supuestamente conectada con la caída de Satanás (Jer. 4:23, 24 e Isa. 24:1), es profética y no describe el pasado sino corresponde al futuro. La primera de las citas, probablemente se refiere a la desolación causada por la invasión babilónica a Palestina, y la última se relaciona con el juicio final a las naciones.

Por otra parte, el gran hebreísta Oswald T. Allis afirma que cambiar la versión del verbo "estaba", de Génesis 1:2, por "se tornó" es, por lo pronto, una traducción dudosa.[7] "Si hubiera que interpretar el versículo 2 como relato de una catástrofe... emplearía la construcción hebrea narrativa, no la circunstancial como aquí."[8]

Además, parecería extraño que el relato de la Biblia le dedicara sólo un versículo a la creación, y dos capítulos a la re-creación. Las referencias en el resto de la Biblia parecen aceptar que los seis días creativos se refieren a la creación original, y en esto se basa la noción del descanso sabático. A lo sumo, esta teoría puede considerarse como altamente especulativa y carente de evidencias bíblicas sólidas.

3. La teoría de la catástrofe universal causada por el diluvio o sea la geología diluviana. Los exponentes de esta teoría sostienen que hace unos 10.000 ó 20.000 años, Dios creó el universo en seis días literales. Explican que los grandes cambios geológicos, la estratificación de las rocas y los yacimientos de carbón y de petróleo se pueden atribuir al cataclismo universal del diluvio. Rechazan la tesis de "uniformismo" ideado por los geólogos. Estos afirman que los diversos estratos de las rocas fueron depositados de una manera uniforme y constante en dilatados períodos de tiempo, según conocidas leyes fisicoquímicas. Serían necesarios 1.000 años para acumular 30,5 cm. de roca estratificada. Así estos científicos midiendo la roca sedimentaria llegan a la conclusión de que la tierra tiene millones de años. Utilizando equipos capaces de medir la radioactividad de las rocas, los geólogos parecen confirmar la gran antigüedad del globo terráqueo.

En cambio los que atribuyen el depósito de minerales al cataclismo

---

[7] Oswald T. Allis, *God Spoke by Moses* (Nutley, N.J.: Presbyterian and Reformed Publishing House, 1972), p. 155.

[8] Nota en Derek Kidner, *Génesis* en *Comentarios Didaqué* (Buenos Aires: Ediciones Certeza, 1985), p. 68.

del diluvio, presentan algunos argumentos que son dignos de considerar. Señalan que se han encontrado fósiles animales intactos en las estratificaciones de las rocas y aun troncos de árboles de tres metros de altura en pie en yacimientos de carbón. Este fenómeno parece indicar que en esos casos, por lo menos, la roca estratificada y los yacimientos de carbón no se formaron paulatinamente, sino de la noche a la mañana; de otro modo, los animales y los árboles se hubieran deshecho pudriéndose. ¿Cómo se puede explicar este fenómeno? Parece que hubo un cataclismo que los sepultó, depositando minerales en el caso de la roca y residuos de vegetación en el caso de los yacimientos de carbón. ¿No podría ser la consecuencia del diluvio que describe la Biblia?[9]

También los proponentes de esta teoría afirman que los medios radioactivos de fechado son poco confiables y es posible que la tierra sea relativamente joven. Dicen que sería imposible comprobar ciertas premisas de los científicos:

a) que Dios no había creado en la tierra sitios radioactivos con elementos que ya se habían desintegrado parcialmente,

b) que la tasa de desintegración radioactiva de los elementos ha sido constante durante 4, 5 mil millones de años,

c) y que no había lixiviación de los elementos durante 4, 5 mil millones de años (la edad de la tierra según los cálculos de los científicos).

También, notan que investigaciones recientes en el área de la física nuclear parecen echar dudas sobre la eficacia de la datación del uranio 238 y aseveran que las técnicas de datación por medio de técnicas radioactivas tienden a dar resultados que difieren entre sí.

Los creacionistas de esta categoría creen que Dios creó madura toda la esfera biológica: seres humanos, animales, plantas y hasta la tierra rica en material orgánico. Los estratos que contienen fósiles depositados por el diluvio (el cual fue universal) sirven como una advertencia de que Dios juzgará a los malhechores.

Un gran problema para esta teoría de la creación es que no se mide la edad de la tierra solamente por fechar los estratos geológicos. Si se interpreta literalmente el relato de la creación del universo que se encuentra en Génesis 1:1—2:3, los astros fueron creados casi simultáneamente con la tierra hace unos 10.000 años. Los científicos calculan que la luz de algunas galaxias necesitan miles de millones de

---

[9] Pablo Hoff, *El Pentateuco* (Miami: Editorial Vida, 1983), p. 270.

años luz para alcanzar la tierra, algo que indica la gran antigüedad del universo.

También su crítica de los métodos radioactivos de medir la edad de ciertos objetos tiene poca utilidad, si la tierra es tan joven como se imaginan estos creacionistas. Estas técnicas pueden errar millones de años y todavía demostrar que la tierra es antiquísima.

Fritz Ridenour señala el aspecto negativo:

> Muchos eruditos cristianos, incluso geólogos cristianos, cuestionan seriamente las pretensiones de la geología diluviana y sostienen que el cúmulo de evidencias en favor de la geología uniformitaria no puede ser anulada de un plumazo. Los geólogos cristianos que se adhieren a la geología uniformitaria, señalan evidencias tales como los estratos de carbón en el mundo, que parecen haberse formado por sucesivos crecimientos de centenares de metros de vegetación. Otra evidencia bien conocida es el estrato rocoso expuesto, tal como el Specimen Ridge (Colina del espécimen), en el Parque Yellowstone, que muestra cómo dieciocho sucesivos bosques fueron arrasados por la lava, aparentemente a lo largo de un período de muchos miles de años.[10]

Pattle P. T. Pun, profesor asociado de biología de Wheaton College (Universidad evangélica en los EE.UU. de A.) también pone en tela de juicio esta teoría. Arguye que no hay evidencia geológica de que el diluvio fue universal.* Al contrario, la distribución de animales en diferentes continentes indicaría que fue local. (Por ejemplo, se encuentran canguros solamente en la región de Australia y guanacos y llamas en América del Sur). También los sostenedores de la teoría de la geología diluviana pasan por alto la gran cantidad de datos los cuales apoyan "los procesos observables microevolucionarios en la naturaleza y en el laboratorio".[11] Por ejemplo, aparecen nuevas formas de bacterias y gérmenes; es imposible exterminar el SIDA porque tan pronto se encuentra una medicina para curarlo, ese virus toma otra forma.

Los geólogos diluvianos exageran grandemente la inexactitud de los

---

[10] Ridenour, *op. cit.,* pp. 171, 172.

* La Biblia parece indicar que el diluvio abarcó toda la tierra y que "murió todo cuanto tenía aliento de vida en sus narices, todo lo que había en la tierra seca" (Gén. 7:23). Sin embargo, hay una diferencia de opinión entre eruditos evangélicos. Algunos piensan que se refiere solamente al Medio Oriente, o sea la tierra habitada en aquel entonces, pues el propósito divino era destruir a la humanidad pecaminosa. Señalan que el uso bíblico de "en (toda) la tierra" a menudo significa la tierra conocida por el autor (ver Gén. 41:57; Deut. 2:25; Rom. 10:18).

[11] Pattle P. T. Pun, "Evolution" en *Evangelical Dictionary of Theology,* W. A. Elwell, ed. (Grand Rapids: Baker Book House, 1985), p. 390.

medios científicos para medir la edad de la materia. Algunos sí, no son confiables para determinar la antigüedad de materiales que tienen más de 40.000 años, por ejemplo el carbono-14, pero otros parecen más confiables. Sin embargo, una interpretación literal del Génesis 1 nos obligaría a aceptar una fecha muy reciente de la creación, tal vez hace 10.000 hasta 20.000, años algo que está en conflicto con los hallazgos de la ciencia. Entre los que creen las conclusiones de la geología y astrofísica, esta teoría puede producir más incredulidad que fe.

4. La evolución teística. Esta acepta las ideas de la ciencia. Dios usó el proceso de evolución para desarrollar gradualmente las formas de vida, incluyendo al hombre. El relato del Génesis debe interpretarse en forma figurada. En un cierto punto de la evolución se le dio al animal humano un alma y llegó a ser verdaderamente un hombre. Estudiaremos más sobre esta teoría en los capítulos 14 y 15.

5. La teoría de la creación progresiva. Este punto de vista acepta muchos de los datos y conceptos de la ciencia moderna incluyendo el de un universo sumamente antiguo. Los creacionistas progresistas están dispuestos a reinterpretar las Escrituras a fin de armonizar el relato bíblico con lo que la ciencia ha descubierto.

Los creacionistas progresistas consideran el primer capítulo de Génesis como "una descripción poética de los pasos sucesivos de la creación". Descartan la interpretación de los días de creación como seis días sucesivos de 24 horas. Para la mayoría de ellos los días de la creación representan eras de tiempo indefinido, o sea épocas geológicas, en las cuales Dios, paulatina y progresivamente, llevó a cabo su obra creadora. "La tarde" y "la mañana" se referirían al comienzo de cada era.

Hay por lo menos tres versiones de la teoría de los días-edades: (a) el concepto ya mencionado de que los días representan épocas sucesivas de la creación. (b) La teoría de la alternancia día-era. Los días fueron períodos de 24 horas, o cortos lapsos separados por vastas eras geológicas. En estos períodos cortos, llamados días, tuvo lugar la actividad creadora. (c) Los días-eras se traslapan. Cada acto creativo está delimitado por la frase, "y fue la tarde y la mañana", y se traslapan el uno al otro. En este estudio nos limitamos a la primera teoría, la cual interpreta los días de Génesis 1 como eras sucesivas de la actividad creativa.

Los creacionistas progresistas rechazan la teoría de la macroevolución, es decir, la hipótesis que sostiene que toda forma de vida es el resultado de un proceso evolucionario de una célula original en un pasado remoto.

Por otra parte, aceptan la microevolución de las formas de vida vegetal y animal con la excepción del hombre. Según esta teoría, Dios creó los prototipos de todos los géneros de vida orgánica. La variedad de formas dentro de cada género es el resultado de un proceso de diversificación a través de la microevolución de los prototipos.

En los museos se exhiben fósiles de caballos para demostrar un desarrollo progresivo desde un caballo del tamaño de un zorro hasta el gran animal como el que hoy tenemos.* Es probable que Dios haya creado una pareja de caballos y puesto dentro de sus genes (elementos transmisores de la herencia) la potencia de producir variedad dentro de la familia equina, de modo que la pareja primitiva fue la antecesora de los caballos modernos, de asnos y burros, y de las cebras. De igual manera es posible que, del gato primero hayan evolucionado todos los miembros de la familia felina, desde el gato común hasta el león.

Sin embargo, los proponentes de la teoría de la creación progresiva reconocen que la Biblia indica ciertos límites de la evolución. La expresión repetida en el Génesis: la hierba y animales se reproducían "según su género", puede entenderse como que Dios creó las especies vegetales y animales y que éstas no evolucionaron en otros géneros. Referente a la humanidad, se sostiene que Dios creó al hombre tal como es ahora, a saber, sin evolucionar de seres inferiores. Adán y Eva fueron creados como seres humanos completamente desarrollados, y son los progenitores de toda la raza.

¿Admite el vocablo hebreo *yom* (día) ser traducido como "época" o "tiempo"? Por regla general *yom* significa un día solar o un día de 24 horas. Sin embargo, en Génesis 2:4 se emplea el término para referirse al conjunto de los seis días de Génesis 1, o sea el período entero de la actividad creadora. Los que aceptan la interpretación poética del relato opinan que no existe problema alguno en creer que los días de la creación representan vastos períodos de tiempo puesto que Dios es eterno y que delante del Señor "un día es como mil años y mil años como un día" (2 Ped. 3:8).

---

* Parece que el caballo moderno es un descendiente del caballo *Eohipus* del período prehistórico Eoceno. El *Eohipus* era del tamaño de una zorra, tenía cuatro dedos en sus patas delanteras y tres en sus traseras (el caballo moderno tiene un solo dedo en cada pata). Hay formas transicionales entre este caballo primitivo y el moderno, pero no hay evidencia de cambio radical del orden.

La teoría de la creación progresiva solucionaría el problema de que Dios tardó hasta el cuarto día para crear el sol y la luna (Gén. 1:14-19). Los escritores inspirados describen al mundo en lenguaje fenomenológico (desde el punto de vista de una persona sobre la tierra: la "salida del sol", "la caída del rocío") y desde el punto de vista geocéntrico (la noción de que la tierra es el centro de todo y el sol gira alrededor de ella). Los cuerpos celestiales fueron creados en la primera etapa de la creación (Gén. 1:1), pero no fueron visibles sino hasta el cuarto día, pues densas capas de nubes y gases que emanaban de la superficie caliente de la tierra la dejaban en absoluta oscuridad. Al enfriarse la tierra, las masas de nubes habrían comenzado a disiparse y abrirse de manera que un hombre desde la tierra podría ver los cuerpos celestes.*

El estudioso de la lengua hebrea Raymond F. Surburg sostiene que el vocablo *yom* (día) no debe ser traducido "época" porque su significado literal es un día solar o un día de 24 horas. Afirma que "un bien establecido principio de hermenéutica es que el estudiante de la Escritura debe aferrarse al significado original y literal de una palabra, a menos que haya una apremiante razón que nos obligue a adoptar una interpretación figurada o derivada".[12] Preguntamos: ¿No es la abrumadora evidencia de la vasta antigüedad del universo suficiente razón para obligarnos a adoptar una interpretación figurada del término hebreo *yom*?

---

* Según la teoría progresiva de la creación, Dios creó toda la materia "en el principio" (Gén. 1:1). Explican los siguientes pasos bíblicos por lo que enseña la ciencia: Al principio la tierra debe haber sido "una desolada masa agitada y cubierta de agua hirviente" por el calor intenso de la acción creadora. Las densas capas de nieblas y gases emanados dejaban a la tierra en absoluta oscuridad. El primer día (época geológica) la corteza terrestre se habría enfriado algo y las capas de gas habían disminuido suficientemente para permitir el paso de la luz solar. De modo que se podrían distinguir el día de la noche aunque los cuerpos celestes aún no eran visibles (el relato está hecho desde el punto de vista de una persona sobre la tierra).

Al segundo día Dios levantó el denso manto de niebla que cubría las aguas creando una atmósfera entre ellos. El tercer día hizo que las grandes marejadas de agua que cubría la tierra formaran un núcleo despejándose así los continentes. Esto implicaría el hundimiento de algunas partes de la superficie terrestre y la elevación de otras. Luego, cuando hubo tierra seca, Dios le ordenó que produjera todas las clases de vegetación. El manto de nubes le debe haber dado un efecto de invernadero, y el calor que reinaba produciría un clima tropical en todas partes. Las plantas crecerían abundantemente, producirían los yacimientos carboníferos a través de muchos surgimientos y resurgimientos alternativos. La tierra se habría enfriado paulatinamente, hasta que se rasgó el manto de nubes en el cuarto día y apareció el sol.

[12] Raymond Spurburg en *Darwin, evolución y creación,* Paul F. Zimmerman, ed. (St. Louis: Concordia Publishing House, 1959), p. 59, citado en Ridenour, *op. cit.,* p. 173.

El erudito Derek Kidner defiende la interpretación de *yom* como "época" en Génesis 1.

> Si los "días" no fueron días, ¿habría aprobado Dios la palabra? ¿Acepta inexactitudes por más que sean edificantes? La cuestión depende del uso adecuado del lenguaje. Un Dios que no hiciera concesiones a nuestras maneras de ser y de hablar, no nos comunicaría significado alguno.[13]

Otros teólogos conservadores abogan por usar la interpretación figurativa del relato bíblico de la creación. Howard Van Tell del Calvin College (Universidad Calvino) observa que las acciones de Dios en la creación "se presentan en lenguaje altamente figurativo y antropomórfico". Aun el comentarista eminentemente conservador, Edward J. Young, señala la fórmula repetida —"dijo Dios" o "llamó Dios"— y nos hace recordar que Dios no habló con órganos de habla ni se expresó con palabras hebreas. Estas expresiones y otras presentan al Dios trascendente y su actividad en formas humanas para que los hombres puedan entenderle.[14]

También Kidner defiende el correlacionar la descripción bíblica de la creación con la descripción de los orígenes de la tierra que presentan los científicos.

Podría pensar que toda esta discusión permite demasiado el dominio de la ciencia sobre la exégesis. Esta acusación sería grave. Pero tratar de correlacionar los datos de las Escrituras y la naturaleza no es deshonrar la autoridad bíblica, sino honrar a Dios como creador y afrontar nuestra legítima tarea de interpretar sus formas de hablar. En las Escrituras él nos deja descubrir por nosotros mismos detalles (expresiones) tales como si "las alas del viento" y "las ventanas de los cielos" serían literales o metafóricos, y en qué sentido "el mundo... no será movido" (Sal. 96:10) o el sol recorre diariamente "su carrera" (Sal. 19:5, 6). Algunas de estas preguntas no se contestan; otras sólo mediante el avance general del conocimiento; la mayor parte de ellas son doctrinariamente neutras. Estamos afirmando nuestra propia infalibilidad, no la de las Escrituras, cuando nos negamos a comparar nuestras respuestas con las de la investigación independiente.[15]

---

13 Kidner, *op. cit.*, p. 68.
14 Bruce Waltke, "The First Seven Days" en la revista *Christianity Today*, 12 de agosto, 1988, p. 46.
15 Kidner, *op. cit.*, p. 36.

El ex presidente del Barrington College (Universidad de Barrington) nota que Génesis 1:1—2:3 difiere de la ciencia en la manera siguiente:

* El sujeto es Dios y no las fuerzas naturales.
* Su lenguaje es el habla corriente y no el de la ciencia y matemática.
* Contesta las preguntas ¿quién, por qué y lo que debe ser?, más bien que ¿lo que es y cómo?[16]

No debemos exigir muchos y exactos detalles científicos de la descripción bíblica. Los intereses y métodos de las Escrituras y los de la ciencia difieren tanto que nos conviene estudiarlos por separado. El relato bíblico es como un retrato artístico y el de la ciencia como un plano arquitectónico, aunque ambos son igualmente legítimos. Es difícil combinarlos porque solamente tienen en común la realidad que tratan.

El gran propósito del relato de Génesis es enseñar que Dios existió antes de todo y es el autor del universo. La ciencia intenta describir los detalles. No obstante ello, cuando se mira a Génesis como una verdad presentada en forma poética, deja de ser una fuente de controversia con la ciencia. ¿No es lógico que Dios le revelara al hombre la verdad espiritual esencial de la causa y propósito de la creación y le permitiera, en años futuros, descubrir el proceso por el cual se llevó a cabo?

Por otra parte, algunos líderes evangélicos piensan que debemos ser cautos en el intento de armonizar el relato de la creación con las teorías actuales de la ciencia y no apresurarnos en aceptar esas teorías. La ciencia está descubriendo aún nuevos datos, rechazando teorías anteriores y sacando nuevas conclusiones. Nos aconsejan no correr el riesgo de identificar nuestra posición con algo tan cambiante como las teorías científicas. Sin embargo, podemos descansar en la confianza de que los descubrimientos futuros, bien interpretados, eliminarán muchas de las supuestas contradicciones de hoy y arrojarán más luz sobre el testimonio bíblico.

El aspecto más sorprendente en la controversia no es que haya diferencias entre la Biblia y lo que la ciencia enseña, sino que haya tantas similitudes. Bernardo Ramm lo sintetiza así:

---

[16] Waltke, *op. cit.*, p. 45.

Ambas coinciden en que la tierra estuvo una vez en condición caótica, en que ciertas condiciones cósmicas debieron darse antes que comenzara la vida, ej., la necesidad de luz, tierra seca, separación de las aguas y la atmósfera. Ambas coinciden en que los animales superiores y el hombre fueron los últimos en aparecer.[17]

Añadimos que la teoría conocida como *big-bang* (gran explosión) en que la energía se convirtió en la materia para formar el universo, parece corresponder a la descripción bíblica de la creación *ex nihilo* (a partir de la nada): "Por la fe comprendemos que el universo fue constituido por la palabra de Dios, de modo que lo que se ve fue hecho de lo que no se veía" (Heb. 11:3).

---

[17] Bernard Ramm, *The Christian View of Science and the Scripture* (Grand Rapids: Wm. B. Eerdmans, 1968), p. 226.

EJERCICIOS

I. Verdadero (V) o Falso (F):

___ 1. Si se interpretan literalmente los primeros capítulos de Génesis luego la tierra no tendría más de unos 20.000 años.

___ 2. De acuerdo con Agustín, las Escrituras deben ser reinterpretadas cuando no concuerdan con el razonamiento claro e indudable.

___ 3. Entre la verdadera ciencia y las Escrituras correctamente inspiradas no hay conflictos.

___ 4. La doctrina darwiniana falla como filosofía, pero triunfa como ciencia.

___ 5. La teoría de la "aparente antigüedad del universo" haría mentiroso a Dios.

___ 6. Los exponentes de la geología diluviana abogan por una tierra joven.

___ 7. El creacionismo progresivo acepta la macroevolución.

___ 8. La evolución teísta acepta tanto la idea de la ciencia como el que Dios existe.

___ 9. Los escritores bíblicos usan lenguaje fenomenológico para describir el mundo.

__ 10. La Biblia y la ciencia tienen más similitudes que diferencias.

II. Llene los espacios o conteste brevemente:

1. La ciencia se debería limitar a descubrir el __________ __________________ o ____________________________ de la creación, hasta donde los datos lo permiten. Cuando especula acerca del propósito y causa del mundo y el hombre, se está introduciendo en el ámbito de ______ ________ y ____________________________.

2. ¿Qué dice Génesis respecto a la fecha de la creación?

3. Los científicos calculan la edad de la tierra considerando tres cosas; ellas son:

   a)
   b)
   c)

4. La teoría de una creación reciente con indicaciones de gran antigüedad es rechazada porque es __________ ____

5. ¿Qué debilidades debe afrontar la teoría de los lapsos?

6. La distribución de animales en diferentes continentes es una señal de que el diluvio fue ______________

7. El gran propósito del relato del Génesis es enseñar que Dios ____ ____

14
EVOLUCION: ¿DIOS O AZAR?

El problema más agudo para el creyente que procura armonizar la ciencia y la Biblia, no tiene que ver con Georges Lameitre (la teoría conocida como *big bang* [gran explosión]), sino con Charles Darwin; no con el origen del universo, sino con el origen de la vida y del hombre. La teoría misma de la "gran explosión" es más racional que la de la evolución.

¿Son los seres vivos el resultado de un largo proceso de evolución natural o son una creación directa de Dios? ¿Cuáles son las pruebas del supuesto proceso evolutivo y los argumentos de los proponentes de la teoría? Y, ¿cuáles son las respuestas de los oponentes? ¿Puede ser que Dios empleara este método para desarrollar la gran variedad de especies actuales?

El problema se complica para los evangélicos puesto que a muchos les parece que la credibilidad de su fe está en juego. Sospechan que los científicos deliberadamente conspiran para destruir toda creencia en Dios, que falsifican con las evidencias en contra del teísmo y que están muy propensos a interpretar subjetivamente los datos de los fósiles a fin de sostener sus conceptos ateos.* Por consiguiente, es fácil para los

---

* Los cristianos que rechazan rotundamente la evolución tienen cierta razón en sospechar que ciertos científicos están muy propensos a interpretar datos de modo que apoyen la teoría darwiniana de la evolución. Por ejemplo, el famoso fraude del "hombre de Piltdown".

En 1912, Charles Dawson anunció el descubrimiento de los fósiles de un "hombre mono" cerca de la localidad de Piltdown, Inglaterra. El cráneo parecía ser humano y la mandíbula la de un mono. Muchos científicos lo aceptaron como auténtico.

Un equipo de científicos, sin embargo, puso a prueba los fósiles de Dawson y descubrieron que el "hombre de Piltdown" había sido una ingeniosa falsificación. El cráneo era de un hombre moderno y la mandíbula de un mono. Los dientes habían sido limados y manchados para dar el aspecto de gran antigüedad. Durante 40 años los científicos habían vivido engañados.

creyentes toda objetividad frente al tema, amargarse y rechazar totalmente tanto las ideas como los descubrimientos científicos.

Por otra parte, esta actitud de los ortodoxos es provocada por afirmaciones ateas de ciertos proponentes de la teoría evolutiva. Por ejemplo, Darwin consideraba que Dios era una hipótesis innecesaria. Según los evolucionistas, el mundo no es la obra de un Creador sabio y benigno el cual había planeado todo. Más bien, toda la vida tanto animal como vegetal ha evolucionado por fuerzas naturales y los más aptos habrían sobrevivido.

Se nota el agnosticismo arrogante de muchos evolucionistas en las palabras de sir Julian Huxley, biólogo inglés y nieto de Tomás Huxley, el gran protagonista de la teoría de Darwin:

> En el concepto de evolución, no hay necesidad ni lugar para lo sobrenatural. La tierra no fue creada; evolucionó. Fue así también en cuanto a todos los animales y la vegetación,... incluyendo a nosotros, tanto mente y alma cerebro y cuerpo. También la religión... El hombre, producto de evolución, ya no puede encontrar refugio en los brazos de una figura de un padre divinizado.[1]

Para combatir la teoría de la evolución atea, los cristianos casi han escrito más sobre este tema que sobre cualquier otro asunto de apologética. Un filósofo evangélico, Warren Young, observa acertadamente:

> Desafortunadamente para la causa cristiana, la mayor parte de lo que se ha escrito revela notoria falta de comprensión de lo que esas teorías comprenden, o es un completo disparate. Las únicas personas que tienen la capacidad de hacer un estudio erudito de la evolución son aquellas que conocen a fondo las ciencias que este estudio comprende.[2]

Nos conviene, por lo tanto, examinar objetivamente lo que es la teoría, las pruebas de ella y sus puntos fuertes y débiles.

A. LA HISTORIA DE LA TEORIA DE LA EVOLUCION

La idea de la evolución no es algo nuevo. Algunos de los filósofos

[1] Discurso en la Celebración Centenial de Darwin, Universidad de Chicago, 26 de noviembre de 1959, citado en la revista *Christianity Today*, 4 de enero, 1960, p. 44.
[2] Warren C. Young, *Un enfoque cristiano a la filosofía* (El Paso: Editorial Mundo Hispano, 1984), p. 311.

griegos idearon que todas las cosas proceden de alguno o algunos elementos en diversas combinaciones, una noción que conlleva la sugerencia de proceso. Tales (636-546 a. de J.C.) pensaba que todo se había originado en el agua, que la vida había sido producida por algún proceso durante el secamiento de la tierra. Anaximandro (611-547 a. de J.C.) sostenía que la vida había surgido en el limo terrestre.

Heráclito (576-480 a. de J.C.) decía que todo fluye y que nada permanece invariable. Aristóteles (384-322 a. de J.C.) enseñaba que todas las cosas evolucionaban desde lo inferior a lo superior: moluscos, antrópodos, reptiles, aves, peces, mamíferos, hasta llegar al hombre. Este proceso fue guiado por una fuerza inteligente llamada Pura. Durante la Edad Media el gran teólogo escolástico Tomás de Aquino puso los fundamentos de una evolución teísta, además de sus argumentos cosmológicos, para apoyar la existencia de Dios.

Al llegar al siglo XVII había precursores de Charles Darwin, pero eran teístas: Jean Lamark (1744-1832) y Erasmus Darwin (1731-1802). Lamark enseñaba la generación espontánea en su libro *Philosophie Zoologique;* y Erasmus Darwin hizo un bosquejo de evolución orgánica en la obra *Zoonomial* O *Las leyes de la vida.* Se produjo una crisis, sin embargo, cuando Charles Darwin (1809-1882) publicó su libro *El origen de las especies* en 1859.

En 1831, Darwin había sido agregado como consejero científico al viaje de exploración de la nave "H. M. S. Beagle" al sur de Chile. Sus propias observaciones en América del Sur y en el océano Pacífico, y lo que leyó en el *Tratado sobre el principio de población* (1780) de Thomas Malthus y en los *Principios de geología* (1830-1833) de Charles Lyell, hicieron brotar en él la idea de una teoría de la evolución de las especies. Sus libros desataron pronto una revolución en todo el mundo intelectual y religioso. Con el transcurso de los años la idea de la evolución que Darwin introdujo en la biología, se convirtió en la clave universal con que se trató de resolver todos los problemas de la filosofía, la historia, la ciencia y la religión.

B. LA TEORIA DE LA EVOLUCION ORGANICA

1. Definición. ¿En qué consiste la teoría de la evolución? Antes de tratar de evaluarla es necesario sostener lo que es.

El término evolución significa desarrollo ordenado. Se dice que un brote evoluciona en una planta, un pimpollo en una rosa, o un carruaje ha evolucionado en un automóvil. Sin embargo, en libros de ciencia la palabra suele referirse a la evolución orgánica o a la teoría de evolución.

Esta teoría consiste en tres ideas principales:

a) Las plantas y animales han cambiado progresivamente de generación en generación, y siguen cambiando. Producen descendientes con nuevas características. Puesto que este cambio ha ocurrido gradualmente durante millones de años, hay una paulatina modificación de los seres vivientes y surgen nuevas formas de ellos, las cuales son más complejas y eficientes que las sencillas formas originales de vida.

b) Este proceso ha ido funcionando tanto tiempo que ha producido todos los grupos y clases de seres que viven en la actualidad, incluyendo otros que han dejado de existir.

c) Todos estos seres vivos, incluyendo al hombre, se relacionan los unos con los otros y así son familias o grupos más grandes de los cuales son miembros los animales y plantas actuales.

Así que, el concepto general de la evolución biológica es el desarrollo progresivo de una materia inerte y sencilla a una materia viva y complicada de la cual se han desarrollado, por fuerzas naturales, todas las especies. Su fórmula original fue casualidad y un tiempo larguísimo. Ahora su fórmula, reconociendo las leyes físicas es: leyes inexorables y un tiempo larguísimo.

2. El origen de las formas vivientes. Los naturalistas evolucionistas afirman que la vida se originó en este planeta mediante el proceso de generación espontánea. Warren Young elabora:

> Por alguna acción desconocida, en un momento desconocido del pasado, la materia viva cobró existencia. Se supone que la materia bruta puede transformarse por sí misma en materia viva.[3]

De una mucosa primigenia, como aún hoy día se encuentra en las profundidades del mar, nació por "generación primera" o espontánea el primer animal (protozoon), del que evolucionaron todos los géneros y especies. Las criaturas sencillas de una sola célula comenzaban a cambiar. Algunas produjeron nuevos miembros de su propio grupo con características que se encuentran en la bacteria de hoy, otras formas que evolucionaban en una manera diferente. Perdieron algunas partes y añadieron otras hasta que produjeron al menos un grupo, el cual se llama a veces protistas. Algunos grupos protistas evolucionaban en plantas, otras en animales sencillos.

---

[3] Ibíd., p. 120.

Los proponentes de la evolución ilustran el proceso entero de evolución dibujando algo que parece ser un árbol. Muestran cómo grupo tras grupo se dividen en ramas y cada rama se relaciona a otra. Siguen desarrollándose y formando nuevos grupos, los que se relacionan con tanta evidencia que se le llaman familias. Ejemplos de familias son el árbol pino, el mosquito y el caballo.

3. La evidencia que sustenta la evolución. Los evolucionistas basan su creencia sobre cinco fenómenos.

a) *Variación y cambio.* Los criadores de animales efectúan pequeñas variaciones en vacas, caballos y otros animales produciendo nuevas especies. También las mutaciones en plantas producen cambios. Por ejemplo, en 1849, una vid silvestre repentinamente produjo uvas grandes y dulces, las cuales se llamaron "concord". (Los botánicos han producido también nuevas especies de plantas por la hiperacción de vegetales.) Otras mutaciones han resultado en ovejas con patas cortas, vacas sin cuernos y plantas con flores dobles. Estas variaciones se transmiten a su cría.

b) *Fósiles.* Se han encontrado fósiles de criaturas sencillas en estratos geológicos inferiores y evidencia fósil del desarrollo de los mismos seres vivientes en estratos sucesivos superiores. Por ejemplo una serie comienza con un animal del tamaño de un zorro y se desarrolla hasta ser un caballo. Sin embargo, el cuadro es incompleto; faltan muchos eslabones y ciertos científicos ponen en tela de juicio la conexión entre los distintos fósiles de las supuestas líneas de desarrollo.

c) *La embriología.* Los hallazgos de fósiles indican que los mamíferos, incluyendo al ser humano, son los últimos seres en aparecer en la tierra. Según ciertos evolucionistas, en el estudio de los embriones de ciertos animales se encuentra evidencia de que pasan por las mismas etapas de desarrollo que ha pasado la especie misma en su evolución. Así, por ejemplo, el embrión humano posee aun en determinada etapa agallas o branquias que nos recuerdan haber sido antaño peces. Sin embargo, los científicos modernos han puesto en tela de juicio esta idea porque han descubierto que lo que parece ser agallas en el embrión es otra cosa totalmente diferente.

d) *Anatomía comparativa.* Al comparar el brazo humano con la pata delantera de un caimán o de un caballo, a simple vista se ven muy diferentes. Sin embargo, muestran la misma estructura de huesos, arterias y nervios. Este arreglo se ve en los fósiles de los seres vivientes más primitivos. Se cree que es evidencia de que todos provienen de un antepasado común.

Además, los evolucionistas señalan que el hecho de que todas las especies tienen el mismo código genético confirma la teoría de que todas las especies descendían de uno, o a lo sumo, unos pocos antepasados. Desde el punto de vista de la bioquímica, la información genética podría transmitirse mediante una gran variedad de códigos. Pero no ocurre así. Concluye Boyce Rensberger:

> Si la vida se hubiese generado en forma independiente y en diversas oportunidades, conoceríamos otros códigos genéticos usados por los seres vivos ("Conferencia sobre la evolución" en la revista, *Science 82,* abril 1982).

e) *Distribución geográfica.* Mucha de la evidencia de la evolución viene de las plantas y animales que viven en islas que se hallan lejos de los continentes. Por ejemplo, las islas Galápagos se encuentran aproximadamente a 900 km. de América del Sur, y están rodeadas por el océano Pacífico. Tienen 26 géneros de aves terrestres, todos parecidos a las especies que se hallan en la parte occidental de nuestro continente. Pero parece que 23 de estas especies han cambiado después de que llegaron las primeras aves a estas islas, ya que las aves de las Galápagos son de especies diferentes. También se notan diferencias comparables en los lagartos y tortugas de los cuales hay 11 especies distribuidas en las 11 islas: hay una especie distinta en cada isla. Aparentemente estos animales desarrollaron sus características distintivas después de que arribaron a las islas en un pasado remoto.

Los animales de Australia revelan una situación diferente. Los paleontólogos (especialistas en fósiles) han encontrado estratos y fósiles que indican que había formas de mamíferos primitivos semejantes al oposum en el período en que este continente fue separado de Asia. Parece que con el transcurso de los milenios, se desarrollaban nuevos grupos de animales en Asia. Mientras desaparecieron muchos de los tipos más primitivos. Pero las nuevas formas no podían llegar a Australia, donde las criaturas semejantes a los oposums (marsupiales) variaban en su manera especial.

Al pasar las edades, los tiempos originales de los marsupiales fueron reemplazados por animales tales como el oso australiano, el koala y el canguro. Aparecieron docenas de especies las cuales todavía existen y otras desaparecieron. Puesto que ninguna de estas formas podía venir de otras regiones, todas deben de haber descendido de mamíferos muy antiguos.

4. ¿Cómo se realiza el proceso de la evolución? A mediados del siglo XVIII, el médico inglés Erasmus Darwin y el científico francés Comte de Buffan, pensaban que los cambios en las especies fueron el resultado de características adquiridas. El fuerte sol hizo pálidos los animales del desierto; el arrodillarse el camello produjo rodillas callosas. Y así que las crías heredaron estas características.

En 1809 el francés Jean Baptiste de Lamark, publicó un libro en el cual estaba de acuerdo en parte con las ideas de Darwin y Buffon, pero recalcó la relación entre las características adquiridas y las necesidades de los animales. Por ejemplo, el cuello de la jirafa se extendía para capacitarla en comer las hojas en las copas de los árboles; la pata palmeada del pato resultó de sus intentos de nadar. Cuando los órganos no eran usados, tendían a atrofiarse y desaparecer, o se quedaban como vestigios de su forma anterior.

Sin embargo, la ciencia descubrió que estas teorías no tienen base en la realidad. Augustus Weisman, un famoso embrionólogo, con sus experimentos sobre el plasma germinal de los organismos, demostró que el mundo no podía alterarse por los caracteres adquiridos, por lo que sería imposible transmitirlos a los descendientes.

Charles Darwin, nieto de Erasmus Darwin, atribuyó el proceso de evolución a tres factores: selección natural, selección artificial y selección sexual.

En su libro *El origen de las especies* (1859), Darwin presenta la hipótesis llamada *selección natural.* Observa que hay tantas variaciones que ningún ser vivo es exactamente igual a otro. Los seres vivientes se multiplican tan rápido que no hay suficiente espacio y alimento para sus crías. Los miembros de cada especie no solamente compiten con otras especies, sino, compiten con los miembros de su propia especie.

En esta competencia cualquier variación beneficiosa proporciona a su dueño una ventaja sobre los otros que no son tan adaptados. Las criaturas con tales variaciones ganan en la lucha para sobrevivir y se reproducen, mientras los menos aptos mueren. Huxley lo describe como "la supervivencia de los más aptos".

La criatura que sobrevive probablemente logrará traspasar esa característica a sus descendientes. Después de muchas generaciones, la resultante sería muy diferente a la especie original, y aun habría posiblemente dos especies diferentes. Así las especies más favorables seguirían adelante produciendo poco a poco nuevas especies. Con el transcurso de millones de años, se realiza la evolución. Es un proceso constante, lento y gradual.

La *selección artificial* se lleva a cabo por las mutaciones en los genes y combinaciones de factores hereditarios. Toda célula contiene genes. Los genes son pequeñísimas unidades de información hereditaria que transmiten las características de un ser a su cría. A veces ocurren mutaciones en los genes y estos cambios son heredados por la próxima generación.

Por presión de sus amigos, Darwin aplicó la teoría de selección al hombre en su libro *El origen del hombre* (1871). En éste explica la teoría de la "selección sexual", según la cual la joven escoge siempre al mozo más guapo y fuerte. Se halla posteriormente que también la evolución separada dentro de una población (aislamiento) es de gran importancia. Así que, según los evolucionistas, la mutación, la selección y el aislamiento son los factores decisivos en la transformación y nueva formación de especies.

5. Distintos conceptos referentes a la evolución. Hay dos puntos de vista acerca de la evolución. Uno es la evolución atea o materialista que explica el origen de la vida y de todas las criaturas vivas totalmente por fuerzas naturales sin Dios.

El segundo punto de vista se llama evolución teísta, a saber, Dios empleó el proceso evolutivo para desarrollar todas las formas de vida. Hay lugar para diferentes ideas de cómo Dios lo llevó a cabo.

a) Dios dio el primer impulso de la creación del universo y después el universo, el mundo y la vida se desarrollaron por sí mismos. Otros piensan que la mano de Dios guió el proceso evolutivo empleando los medios de selección natural, mutaciones, etc. Se le llama macroevolución teísta.

b) Dios ha creado separadamente el universo, el mundo y los órdenes mayores del reino vegetal y animal por los cuales se han desarrollado las familias, géneros y especies. Luego había un desarrollo dentro de ellos pues Dios había provisto una potencialidad en los genes para realizar tal cosa. Quizás esto esté más de acuerdo con el registro de los fósiles y la descripción bíblica de la creación. Se denomina microevolución teísta.

C. EVALUACION DE LA EVOLUCION DARWINIANA

Desde la época de Agustín, hay cristianos que aceptan alguna forma de la evolución teísta. Piensan que Dios probablemente empleó un proceso para desarrollar las distintas formas de vida. Interpretan alegóricamente los relatos bíblicos de la creación y la caída, aunque aceptan la doctrina del pecado original y la necesidad de redención. Dicen que la Biblia sólo enseña que Dios creó el mundo; queda para la ciencia explicar cómo Dios lo creó.

El doctor Wayne Becker, profesor cristiano en la Universidad de Wisconsin, EE.UU. de A., expresa esta teoría:

> Los que insisten en la creencia en la creación o en la evolución son alternativas que se excluyen mutuamente la una a la otra, no me desvían fácilmente. Para mí, el milagro de la creación queda en un milagro no obstante la duración del tiempo que tome Dios para realizarlo, especialmente cuando me doy cuenta de que Dios es eterno, obrando fuera de nuestras dimensiones de tiempo y espacio. Para él, dice la Biblia, mil años le son como un día. Si es por seis días o por miles de millones de años, (la creación) sigue siendo algo maravilloso.[4]

Es poco probable que los creyentes acepten la noción de la generación espontánea de la vida o cualquier forma de la evolución que excluye a Dios. La mayoría de los evangélicos rechazan la hipótesis de Darwin porque ésta contradice llanamente ciertas enseñanzas bíblicas. Sus objeciones son las siguientes:

a) La Biblia enseña que Dios es el creador, sustentador y el fin último de todas las cosas. En contraste, la teoría de la evolución sostiene que el proceso evolutivo se realiza por fuerzas naturales.

b) El relato bíblico de la creación enseña que Dios creó a los seres vivientes de manera que se reproduzcan "según su especie" (Gén. 1:21, 24, 25). Puesto que la Biblia habla de la creación de distintas especies de seres vivientes —aves, animales marinos, reptiles y mamíferos— muchos estudiosos de las Escrituras creen que Dios creó cada especie por un acto separado. En contraste con este concepto, Darwin enseñaba que toda especie derivaba de otra a través de un tiempo de muy larga duración y todas tenían un antepasado en común, la célula primitiva.

c) Si se aplica la teoría de la evolución al hombre, se contradirían las doctrinas del pecado y la redención del pecado. Si el hombre está en el proceso de desarrollarse de un nivel más bajo a uno más alto, entonces el pecado tiende a ser meramente imperfección. Según este pensamiento, el hombre no ha caído, sino ha progresado hacia arriba.

Aparentemente difiere también de las claras enseñanzas de Cristo y del apóstol Pablo referentes a Adán y Eva. Hablando sobre el matri-

---

[4] Wayne M. Becker, "Man, Naked Ape and Nothing More" en *Christianity Challenges the University,* ed. Peter Wilkes (Downers Grove: Inter-Varsity Press, 1981), p. 45.

monio, Jesús indicó que Dios puso la pauta creando una mujer para un hombre (Mat. 19:4-6). Pablo indica que la caída fue algo literal y tuvo consecuencias funestas para la raza humana: "el pecado entró en el mundo por medio de un solo hombre y la muerte por medio del pecado, así también la muerte pasó a todos los hombres" (Rom. 5:12).

d) Se señala además que el concepto de la evolución es sólo una teoría y no un hecho comprobado.

¿Hay pruebas de que la Biblia tiene razón y que la hipótesis darwiniana no la tiene? ¿Hasta qué punto puede tal teoría tener razón? ¿Es posible armonizar algunos aspectos de la idea evolutiva con las enseñanzas de la Biblia?

Es importante evaluar los conceptos evolutivos. En este capítulo, sin embargo, consideraremos solamente la teoría darwiniana de la evolución de los seres vivientes no humanos. Dedicaremos otro capítulo al problema referente al hombre.

1. La generación espontánea de la vida. Según la hipótesis naturalista de la evolución, hace unos 2.500 millones de años la materia inanimada se transformó en materia viva; así la materia viva cobró existencia. La primera forma de vida sería parecida a las bacterias, organismos unicelulares, pero algo más simple.

Que tal proceso puede realizarse, o que se ha efectuado alguna vez, es una conclusión indemostrable. W. Young presenta algunas objeciones a esta teoría del origen espontáneo de la vida:

a) Hasta donde la ciencia sabe, toda la vida se ha originado de la vida. Hubo un tiempo cuando el origen espontáneo de las bacterias, de los gérmenes, de las cresas, etc., se tenía por cierto, pero tales teorías ya hace mucho que fueron descartadas. La vida procede de la vida.

b) La ciencia ha demostrado que la unidad básica de la organización de la materia viva es la célula. La célula se origina por la división que en dos partes iguales se produce de varios elementos que en ella existen. Hasta donde la ciencia ha podido alcanzar, toda célula se origina de otra célula.

c) La ciencia ha demostrado también que lo mismo puede afirmarse de las varias partes de la célula. Los cromosomas se producen por la división de los cromosomas.

d) No se ha descubierto ningún proceso químico que explique el origen del protoplasma que constituye la materia viva.[5]

---

[5] Young, *op. cit.*, pp. 121, 22.

e) En aquellos casos en que se producen nuevas formas vivas por algún tipo de reproducción, no se conoce otro medio de reproducción que es del óvulo.[6]

En 1953 el químico Stanley Miller conmovió al mundo de la ciencia cuando fue capaz de generar compuestos orgánicos en un tubo de ensayo. Muchos vaticinaron que pronto la humanidad podría crear seres vivos de laboratorio. El experimento de Miller consistió en reproducir una atmósfera de hidrógeno, metano, amoníaco y vapor de agua dentro de un recipiente de cristal cerrado. Luego disparó descargas eléctricas para simular las tormentas primitivas.

Al transcurrir los años, el optimismo inicial representado por Miller ha fenecido. El propio Miller reconoce que el primer paso consistente en crear compuestos orgánicos es sencillo, pero luego hay que producir los seres vivos autorreproductores y esto no se ha conseguido.

Además, los científicos reconocen que la tierra fue un hogar poco hospitalario para producir la vida. Observa un escritor sobre la ciencia:

> Hace 3.500 millones de años el escenario original de la vida, la superficie de la tierra, era un lugar poco acogedor. Los gigantescos impactos meteoríticos del pasado y las elevadas temperaturas consiguientes sólo dejaban a salvo un entorno protegido por el océano... Incluso ahora se sabe que la atmósfera primitiva contenía más oxígeno y menos hidrógeno que la atmósfera de Miller, y crear compuestos orgánicos en un ambiente rico en oxígeno es mucho más difícil.[7]

Christopher Chyba, científico planetario de la NASA, ahonda en el dilema: "Parece haber una contradicción entre el hecho de estar aquí y la evidencia de que la tierra no era muy hospitalaria para la formación de compuestos orgánicos. Tal vez éstos fueron traídos al planeta por cometas y restos de asteroides."[8]

En el año 1981, Hans Pflug encontró restos resecos y fosilizados de organismos en el material de un meteorito caído en Australia. Gracias a su experiencia en el estudio de microorganismos, identificó analogías con una bacteria terrestre. Sin embargo, los científicos ponen en duda la posibilidad de que los organismos alcanzasen la tierra, pues las temperaturas que se producen en el impacto acaban matando todo.

---

[6] "¿Cómo empezó la vida?" en la revista *Muy interesante,* Nº 79, febrero 1994, p. 51.
[7] Ibíd.
[8] Citado en el artículo "¡Este cosmos está vivo!" en *Revista del Domingo, El Mercurio,* Santiago, Chile, 24 de noviembre de 1995, p. 7.

Finalmente, es casi imposible que la vida haya surgido por azar. Sir Fred Hoyle, físico teórico inglés, caballero de la reina desde 1972 por sus trabajos de física teórica, razona:

> Hagamos un paralelo. Si una persona intenta, con movimientos al azar, resolver el famoso cubo de Rubik, tiene una probabilidad entre 50 millones de billones. Si hace un movimiento cada segundo, tardaría, en promedio, un tiempo igual a 300 veces la edad de la tierra. Esas cifras son substancialmente las mismas que corresponderían a la idea de que ¡una! sola de las proteínas de nuestro cuerpo hubiese evolucionado al azar. (Tenemos 200 mil proteínas.)
> No hay ni un ápice de evidencia objetiva de que la vida empezase en una sopa orgánica aquí en la tierra. Entonces, ¿por qué los biólogos se entregan a fantasías, negando lo obvio, es decir que las 200 mil cadenas de aminoácidos, y por tanto, la vida, no aparecieron por casualidad?[9]

Si la tierra era un hogar muy poco acogedor aun para producir compuestos orgánicos, ¿qué posibilidad queda para producir materia viva que podría reproducirse? Además, si las posibilidades de comenzar la vida por azar son infinitamente remotas, debemos rechazar la teoría de la generación espontánea de la vida. Hay que reconocer la necesidad de tener una causa activa y sumamente inteligente para realizarlo, a saber, Dios, pues no hay otro agente capaz de efectuar la producción inicial de la vida de la materia inanimada.

2. El registro de las rocas. ¿Qué nos enseñan los hallazgos de fósiles que se encuentran en las rocas? ¿Prueban la idea de la evolución? Los fósiles son los restos o vestigios de animales que vivieron muchísimos años atrás. Se encuentran en estratos rocosos que se disponen en capas sucesivas.

Desde el principio del siglo XX se han desarrollado varios métodos científicos para poner fecha a los fósiles: el carbono 14 y otras técnicas radiactivas, el potasio argón y la termoluminiscencia. En su conjunto, estos métodos han proporcionado la estructura para el desarrollo de una arqueología mundial.

La datación mediante el carbono 14, que mide la desintegración progresiva de las sustancias radiactivas, se desarrolló a fines de la década de 1940, ejerciendo una gran influencia en la arqueología prehistórica. La medición por este método permite la datación de materiales frecuentemente encontrados en yacimientos arqueológicos, tales como huesos, conchas, carbón y restos de plantas.

---

[9] Young, *op. cit.*, p. 124.

El análisis se basa en la desintegración radiactiva del isótopo de carbono 14 que los rayos cósmicos producen en la atmósfera. El carbono 14 es absorbido por todas las cosas vivas, pero a la muerte de los organismos, éste empieza a disminuir a un ritmo gradual pero constante, reduciéndose a la mitad cada 5.730 años. La medición del carbono 14 restante indica el tiempo que ha transcurrido desde la muerte del organismo.

El carbono 14 ha sido probado exitosamente en muestras de edad conocida, por ejemplo en los pinos gigantescos de California y en la madera utilizada en las tumbas de los faraones de Egipto. Sin embargo tiene su limitación: sólo es confiable con restos de una antigüedad inferior a los 40.000 años.

El potasio-argón sirve para el estudio de períodos más antiguos. Este método de datación, al igual que el carbono 14, se basa en la radiactividad. Como el período del potasio 40 es muy extenso (unos 1.250 millones de años), es posible emplear este radioisótopo para datar rocas muy antiguas, al medir su proporción en las propias rocas, junto con la del calcio 40 y argón 40 que resultan de su desintegración. Sin embargo, este método es aplicable sólo al material volcánico, siendo de considerable utilidad en el estudio de vestigios y restos en Africa.

La termoluminiscencia permite datar los utensilios de arcilla. El método se basa en el efecto del bajo nivel de radiactividad en el interior de la cerámica. Con el paso del tiempo, esta radiactividad libera electrones que, a pesar de ello, permanecen atrapados en la arcilla hasta que ésta es calentada. Cuando esto ocurre, ellos son liberados en forma de luz. Si se recalienta el objeto en el laboratorio y se mide la cantidad de luz emitida, se puede determinar la cantidad de tiempo que ha transcurrido desde que esa pieza fue cocida.

Las técnicas geológicas que se usan para poner fecha a los fósiles, involucran el estudio de las rocas estratificadas (estratografía) y de los fósiles (paleontología). Estos procedimientos procuran establecer las relativas secuencias geológicas y asignarles su propia edad o fecha de existencia. La datación de rocas empleando técnicas radiactivas, tales como la de U238/Pb206 proporción isótopo, revelarían que los cálculos de los geólogos referentes a la antigüedad de las eras geológicas son substancialmente correctas. Si es así, ya no podemos pensar en que el globo terráqueo tenga menos de 4.500.000.000 de años. Nos conviene tomar en cuenta la verdadera edad de la tierra cuando interpretemos el relato de la creación que se encuentra en Génesis.

El estudio de los fósiles revela que hace más de 500 millones de años existían vidas vegetales y animales muy simples. De tiempo en tiempo aparecieron repentinamente formas más avanzadas hasta llegar al hombre. ¿Esto confirma la teoría darwiniana de que toda la vida comenzó con una célula primitiva y evolucionó gradual y progresivamente hasta las actuales formas de vida en la tierra? Para confirmarlo sería necesario encontrar formas transicionales o eslabones entre las formas sencillas y las más desarrolladas, entre un orden o familia y otra. Precisamente en esto, los evolucionistas se encuentran en apuros pues faltan capítulos enteros en la supuesta cadena de eslabones.

Aunque Darwin no pudo encontrar fósiles de animales intermedios entre dos especies, aseguró que algún día se los encontrarían. Insistió en el gradualismo, ya que cualquier ruptura en este concepto podría tal vez dar ocasión para presumir la intervención de un Creador. Y Darwin quería evitar el creacionismo.

Los geólogos en sus investigaciones del registro de los fósiles encontraron que hay pocos vestigios de seres vivientes en los estratos rocosos correspondientes a los períodos antes del período cámbrico (hace aproximadamente 500 millones de años). Sólo había algas, coral, medusas (aguamala), esponjas, moluscos y otras criaturas parecidas a los gusanos.

Los invertebrados aparecen súbita y simultáneamente en el período cámbrico, diferenciados en familias, clases y órdenes y sin indicación clara de cómo se había desarrollado en esta condición. La primera aparición de la vida animal, en sus características generales, se presentó esencialmente en la misma forma que la conocemos ahora, y no hay formas intermediarias entre los grupos mayores.

En un cursillo dictado en la Universidad Mayor de San Simón, Cochabamba, Bolivia, el catedrático, Guillermo Kornfield Lemmert, observó: "Esta persistencia de formas constantes en el largo dato paleontológico, da el grito de muerte al darwinismo que dice que todas las especies surgieron por un proceso gradual y una modificación casi imperceptible de formas sencillas... Cuando decimos esto, reconocemos que ha habido desarrollo y cierta evolución dentro de las especies, el género y quizás dentro de la familia".

Young señala otro significado aún más profundo de la aparición repentina de las varias formas de vida en el período cámbrico. "Parece bastante evidente que las primeras formas vivas saltaron a la escena, no emergiendo de la materia inorgánica sino mediante una acción creadora de carácter extrínseco",[10] a saber, por la intervención directa de Dios.

La estratigrafía (el estudio de las rocas estratificadas) y la paleontología (estudio de los fósiles) han descubierto que las nuevas formas de vida animal aparecieron de tiempo en tiempo a través de los largos períodos prehistóricos. Por ejemplo en el período Ordoviciano (hace 430.000.000 de años) aparecieron peces; en el Silúrico (350.000.000), escorpiones y herradura de caballo; en el Carbonífero (255.000.000), cucarachas, langostas, reptiles e insectos alados; en el Triásico (175.000.000), dinosaurios, cocodrilos y tortugas; en el Jurásico (145.000.000), aves y pequeños mamíferos, y en los últimos cinco períodos de la era Cenozoica (40.000.000 hasta 10.000 a. de J.C.), mamíferos de todas clases y finalmente el hombre.

Lo interesante es que no se encuentran pruebas de que había conexión entre los distintos órdenes de animales. Fritz Ridenour, apologista evangélico, señala lo problemático de los eslabones perdidos para los proponentes del darwinismo.

> Aparte del enigma de la explosión cámbrica, el evolucionista también debe explicar la falta de formas transicionales de fósiles desde la época del período cámbrico hasta el presente. Se han encontrado poquísimas formas de cualquier tipo en el registro fósil que merezcan el nombre de transicionales, es decir formas que estén a mitad de camino entre un determinado tipo de ser viviente y otro.[11]

Boyce Rensberger, director de la revista Science 82, confirma lo que dice Ridenour: "Los paleontólogos" (especialistas en fósiles) "podían señalar más vacíos que continuidad entre las especies."[12] Stephen Jay Gould, profesor de la Universidad de Harvard y un paleontólogo destacado, habla "sin pelos en la lengua":

> Existen brechas entre las especies y no pueden superarse recurriendo a suponer que hay o hubo eslabones perdidos. No existen los eslabones perdidos. No los busquen más. Lo que ocurrió realmente es la aparición súbita y veloz de muchas especies, en diferentes períodos.[13]

Los evolucionistas darwinistas están renuentes a abandonar la idea

---

[10] Ibíd.
[11] Fritz Ridenour, *¿Quién dice?* (Miami: Editorial Vida, 1979), p. 136.
[12] Citado en "Evolución de la evolución", *Revista del Domingo, El Mercurio,* Santiago, Chile, 18 de abril de 1982, p. 13.
[13] Ibíd.

del gradualismo. A su parecer, algunos de estos eslabones han aparecido. El más importante es el arqueropterix, que al comienzo se estudió considerándolo un dinosaurio, pero apareció un fósil de esa especie que conservaba dientes y plumas. Se dijo que era la forma transicional entre aves y reptiles. Pero otros científicos han puesto en tela de juicio este criterio afirmando que de ninguna manera esto cierra la brecha entre los dos órdenes. Para ellos no era una forma intermedia sino un verdadero dinosaurio.

Los darwinistas tratan de solucionar el problema de la falta de los eslabones perdidos explicando que la preservación de los fósiles es muy escasa y requiere ciertas condiciones que muy rara vez se hacen presentes en la mayor parte del mundo.[14] Por otra parte, no pueden comprobar que haya existido una cadena de eslabones.

3. La forma en que ocurre la evolución. A los 100 años de la muerte de Darwin, se celebró una conferencia sobre la evolución en la ciudad de Chicago. Un periodista en la conferencia observó:

> El verdadero desafío que enfrenta la teoría no proviene de los creacionistas, que la rechazan de plano, sino de los más importantes expertos en la teoría misma. No ponen en duda la evolución, pero sí la forma en que ocurrió y cómo sigue ocurriendo.[15]

Hay tres maneras de explicar el proceso:

a) *Azar.* Darwin había alegado que las variaciones que aparecían en las especies eran, sin duda, producto del azar; pero la selección que la naturaleza hacía entre tales variaciones no lo eran. La naturaleza a su juicio favorecía sólo las variaciones que mejoraban la capacidad de vivir y reproducirse.

En cuanto al azar, ciertos biólogos comentan: "Bueno, bueno, el azar funciona tal vez en cambios menores, en variaciones como el color de la piel, pero, ¿cómo explicar la aparición de cambios importantes?"[16] (En general, los cambios observados han sido menores, pero también hay cambios relativamente mayores.)

b) *Mutaciones.* El holandés Hugo de Vries afirmó que los genes alterados daban ocasionalmente origen a mutaciones de las especies originales y esto serviría como explicación de la evolución. (Las mutaciones son cambios repentinos en los genes; los genes son invisibles

---

[14] Ridenour, *op. cit.,* p. 138.
[15] Boyce Rensberger, citado en "Evolución de la evolución", *op. cit.,* p. 12.
[16] "Evolución de la evolución", *op. cit.,* p. 13.

unidades en el organismo que transmiten las características de una generación a otra. Al ser alterado el gen, se traspasa el cambio del rasgo al hijo.) Se considera que esta teoría explica mejor la evolución que la idea de los caracteres adquiridos y también evita el problema de los eslabones perdidos. Dejaría lugar para saltos en el desarrollo de las especies y explicaría la aparición súbita y veloz de muchas especies en diferentes períodos.

Las mutaciones pueden producir pequeños cambios tales como el cambio en el color de los ojos o pueden efectuar grandes cambios tales como un nuevo tipo de planta o animal. Por ejemplo se ha producido la oveja Ancón con patas cortas, el pavo blanco y el pomelo rosado. La mayoría de las mutaciones son perjudiciales, pero algunas son beneficiosas.

Los experimentos que los genetistas han hecho con la mosca de la fruta han demostrado que éstas son capaces de generar nuevos tipos en unas 50 generaciones cultivadas en laboratorio. Estos cambios suceden en un ambiente artificial y no transforman la mosca en una nueva especie como por ejemplo, en una avispa.

El doctor A. F. Shull, profesor universitario, admite que la explicación de la evolución mediante la mutación es meramente una teoría y está lejos de ser comprobada. Añade:

> Después de 27 años de estudiar el mendelismo, un eminente paleontólogo aún creía que las mutaciones eran algo que ocurría dentro de las botellas, de los tubos de ensayo y de las jaulas debido a determinadas condiciones de vida y que, después de 50 años de revivido el mendelismo, un eminente genetista sigue sosteniendo que las mutaciones como las que uno observa no producen diferenciación en las especies. Las ve como fuentes de variación dentro de la especie pero nada tienen que ver con la separación de las especies.[17]

Finalmente, señalamos que los órganos de los vertebrados son tan complejos que sería imposible que se desarrollaran mediante mutaciones logradas al azar. Las variaciones aparecen, sí, pero aparecen juntas y perfectamente coordinadas para realizar su fin. Por ejemplo, miles de partes cooperan en el ojo del vertebrado para efectuar la visión. ¿Es posible que esta estructura haya llegado a funcionar por accidente con el transcurso de millones de años? Se necesita una mente infinitamente

---

[17] A. F. Shull, *Evolución* (New York: McGraw Hill Co., 1951), pp. 158-59, citado en Young, *op. cit.*, p. 118.

sabia para sólo diseñar el ojo: y ¿qué de un cuerpo de muchos miembros complejos que funcionan perfectamente coordinados?

c) *Selección natural.* Es innegable que la selección natural puede acentuar ciertos rasgos y disminuir a otros en un ser vivo. Este fenómeno, sin embargo, es una explicación parcial de la evolución y solamente tiene razón dentro de los límites de lo simple. Guillermo Kornfield plantea:

> La selección natural no puede explicar cómo se encuentran en todos los seres vivos, sean de animales, insectos o plantas, organismos biológicos y funcionales ya completos y complejos. El dato paleontológico (del estudio de los fósiles) ya sostiene que aun en los seres extintos había organismos bien complejos y completamente desarrollados.[18]

Tanto más básica es la dificultad si pensamos en las dimensiones.

> Según los principios de la ingeniería, siempre llega el momento en que una mera modificación no basta para proveer el cambio necesario, sino que se requiere un diseño nuevo. Así, si la evolución comienza con los más pequeños organismos, debe haber un tiempo cuando, como resultado del aumento de tamaño, los pequeños cambios de selección natural no resultarían ser útiles. Serían necesarios nuevos diseños radicales para la sobrevivencia, y es evidente que la selección natural no puede proveer tales diseños tan distintos.[19]

4. ¿Somos parientes todos los seres vivos? Los evolucionistas presentan dos pruebas para comprobar que todas las especies, incluso el hombre, descendían de uno, o a lo sumo de unos pocos antepasados: todas tienen el mismo código genético y el mismo plan básico de la estructura de sus órganos. Señalan que el ala de la paloma, la aleta de la ballena, la pata anterior del gato y el brazo del hombre son miembros que difieren mucho en sus funciones, pero son similares en su diseño y están compuestos de huesos similares, similarmente dispuestos los unos con respecto de los otros.

Este argumento es una espada de dos filos. Los creacionistas cristianos replican que la anatomía comparativa y un código genético universal, señalan que éstos tuvieron el mismo Creador el cual utilizó un modelo similar como plan maestro.

---

[18] Guillermo Kornfield, estudio inédito sobre la evolución, p. 28.
[19] Ibíd.

5. Conclusiones. La evidencia del registro de los fósiles indica que nuevas y más avanzadas formas de vida aparecieron de tiempo en tiempo a través de períodos larguísimos. Hay evidencia también de la existencia de cierto grado de desarrollo dentro de las familias y especies de seres vivos, pero con estrechos límites. El más famoso ejemplo de esto es el del caballo que aparentemente evolucionó del pequeño Eohipus.

La evidencia de designio y diseño junto con la complejidad de estas criaturas pone en relieve el hecho de que sería imposible que éstas sean productos del azar. Además de esto, a los científicos les falta una explicación adecuada del origen de la vida. Esto lleva a concluir de que tiene que haber un Creador infinitamente sabio y poderoso.

Todo esto parece favorecer la teoría cristiana de la creación progresiva. Según esta noción, los días de la creación son interpretados figurativamente representando largos períodos de tiempo indefinidos que marcan las etapas sucesivas de la actividad creativa de Dios. A través de estas seis etapas se percibe un orden de progresión: luz y oscuridad, cielos y mares, tierra y vegetación, visión de los cuerpos celestiales, animales marinos, mamíferos y finalmente el hombre, la coronación de la creación.

La expresión repetida en Génesis 1 es que la hierba y los animales se reprodujeron "según su especie". ¿Qué significa el término especie? El uso de este vocablo en la Biblia no nos da una definición clara. Rusell L. Mixter en su obra Creación y Evolución piensa que se refiere a las familias de órdenes de organismos los cuales no pueden cambiarse dentro de ciertos límites.

Si Mixter tiene razón, Dios creó separadamente los órdenes o familias de vegetales y animales poniendo en ellos la potencialidad de producir variaciones en las siguientes generaciones. Por ejemplo, Dios creó una pareja de roedores la cual aconteció al ratón, la ardilla y el castor. Mediante la selección natural, las mutaciones y el aislamiento ciertos rasgos básicos dentro de la familia pueden volverse prominentes y otros disminuirse.

Al evaluar las pruebas de la evolución natural vemos que no son tan sólidas como imaginan sus proponentes. La doctrina de la creación de la vida sigue siendo una viva alternativa a evolución espontánea. El hecho de que no sea "científica" no quiere decir que no pueda ser verdadera. El problema básico no se halla en las evidencias, sino en la interpretación de ellas, no en términos de la Biblia versus la ciencia, sino en el naturalismo versus el sobrenaturalismo y el racionalismo versus fe en el Dios viviente.

EJERCICIOS

I. Verdadero (V) o Falso (F):

___ 1. El origen del universo es más difícil de armonizar con la Biblia que el origen de la vida.

___ 2. Los evolucionistas aseveran que la vida se originó por generación espontánea.

___ 3. La teoría de las características adquiridas no tiene base en la realidad.

___ 4. El estudio de los fósiles confirma la teoría darwiniana.

___ 5. Hugo de Vries creía que la evolución se produjo por simple azar.

II. Llene los espacios o conteste brevemente:

1. Las tres ideas principales de la teoría de evolución orgánica son:

   a)
   b)
   c)

2. Los cinco fenómenos que sirven de base a los evolucionistas son:

   a)
   b)
   c)
   d)
   e)

3. Según los evolucionistas, los factores decisivos en la transformación y formación de nuevas especies son ______________________, __________________ y __________________.

4. ¿Cuáles son los dos puntos de vista respecto de la evolución?

5. ¿Cuáles son las objeciones evangélicas hacia la teoría de Darwin?

6. ¿Cuáles son las objeciones al origen espontáneo de la vida?

7. Dos problemas que debe enfrentar el evolucionista, son la llamada explosión ______________________ y la falta de formas ______________________ de fósiles.

8. ¿Qué significa el término "especie"?

9. De acuerdo con el profesor Gould, ¿qué hay que hacer con los eslabones perdidos?

10. ¿Cuál es su opinión acerca de la creación progresiva?

15

EL HOMBRE: ¿UN GORILA DESNUDO O HECHURA DIVINA?

Hasta el siglo XIX, la mayoría de las personas consideraba al hombre como un ser esencialmente distinto de los animales, un ser creado a la imagen de Dios. Pero con la divulgación de las ideas de la evolución orgánica de Darwin, el hombre moderno piensa que es un animal más. En su libro *best seller* (libro mejor vendido), El mono desnudo, Desmond Morris, un zoólogo y escritor talentoso, dice: "A pesar de su gran erudición, el *Homo Sapiens* sigue siendo un mono desnudo."[1]

Charles Darwin creía que el hombre y el mono descendían de un antepasado común y que la diferencia entre los dos es solamente la de grado y no de clase. Señalaba la similitud física entre ellos.

No cabe duda alguna que el hombre es físicamente un animal. Es un ser de carne y sangre, de nervios y huesos, compartiendo el mismo código genético con las bestias. Pero preguntamos, ¿es un mono desnudo y nada más?

El dogma secular afirma que el ser humano es parte del mundo natural y debe ser comprendido como tal. Este concepto se basa en la suposición de que las únicas realidades en el universo son las que pueden ser explicadas y descritas en términos científicos, y que cualquier idea contraria no sólo es innecesaria sino también inválida. Desde luego no hay lugar para Dios en su sistema, ni para el significado, propósito y valores espirituales del hombre. No es de extrañar que este mundo le reste importancia a lo que enseña la Biblia referente al origen, propósito y destino del hombre.

Consideraremos en este capítulo las pruebas de que el hombre está hecho a la imagen de Dios y de que es mucho más que un animal.

---

[1] Desmond Morris, *El mono desnudo* (Barcelona: Plaza F. Janes S.A. Editores), p. 9.

Trataremos preguntas dificilísimas tales como las siguientes: ¿Es el hombre producto de un larguísimo proceso de evolución o fue creado por Dios en un acto instantáneo? ¿Qué de los hallazgos de fósiles de hombres prehistóricos? ¿Eran realmente éstos descendientes de Adán? ¿Es posible armonizar el relato bíblico con las conclusiones de los antropólogos?

A. LA SINGULARIDAD DEL HOMBRE

Un gran problema para los evolucionistas que sostienen que los hombres y los monos han tenido un antepasado común, es enfrentar la gran diferencia entre los dos; deben explicar la singularidad del hombre. Al comparar la conducta humana con la de los animales, incluso los simios, se notan diferencias sustanciales. La naturaleza humana sobrepasa grandemente la de las bestias.

a) Sólo el hombre piensa cuando no es necesario hacerlo. Los animales piensan solamente cuando están frente a un problema que resolver. En cambio, el hombre piensa espontánea y creativamente. El proceso de llegar a conclusiones considerando los pasos de la lógica e inferencia, indica que hay un ego en él, que no es sólo de tejido y nervios, sino señala que tiene un alma.

b) Sólo el hombre es un ser racional, de libre albedrío y capaz de determinar sus acciones. Los animales actúan por puro instinto y no son capaces de elegir.

c) Sólo el hombre es un ser moral, capaz de distinguir entre el bien y el mal, y tiene una conciencia que le aprueba o le castiga según su comportamiento.

d) Sólo el hombre puede expresarse mediante un lenguaje complejo y sumamente desarrollado. Algunos animales se comunican por señas, gruñidos, silbos y otros sonidos, pero éstos son formas rudimentarias de expresión en comparación con el complicado lenguaje humano.

Los especialistas concuerdan en que "el cerebro humano está programado genéticamente para expresarse mediante el lenguaje",[2] y en que el habla "puede explicarse únicamente sobre la base de que tenemos, dentro del cerebro, una capacidad innata para procesar lenguajes".[3] La facultad del habla separa singularmente a los humanos de los animales.

---

[2] Jack Fincher, *The Brain: Mystery of Matter or Mind,* 1981, p. 59.
[3] Richard M. Restak, *The Brain: The Last Frontier,* 1979, p. 331.

e) Sólo el hombre tiene la capacidad de disfrutar de lo estético y lo bello. El sentido de lo hermoso no se encuentra en el órgano sino a través del órgano. Los perros pueden oír mejor que los hombres, pero es improbable que disfruten de un concierto musical como puede un músico adiestrado. Las águilas tienen ojos semitelescópicos, pero no son capaces de disfrutar ni de la belleza de la naturaleza ni de la hermosura de las obras de arte.

f) Sólo el hombre es un ser político. Young observa:

> Los animales son gregarios, pero sus organizaciones sociales y sus actividades están determinadas por los instintos. La sociedad humana, en cambio, está constituida por la elección misma del hombre de entre varias formas de convivencia. Solamente la sociedad humana es constitucional y política.[4]

g) Sólo el hombre fabrica o realiza cosas artificiales. Los pájaros construyen sus nidos y los castores sus casas por instinto. Les falta la creatividad y la variedad que caracterizan lo hecho por el ser humano.

h) Sólo el hombre es un ser religioso; sólo él se da cuenta de que existe lo sobrenatural y le rinde culto.

Un autor desconocido hace un resumen de la singularidad del hombre:

> El hombre da origen a pensamientos abstractos, a conciencia, se fija metas, se traza planes para alcanzarlos... Creado con ojo para la belleza, oído para la música, aptitud para el arte... una imaginación que inventa y crea... El hombre halla gozo y satisfacción en el ejercicio de estos dones... Un sentido moral para determinar lo que es correcto y lo que es incorrecto, y una conciencia que le duele cuando se desvía de lo recto.[5]

¿Cómo puede explicar la brecha tan vasta entre el ser humano y el animal? Hay más en el hombre que lo físico; él es mucho más que un mono desnudo.

La respuesta de cómo llegó a ser más que un animal se encuentra en Génesis 1:27: "Creó, pues, Dios al hombre a su imagen." El vocablo hebreo traducido "crear" en este versículo es *bará,* el cual "tiene por sujeto únicamente a Dios, y se refiere siempre a una acción divina que

---

[4] Warren C. Young, *Un enfoque cristiano a la filosofía* (El Paso: Editorial Mundo Hispano, 1984), p. 134.

[5] *La vida... ¿Cómo se presenta aquí? ¿Por evolución o por creación?* (Brooklyn, New York: Watch Tower Bible and Tract Society, 1986), p. 177.

produce, en particular, un resultado nuevo e imprevisible".[6] En el relato de la creación en Génesis 1, el escritor sagrado emplea este término solamente tres veces: en la creación de la materia (1:1), de la vida animal (1:21) y del ser humano (1:27). En otros casos se usa *asah* que corresponde a "hacer".

Esto indica que Dios creó al hombre en un acto especial. Aunque su cuerpo fue hecho del "polvo de la tierra", su espíritu procede del "aliento de vida" que le sopló Dios (Gén. 2:7). Posee un espíritu de vida, un alma, una mente, una personalidad: atributos que reflejan las cualidades de la imagen de Dios.

B. LA INTERPRETACION DEL REGISTRO DE LOS FOSILES

¿Qué enseñan los hallazgos de fósiles de hombres prehistóricos? ¿Presentan pruebas indubitables que había un desarrollo gradual del hombre desde una forma subhumana hasta el *Homo Sapiens* o sea el hombre moderno? Las respuestas dependen mucho de los supuestos del antropólogo. Si es un darwinista convencido, buscará datos y pruebas favorables a la teoría darwiniana y tenderá a pasar por alto la evidencia en su contra.

Por otra parte, si el antropólogo es creyente, es probable que interprete los datos de tal forma que armonicen con el relato bíblico de la creación. Desgraciadamente el registro de los fósiles es incompleto y no apoya completamente ninguna de estas posiciones. Presenta tantos problemas para el darwinista como para el creyente.

1. Los fósiles del hombre prehistórico. Los antropólogos creen que los antepasados de la especie humana se desarrollaron en Africa hace alrededor de cuatro millones de años. Restos fosilizados de seres bípedos conocidos como *australopitecos* (simios del sur) fueron descubiertos en el valle de Rift y en las cuevas de caliza de Africa meridional. Difieren de otros simios principalmente porque podían andar erguidos. Se hallaron huellas de estos seres sobre cenizas volcánicas en Laetolil, Tanzania septentrional, las cuales se remontan a 3,8 a 3,5 millones de años.

A los fósiles de hombres prehistóricos más conocidos se les han asignado nombres tales como el hombre de Java (*Pithecanthropus erectus*), el hombre de Pekin (*Sinathropus*), el hombre Swanscombe, el hombre

---

[6] Nota en *La Biblia de estudio, Dios habla hoy* (Sociedades Bíblicas Unidas, 1994), p. 23.

de Neanderthal y el hombre de Cromagnon. Estos fósiles pueden clasificarse en tres grupos principales:

a) *Homo Erectus* o los hombres de Java y Pekin (600.000 a 100.000 años a. de J.C.)

b) *Homo Neanderthalensis,* hombres Neanderthal y Cromagnon (250.000 a 40.000 años a. de J.C..)

c) *Homo Sapiens* o el hombre moderno (90.000 años a. de J.C. en adelante).

El doctor Luis Leakey, del Museo Coryndon de Nairobi, Kenya, sugiere otra división de los *australopitecos;* se le llama *Homo Habilis,* pero otros científicos lo clasifican como una variación de los simios del sur.

La única diferencia significativa entre estas criaturas se encuentra en el tamaño del cerebro de las respectivas especies. Se miden así: el *australopiteco,* 450-650 cc. (del mismo tamaño que el cerebro de un gorila o chimpancé); el *Homo Erectus,* 750 a 1.250 cc.; el *Homo Neandertalensis,* 1.250 a 1.700 cc.; y el *Homo Sapiens,* 1.000 a 2.000 cc. La relación entre el tamaño del cerebro y la inteligencia no es conocida plenamente. En un artículo "Quiet miracles of the brain" en la revista *National Geographic,* June 1995, pp. 18, 19, Joel L. Siverdlow observa:

> El examinar animales sugiere que existe relación entre el tamaño del cerebro y la inteligencia... pero entre los humanos no existe tal relación. "Más grande no significa necesariamente ser mejor", me explica Stephen Kosslyun, sicólogo de la Universidad de Harvard que estudia cómo la mente crea imágenes mentales. "Más grande puede resultar peor porque impide la comunicación rápida entre las neuronas dentro del cerebro."

Las primeras herramientas que aparecen en el registro arqueológico se remontan a casi dos millones de años atrás según la datación potasio-argón. La principal de ésas, creada por el *Homo Erectus,* fue el hacha de mano. Se ha identificado al hombre como un fabricante de herramientas. Sin embargo, las investigaciones de la conducta del chimpancé, por Jane Van Lawick-Goodall en Tanzania, han demostrado que la definición del hombre como hacedor de herramientas es inexacta pues ella observó que estos simios también son capaces de crear herramientas sencillas.[7]

---

[7] Jane Van Lawick-Goodall, "New Discoveries Among Africa's Chimpanzees", *National Geographic,* 128 (diciembre, 1995, pp. 813, 817, 828-29).

2. La teoría de los evolucionistas. Se cree que los seres humanos y los monos tienen antepasados comunes y que la divergencia evolutiva —que llevó a la especie humana por un lado y a los monos por otro— tuvo lugar en Africa hace unos cinco u ocho millones de años. Con todo, se calcula que hace cuatro millones de años los más antiguos antepasados del hombre (los *aristropitecos*) estaban firmemente establecidos sobre la faz de la tierra.

El factor determinante de la evolución de la especie humana primitiva fue la reestructuración de la anatomía para permitir la postura erguida. Las mencionadas huellas fosilizadas de dos adultos y un niño encontradas en la ceniza volcánica, dan indicaciones de la existencia de la especie *australopithecus afarensis.* Se estima que los adultos medían entre 1,1 y 1,4 metros de altura con un peso de 27 kg. cada uno. El descubrimiento de un esqueleto casi completo de una hembra *australopiteca,* llamada Lucy, arroja más luz sobre esta especie. Lucy claramente adaptada a la locomoción erecta y sus dientes muestran algunas características humanas, aunque conserva otros rasgos similares a los de los simios.

Anatómicamente, el hombre se diferencia del simio por el hecho de tener un desarrollo cerebral mucho mayor, una parte facial y mandibular menos desarrollada que la craneana, un lenguaje articulado, una posición erecta perfecta, una columna vertebral con cuatro curvaturas, mientras que entre los antropoides (monos) sólo encontramos dos, y otros caracteres no menos significativos. Aparte de andar erguido, los restos del *australopithecus* (o *australopiteco*) semejan más a los de un chimpancé o un gorila que a los de un ser humano. Los evolucionistas describen al *australopiteco* como un prohomínido (prehumano).

Sin embargo, los evolucionistas admiten que se ignora si alguno de estos caminantes erectos con cerebros pequeños pertenecen a la línea evolutiva que conduce hasta los humanos modernos. Tan sólo el descubrimiento de nuevos fósiles puede resolver este problema.

No obstante la escasez de evidencia de que los simios del sur fueran los antepasados del primer hombre verdadero, el *Homo Erectus,* los proponentes de la evolución especulan que seres medio monos experimentaron un crecimiento en su capacidad cerebral y la fisonomía de estas criaturas iba adquiriendo rasgos más humanos con un rostro aplanado y una estatura más alta. Según ellos la rama Homo fue la primera que logró dominar la fuerza mental para imponerla sobre la destreza física. Esta capacidad mental capacitó al hombre para inventar, aprender, comunicarse y realizar acciones en cooperación con sus congéneres, al mismo tiempo que adaptarse a condiciones físicas de distintas regiones de la tierra.

3. La interpretación de ciertos creacionistas. Puesto que han sido hallados muy pocos fósiles de los hombres prehistóricos, y en lugares muy distantes los unos de los otros, sería muy difícil reconstruir la historia de la raza humana estudiando el registro de los fósiles.

Muchos antropólogos se acercan al estudio de los fósiles con suposiciones evolutivas e interpretan los datos de acuerdo con ellas. Suponen que los hombres y los simios han tenido los mismos antepasados y han evolucionado simultáneamente, sin evidencia alguna. Un antropólogo cristiano, James M. Murk, observa:

> Los que rechazan la posición creacionista como una solución absurda del origen de la vida, están propensos a aceptar la teoría de la evolución como la única alternativa razonable no obstante los problemas que resulten; de hecho persisten muchas dificultades. Tal vez es un asunto de supuestos y de fe.[8]

El profesor Mortimer J. Adler rechaza rotundamente la opinión de que los fósiles descubiertos representen eslabones perdidos entre el hombre y algún supuesto antecesor parecido al mono. Dice: "Esos fósiles pueden interpretarse como tales tan sólo si se da por contado que la hipótesis darwiniana es verdadera, porque los mismos dependen de esa hipótesis para su validez, hipótesis que ellos mismos no prueban."[9] El doctor Clark Wissler, del Museo Americano de Historia, corrobora la observación del señor Adler:

> El hombre salió de un firmamento azul, según lo que se ha podido sondear hasta la fecha... Hasta donde ha podido la ciencia descubrir, el hombre ha existido (como hombre), algunos no muy desarrollados, pero siempre han sido seres humanos en todas sus funciones casi tanto como nosotros hoy día.[10]

Algunos antropólogos consideran que el australopiteco no era un ser semihumano, sino era lo que su nombre indica, un simio del sur que caminaba erguido. Hasta Louis y Richard Leakey admiten que las herramientas encontradas cerca de un fósil de esta especie podrían haber

---

[8] James M. Murk, "Anthropology" en *Christianity and the World of Thought,* Hudson T. Amerding, ed. (Chicago: Moody Press, 1968), p. 187.
[9] Citado en Young, *op. cit.,* p. 133.
[10] Ibíd.

sido dejadas por otros seres más humanos y que no hay evidencia de que el australopiteco fuera el eslabón perdido.[11] El creacionista lo interpretaría como un mero simio de dos pies.

En cuanto al desarrollo del ser humano, los evolucionistas tienden a suponer que había progreso gradual y constante con el transcurso de los milenios. Comenta Guillermo Kornfield:

> Es interesante observar que algunos antropólogos han mencionado que no hay una delineación clara entre la morfología (la forma de los seres orgánicos) y la cronología. Los hallazgos del monte Carmelo prueban esto... A veces se encuentra el más desarrollado en estratos inferiores a la forma primitiva. Es decir, en los estratos superiores se encuentran las formas más primitivas y en los estratos inferiores se encuentran los fósiles más desarrollados.[12]

También, se ve la evolución en reverso en el tamaño del cráneo del hombre de Cromagnon y el del hombre moderno. Este hombre prehistórico tenía un cerebro de 1.800 cc. en comparación con el cerebro de 1.450 cc. del actual hombre europeo.

Esto nos enseña que los fósiles de humanos antiguos que difieren ligeramente de los humanos de hoy simplemente demuestran variedad dentro de la raza humana, tal como hoy tenemos muchas variedades que viven lado a lado. Hay pigmeos menudos y hay hombres de dos metros de altura, con una variedad de tamaños y formas de esqueletos, pero todos son seres humanos. También el cerebro superior del Cromagnon indicaría que la raza moderna se ha degenerado un poco si es descendiente de ése hombre.

3. La reconstrucción de los fósiles homínidos. ¿Son realmente precisas y correctas las reconstrucciones de los fósiles de los hombres prehistóricos? Observa Warren Young:

> Las reconstrucciones realizadas basadas en unas pocas piezas fragmentarias resultan muy discutibles y con frecuencia han conducido a error. Como dijo una vez G. K. Chesterton, refiriéndose a la evolución humana: "La gente hablaba del Pitecantropo como de Pitt, de Fox o de Napoleón. Las historias populares publicaron retratos de él como de Carlos I o de Jorge IV."[13]

El antropólogo E. A. Hooten señala que a partir del cráneo de un hombre de Neanderthal un pintor puede dibujar el rostro de un chim-

---

[11] Murk, *op. cit.*, p. 191 y Richard E. Leakey y Rodger Lewin, *Orígenes,* 1977, p. 55.
[12] Guillermo Kornfield, estudio inédito sobre la evolución, p. 22.
[13] Young, *op. cit.*, p. 128.

pancé o el de un filósofo.[14] Como consecuencia de las ideas de la evolución, los dibujantes han representado al hombre de Neanderthal como un ser encorvado y con un rostro simiesco. En realidad la proporción de los diferentes miembros del cuerpo de este hombre es completamente moderna y su formación comparable a la del Homo Sapiens. Un antropólogo dijo: "En muchas características los Neanderthaloides son menos antropoides (monos) que el hombre moderno."[15]

La enciclopedia *World Book* explica que los científicos tienen una cantidad limitada de fósiles de la gente paleolítica, la cual tenía un aspecto muy diferente del hombre moderno. Por lo tanto, los científicos tienen que adivinar cómo era su aspecto y cada antropólogo reconstruye estos seres según su propio concepto.[16]

4. El concepto de la evolución intelectual y cultural. Ya hemos considerado la gran magnitud de diferencias intelectuales y síquicas que existen entre el hombre y los animales. ¿Cómo se desarrolló el intelecto del hombre? o ¿es algo innato, el don de su Creador? El evolucionista Washburn observa que cuando el primer hombre apareció, ya utilizando fuego y herramientas bien definidas, "el cerebro había doblado su tamaño".[17] Otro antropólogo, Eisley nos hace recordar que la naturaleza uniforme del cerebro del hombre no podía haber resultado por un proceso lento y largo de lucha darwinista. Concluye: "La llave a la puerta secreta por la cual el hombre vino a este mundo es desconocida."[18] Señalamos que la explicación que les falta a estos antropólogos es la lógica y justificable teoría creacionista o teísta.

Guillermo Kornfield aporta más información.[19]

Si hay un eslabón perdido, como una antropoide-homínido, que todavía se escapa a nuestro estudio, no se sabe si, por selección natural podía haber conseguido el don supremo del lenguaje. Basado en evolución orgánica, la selección natural no debía haber empujado el desarrollo del lenguaje más allá de la identificación de objetos concretos. Pero es bien conocido que las características del pensamiento abstracto se encuentran en las culturas más primitivas. El abismo sigue porque

---

[14] E. A. Hooten, *Up from the Ape* (New York: Macmillan, 1931), p. 332.
[15] Jacobo y Sterno, *General Anthopology,* 1955.
[16] *The World Book Encyclopedia.* P. vol. 15 (Chicago: Field Enterprises Educational Corporation, 1974), p. 647.
[17] Citado en Kornfield, op. cit., p. 31.
[18] Citado en Kornfield, íbid.
[19] Ibíd., pp. 31, 32.

no se puede explicar el pensamiento abstracto ni el comportamiento ético en términos biológicos.

Además de esto, la trascendencia del hombre demuestra que la mente es más que el cerebro. La razón trasciende la neurología por el hecho de que el hombre tiene valores, lo cual sería imposible si la mente es determinada sólo por la naturaleza. Asimismo la moralidad trasciende los estímulos, siendo que muy a menudo hay tensiones, conflictos malogrados y luchas entre el pensamiento y el estímulo. Igualmente la memoria trasciende al tiempo y a la materia. Las personas que han perdido grandes sectores de su cerebro todavía pueden recordar bien los acontecimientos pasados.

Asimismo cada 7 años todas las células de nuestro cuerpo son reemplazadas. Aunque el proceso es más lento en cuanto a las células del cerebro, también se renuevan. Sin embargo, podemos recordar acontecimientos que han pasado hace mucho más tiempo del que toma para reemplazar todas las células del cerebro. La mente puede vivir en tres tiempos a la vez: pasado, presente y futuro. "Estaré presente mañana a las diez" se puede decir solamente por una mente que comprende el proceso y a la vez lo trasciende.

Por último, la libertad psicológica trasciende la casualidad. Si la selección de datos se determinase solamente por los procesos del naturalismo, la racionalidad completa estaría condenada. El mismo éxito de las ciencias prueba que la selección de datos entregados por el científico no está predeterminada por la naturaleza sino por el hombre. En conclusión, podemos decir que si la mente no fuera más que el cerebro, la trascendencia moral, la trascendencia racional, la trascendencia síquica y la trascendencia de la memoria sobre la materia y el espacio serían enigmas incomprensibles.

La teoría darwiniana no puede explicar adecuadamente la antropología cultural, y esto es porque la historia del hombre no demuestra una evolución continua, lenta y gradual. Las diferentes culturas y sociedades humanas demuestran que no hay un criterio sano para establecer una evolución histórica. En contraste con el dato de los fósiles, que demuestra que la forma humana ha variado ligeramente de tiempo en tiempo, los datos culturales demuestran que la mentalidad del hombre ha sido igual desde su aparición.

Cada generación ha tenido una sola ventaja: la oportunidad de edificarse sobre los descubrimientos y adelantos de sus antepasados. Ruth Benedict ha observado que las suposiciones evolucionistas e históricas no son adecuadas para explicar la gran divergencia y capacidades de las diferentes culturas del mundo.[20]

El hombre es más que un mono desnudo, es una magnífica hechura de Dios.

C. INTENTOS DE ARMONIZAR EL RELATO BIBLICO CON LOS DATOS CIENTIFICOS

La relación entre el relato bíblico de la creación y los descubrimientos de la ciencia no está clara. A través de los años, creyentes sinceros han desarrollado varias interpretaciones para armonizar los dos puntos de vista. Un punto de vista contradice al otro y ninguno está libre de problemas y dificultades. Sin embargo casi todos están de acuerdo en que, para armonizar las dos versiones sin violar la fe cristiana, es necesario que ninguna interpretación contradiga doctrinas esenciales tales como la raza humana tiene un mismo origen ("de uno solo", Hech. 17:26), por medio de la culpa de un hombre, la raza se hizo pecaminosa y sujeta a la muerte (Rom. 5:12-19) y este hombre era un individuo tan distinto como lo fueron Moisés y Jesucristo (Rom. 5:14).

Consideraremos algunos intentos de armonizar el relato bíblico con las ideas de la ciencia. Ya los hemos mencionado en capítulos anteriores, pero necesitan ser elaborados y evaluados más detalladamente.

1. Evolución teísta. Esta interpretación considera que el relato bíblico es fidedigno, pero presenta la verdad en forma simplificada y gráfica. Acepta también los procesos de la evolución orgánica como algo puesto en marcha y guiado por Dios. Se cree que la Biblia nos cuenta que Dios creó el mundo, pero no explica el cómo. La ciencia debe proporcionarnos tal descripción. No debe haber conflicto entre la Biblia y la ciencia porque la una complementa a la otra.

El hombre es el resultado de un largo proceso de evolución. En un punto del desarrollo de la criatura preadánica, Dios sopló en ella haciéndole semejante a él; así llega a ser un verdadero hombre. Los proponentes de este punto de vista aceptan las doctrinas de la caída, el pecado original y la necesidad de redención.

Hay, por lo menos, dos maneras de armonizar el relato bíblico con la ciencia empleando esta interpretación.

a) *El relato de Génesis no es historia sino alegoría,* o sea una saga que enseña verdad espiritual. Cuando la Biblia habla de Adán, se

---

[20] Ibíd.

refiere a la raza y no a un individuo histórico. Se señala que el vocablo hebreo *adam* significa a menudo en las Escrituras, "hombre" o "la humanidad" (Exo. 4:11; Núm. 12:3; 16:29; Deut. 4:28; 1 Rey. 4:31; Job 7:20; 14:1). Génesis 3 cuenta simbólicamente de la caída del "Adán colectivo" o tal vez describe la experiencia de cada individuo, cada uno siendo "su propio Adán".

Surgen serios problemas con esta teoría. Los teólogos señalan que si Adán fuera la humanidad colectiva, esto afectaría gravemente las doctrinas de la solidaridad de la raza y de la redención. Las Escrituras enseñan la unidad de la raza: "[Dios] de uno solo ha hecho toda raza de los hombres" (Hech. 17:26). Esta es la base de la doctrina que considera a Adán cabeza de la raza, por la cual la transgresión de un hombre hizo pecadores a muchos poniéndolos bajo condenación y muerte (Rom. 5:12-19). El teólogo Kenneth Kantzer observa que si no hubiera existido el primer Adán, no podría haber existido el segundo Adán.

¿No enseñan otros pasajes de la Biblia que Adán fue una persona histórica? La importancia de Adán se basa sobre algunas suposiciones; la primera es que era un individuo histórico. Autores del Antiguo Testamento lo dan por sentado (Gén. 4:25; 5:1, 3-5; 1 Crón. 1:1); también lo hacen los escritores del Nuevo Testamento (Luc. 3:38; Rom. 5:14; 1 Cor. 15:22, 45; 1 Tim. 2:13, 14; Jud. 14). En su enseñanza sobre el matrimonio, sería sin sentido si Adán fuera meramente un mito o un símbolo (Mat. 19:4-6; Mar. 10:6-9).

Los proponentes de la teoría de la evolución teísta explican estas dificultades así: al referirse a Adán como una figura histórica, Cristo y los apóstoles meramente se acomodaban a las creencias erróneas del pueblo de aquel entonces.

b) *Adán fue el primer hombre en el sentido de que fue el primer homínido que poseía las características netamente humanas.* Había seres preadánicos que no tenían la imagen divina. Parece que la Biblia indica que Adán vivió en el período relativamente reciente: 8.000 ó 6.000 años a. de J.C.

Ciertos proponentes de esta opinión aceptan las conclusiones de la ciencia referente a los hombres prehistóricos y las fechas en que vivían, pero los consideran como sólo precursores de los hombres verdaderos. Los homínidos Neanderthal mostraron las características externas del hombre moderno no sólo en su estructura corporal, sino en su práctica de fabricar herramientas, utilizar el fuego, enterrar a sus muertos y hasta crear obras de arte, aún así no eran descendientes de Adán.

Hay un lapso larguísimo entre ellos y las primeras señales conocidas de vida pastoril y agrícola y, más tarde, de la manufactura de herramientas. Aunque parece que hay lagunas enormes en la genealogía del Génesis 5, de todos modos sería difícil explicar la inmensa diferencia del lapso entre la versión de la Biblia y la de la ciencia.

¿Cómo se puede explicar el abismo del tiempo entre las cronologías bíblicas y las de la ciencia? El erudito evangélico, Derek Kidner, observa:

> La respuesta puede estar en nuestra definición del hombre. En la Escritura el hombre es mucho más que el Homo faber, el fabricante de herramientas: lo hace hombre la imagen y el aliento de Dios. Nada menos esto implica que la Escritura y la ciencia bien pueden diferir en los límites que trazan alrededor de la humanidad primitiva: los seres inteligentes de un pasado remoto, cuyos restos físicos y culturales les dan, para el antropólogo, claramente la posición de "hombre moderno", pueden haber estado, sin embargo, muy por debajo del plano de vida que fue establecido en la creación de Adán.[21]

Si uno acepta esta interpretación, Adán, el primer hombre verdadero, habría tenido como contemporáneos a muchos seres de inteligencia comparable a la suya. ¿Qué les pasó? Kidner especula que posiblemente desaparecieran en el diluvio, idea que no concuerda con el hecho de que hay indicios de la presencia de hombres en las Américas más de 20.000 años a. de J.C.

Sugiere también otra solución. Es concebible que después de la creación especial de Eva, Dios puede haber conferido su imagen a los contemporáneos de Adán, a fin de introducirlos en el mismo plano de existencia. El pecado de Adán involucró a todos los hombres porque él era la cabeza federal de la humanidad. El pecado, entonces, no se transmitió por herencia a sus contemporáneos sino por la solidaridad de la nueva humanidad. Todos eran uno en Adán. Cuando él pecó, toda la raza pecó. Sería comparable con la muerte de Jesús: "que uno murió por todos; por consiguiente, todos murieron" (2 Cor. 5:14). La paternidad no tiene nada que ver en que Adán fuera hecho "figura del que había de venir" (Rom. 5:14).[22]

La noción que expone Kidner tiene muchas verosimilitudes. Si tiene razón, se solucionarían los problemas de la diferencia en la cronología

---

[21] Derek Kidner, *Génesis* en *Comentarios Didaqué* (Buenos Aires, Downers Grove: Ediciones Certeza, 1985), pp. 33, 34.
[22] Ibíd., p. 35.

de la Biblia y la de la ciencia y de la diferencia entre la forma de los hombres prehistóricos muy antiguos y los hombres modernos. Sin embargo, el hecho de que hay evidencia de que ciertas especies de hombres prehistóricos enterraron a sus muertos, indicaría que creían en lo sobrenatural y por lo tanto tenían un alma. Acaso, ¿no serían hechos ellos también a la imagen de Dios?

Hay antropólogos cristianos que creen que Dios infundió su imagen en la criatura homínida en una etapa mucho más antigua de la raza que indicaría la Biblia. Por ejemplo, James M. Murk sugiere que es probable que la capacidad de comunicarse empleando símbolos complejos (lenguaje) es el rasgo distintivo del hombre hecho a la imagen de Dios. Dice:

> Tal vez nunca será descubierto precisamente cómo Dios creó a este primer hombre verdadero. Si uno toma en serio el relato de Génesis, la conclusión necesaria sería que fue un acto especial de Dios y no la culminación impersonal de un proceso gradual.[23]

> La creación especial de Eva (Gén. 2:21-24) presenta un problema definitivo para los que quisieran generalizar el registro del Génesis. Ella fue formada y amoldada por el Creador, de algo específico, sacado del costado de Adán... Esto no es ajeno al pensamiento genético contemporáneo, puesto que sabemos que dentro del núcleo de cada célula humana existe todo el material necesario para crear otro ser humano... Todo lo que Dios necesitaba era una célula con sus 46 cromosomas. Con menores alteraciones para evitar la duplicación de Adán, aquí estaba todo el material genético con el cual (Dios) podía formar una ser semejante.[24]

2. Creacionismo *fiat*. El término latino *fiat* quiere decir "decreto". Se usa en la traducción latina de la Biblia: "*fiat* luz" ("sea la luz", Gén. 1:3), y significa "crear por decreto". Esta interpretación literal del relato bíblico de la creación insiste en limitar cada día de la creación a un período de 24 horas. Adán es el padre de toda raza, incluso de los hombres prehistóricos cuyos fósiles se encuentran en varias partes del mundo.

Los creacionistas de esta escuela de pensamiento rechazan todo dato científico que enseñe que la tierra tendría millones de años. Atribuyen los depósitos de material sedimentario y los fósiles a los efectos del diluvio, que, según ellos, fue una catástrofe universal. Ponen en tela de

---

[23] Murk, *op. cit.*, p. 194.
[24] Ibíd.

juicio la eficacia de las técnicas científicas de medir la edad de los materiales, es decir, de fechar las rocas y fósiles.

Muchos antropólogos cristianos consideran que los "creacionistas" exageran grandemente los defectos de los medios de datar materiales muy antiguos. Donald England observa:

> A fin de obtener la cifra de 6.000 años para la edad de la tierra, uno tendría que suponer un error de 99.9998 por ciento para cada una de las principales técnicas radioactivas. Puesto que los distintos métodos emplean distintas técnicas, y... distintas suposiciones. Un error de tal magnitud es sumamente increíble.[25]

Murk comenta que los evolucionistas tienden a poner el énfasis en la evidencia (de evolución) y pasar por alto los problemas. Por otro lado los creacionistas tienden a hacer hincapié en los problemas y pasar por alto la evidencia.[26]

A menos que los creacionistas puedan demostrar definitivamente que los científicos con sus técnicas de datación yerran enormemente y que la tierra tendría solamente 10.000 años o un poco más, su teoría chocaría contra la evidencia abrumadora de una tierra muy antigua.

3. La creación progresiva. Ya hemos considerado detalladamente esta noción en los dos capítulos anteriores. Es la teoría que aparentemente presenta menos dificultades. Dios creó cada género de animales y luego vendría el desarrollo dentro de las varias especies. Adán sería el primer homínido, el antepasado tanto de los hombres modernos como de los hombres prehistóricos. Dios le creó en un acto especial. Aunque existen evidencias de algunos cambios en los fósiles de los hombres prehistóricos, el hombre siempre ha sido un hombre.

El problema principal que se encuentra en esta interpretación es la enorme antigüedad de los primeros hombres y la gran brecha de tiempo entre la fecha de su origen y la primera civilización. Sin embargo, los que proponen esta teoría notan que los grandes fundamentalistas William Henry Green, B. B. Warfield y otros, argumentaban que las genealogías de Génesis no tenían el propósito de contar los años entre Adán y Noé y el lapso entre Noé y Abraham, y que la duración de tiempo desde la creación de Adán es irrelevante teológicamente. Green, en su libro *Primeval Chronology* (Cronología primitiva), señala que donde

---

[25] Donald Baker, *A Christian View of Origens* (Grand Rapids: Baker, 1972), p. 105.
[26] Murk, op. cit., p. 187.

la Biblia mantiene silencio en un asunto, uno debe buscar evidencia fuera de la Biblia para arrojar luz sobre el problema.[27]

Cora Reno elabora sobre este principio:

> Puesto que la Biblia no da una fecha específica sobre Adán, muchos eruditos están dispuestos a buscar la ayuda de la ciencia para determinar la antigüedad del hombre. En ninguna manera están poniendo la ciencia por encima de la Biblia porque sabemos que existe armonía entre el mundo creado por Dios y su Palabra escrita. Fue Dios quien puso en marcha las varias leyes que gobiernan los métodos de datación.[28]

Con todo debemos darnos cuenta de que ni la Biblia ni la ciencia nos dan un cuadro completo de la creación del hombre y su historia temprana. La ciencia pura se limita a los descubrimientos de lo que resta del pasado los cuales son fragmentarios y escasos. Por otra parte, Dios en su revelación al hombre tenía que acomodarse al entendimiento de una raza en su infancia. Empleaba términos entendibles de aquel entonces y figuras para comunicar esencialmente verdad teológica. La Biblia se interesa principalmente en enseñar que en el principio existía sólo Dios, y que todo el universo y su plenitud es de Jehovah (Sal. 24:1), que el hombre es su hechura y que necesita la salvación. No debemos exigir que la Biblia nos cuente los detalles científicos pues es un libro de religión. Sin embargo, confiamos que cuando habla en cualquier área, comunica la verdad, sea en términos literales o en metáforas.

En este capítulo hemos considerado las principales maneras de armonizar los datos científicos con el relato bíblico de la creación. Nadie sabe a ciencia cierta cuál sea la más correcta, pero sabemos que la Biblia correctamente interpretada no contradice los auténticos datos científicos. Toda verdad es de Dios, sea de la Biblia o que provenga de la ciencia.

---

[27] James O. Bushnell III, "Creationist Views of Human Origen" en la revista *Christianity Today,* agosto 8, 1975, p. 6 (1048).
[28] Cora Reno, *Evolution on Trial* (Chicago: Moody Press, 1970), p. 127.

EJERCICIOS

I. Resuma en una sola palabra cada una de las ocho frases que describen la singularidad del hombre. Por ejemplo:

1. *Pensador*	5.
2.	6.
3.	7.
4.	8.

II. Escriba la letra que corresponda al año de aparición.

___ 1. Neanderthal	A.	600.000 años
___ 2. Sapiens	B.	250.000 años
___ 3. Erectus	C.	3, 8 millones
___ 4. Australopitecus	D.	90.000 años

III. Llene los espacios o conteste brevemente:

1. Charles Darwin creía que la diferencia entre el hombre y el mono es solamente ______________________ y no ______________________________.

2. Para el creacionista el australopiteco era un _________ ____________ que caminaba ____________________.

3. El cerebro del hombre ______________________ era tan grande como el del hombre europeo.

4. La evolución teísta señala que debemos interpretar el relato bíblico en manera ____________________.

5. El creacionismo ____________________ señala que la duración de tiempo desde la creación de Adán es irrelevante.

IV. Conteste brevemente:

1. a) ¿Cuál es la gran dificultad en armonizar la teoría de la evolución teísta con la Biblia?

   b) ¿Cómo se puede superar esta dificultad?

2. a) A su parecer, ¿cuál es la teoría correcta?

   b) ¿Por qué?

16
LOS DESAFIOS DEL SIGLO XX

A. EL CIENTIFICISMO

1. El enorme valor de la ciencia. No cabe duda alguna de que vivimos en la edad dorada de la ciencia. De la medicina moderna y la tecnología hemos recibido innumerables beneficios, desde el control de enfermedades hasta el alivio del duro trabajo. La ciencia ha hecho posible los trasplantes de riñón y corazón y la erradicación de la viruela y plagas que azotaron a la humanidad por milenios; ha provisto la abundancia de bienes que hacen cómodo el diario vivir. En breve, ha transformado el mundo y promete transformar al hombre.

Son obvias también la validez y la eficacia del método científico; ha surtido efecto de manera impresionante en la esfera material. Primero el científico hace observaciones estudiando una cosa o un fenómeno. Luego formula una hipótesis o teoría para explicar el asunto. Entonces pone a prueba su hipótesis efectuando un experimento. Si el resultado no coincide con su hipótesis, formula otra teoría y la prueba con otro experimento. Así se repite el proceso hasta llegar a una hipótesis que sea correcta.

Se solía usar el término "filosofía natural" para referirse a la ciencia. Era el estudio de la naturaleza física percibida por los sentidos y capaz de producir cierto efecto. La ciencia moderna puede ser descrita como la aplicación de medios para comprender las fuerzas materiales y así controlarlas para realizar nuestros propósitos.

2. El surgimiento del cientificismo. El problema con la ciencia es que la explosión del conocimiento, en cuanto a la naturaleza y la tecnología, amenaza con desplazar el lugar de Dios en los pensamientos del hombre moderno. Este tiende a pensar que la ciencia todo lo puede y que no necesita de Dios. Se supone que los avances tecnológicos implican que Dios, si no es real, por lo menos es irrelevante; la ciencia puede resolver todos los problemas y proporcionar las condiciones necesarias para la más perfecta felicidad a la humanidad. Julian Huxley ha aseverado: "Dios ha dejado de ser una hipótesis útil." Algunos todavía se imaginan que la religión puede ser un obstáculo al progreso científico.

Además, la excesiva confianza en la "omnipotencia" de la ciencia moderna es responsable, en parte, del surgimiento de dos seudociencias: el darwinismo y el freudianismo. Estos han llegado a ser los más acérrimos enemigos de la fe en lo sobrenatural del cristianismo.

3. Las limitaciones de la ciencia. La admiración hacia la ciencia puede convertirse en culto a ella cuando (a) se cree que por medio de la ciencia el hombre puede descubrir todos los secretos del universo y resolver todos sus problemas; (b) cuando todas las teorías de los científicos son aceptadas incondicionalmente (por ejemplo, las ideas de Darwin y Freud) como si fuesen hechos comprobados.

Nos encontramos ahora con un nuevo caso Galileo, sólo que al revés. Los teólogos se equivocaron en el caso de Galileo al meterse donde nadie les llamaba, queriendo solucionar problemas que eran de competencia de la ciencia. Ahora sucede algo semejante en el sentido contrario y magnífico pero al revés a lo grande. Algunos científicos invaden tranquilamente el terreno de la teología sobre temas que la ciencia no puede resolver. Por ejemplo, tratan de hacer un dogma de sus especulaciones sobre el origen de la vida. La ciencia nunca nos permite, por sí sola, afirmar que existe un plan divino, como tampoco nos permite negarlo. La ciencia sólo puede confirmar lo que es material y lo demás es desconocido.

La ciencia insiste en medir toda la realidad con la vara del método científico. Pero lo espiritual no se puede descubrir con herramientas materiales. Negarle al creyente el derecho de emplear su fe para conocer las cosas divinas es como si el biólogo le prohibiera al astrónomo usar su telescopio para estudiar los astros, e insistiera en que lo hiciera con el microscopio. En un sentido, el científico materialista es como el perro del hortelano: "No come ni deja comer."

Sin embargo, en el capítulo titulado "La ciencia retorna a Dios", vimos que muchos científicos destacados reconocen que es imposible explicar adecuadamente muchos fenómenos naturales sin atribuirlos a Dios. Se dan cuenta de que la ciencia no es la puerta para conocer todas las realidades de la naturaleza; mucho menos para demostrar la inexistencia de Dios.

El doctor Elmer W. Engstrom, presidente de RCA, observa que es extraño que multitudes de gente estén tentadas a considerar que la ciencia es un nuevo dios y que el Dios de la Biblia es anticuado, no obstante que una cantidad impresionante de científicos insiste en que es la ciencia la que cambia constantemente mientras que el Dios de la creación es aquel que es "el mismo ayer, hoy y por los siglos".[1]

La ciencia moderna ha logrado cambios maravillosos en nuestra vida, dice el doctor James H. Shaw, profesor asociado de química biológica de la Universidad de Harvard. Pero estos mismos beneficios

> disfrazan la amoralidad y aspecto impersonal de la ciencia. Los motivos de los beneficiarios determinan su uso si es para bien o para mal. Ninguna norma para la moralidad, ninguna preocupación por el bien de su prójimo, ninguna satisfacción para el corazón que la anhela, puede brotar de un cuerpo de conocimiento amoral e impersonal. La ciencia no tiene respuesta alguna para resolver el dilema humano.[2]

La ciencia y la tecnología no han resuelto los problemas de la corrupción moral e intelectual, de los crímenes de la guerra y del padecimiento humano. Los hombres han alcanzado la luna, pero también han desarrollado armas nucleares que pueden destruir el mundo. El hombre sin religión no puede distinguir entre el bien y el mal. La ciencia nunca puede reemplazar al Dios de la Biblia como Legislador ni a su Hijo, Jesucristo, como Salvador y Mediador entre Dios y el hombre pecaminoso.

Tampoco la ciencia puede contestar las preguntas más profundas sobre la naturaleza y destino de la humanidad: ¿Qué es el hombre? ¿Por qué existe? Si el hombre muere, ¿volverá a vivir? ¿Existe Dios? ¿Cómo se puede conocer? Los científicos buscan la verdad en el mundo material; los cristianos la buscan en la autorrevelación de Dios mismo: "Pero el hombre natural no acepta las cosas que son del Espíritu de Dios... porque se han de discernir espiritualmente" (1 Cor. 2:14). Sin Dios, el científico no puede sacar el agua de la verdad espiritual porque "no tiene con qué sacarla, y el pozo es hondo".

---

[1] Citado en "What Some Scientists Say about God and the Supernatural" en *Christianity Today,* 27 de agosto, 1965, p. 5 (1153).
[2] Ibíd.

B. SOCIALISMO MILITANTEMENTE ATEO Y VIOLENTO

El socialismo en sí mismo ni es ateo ni es religioso. Es un sistema económico, un movimiento político y una teoría social. La mayor parte de los socialistas creen que el gobierno nacional o local, en vez de los individuos, debe ser el dueño de los recursos y controlar su uso para el bien de todos. El socialismo aboga por la nacionalización de tierras, fábricas y otros medios básicos de producción; intenta aliviar los males de una sociedad capitalista; cree que el gobierno debe proveer servicios de bienestar al pueblo.

Hoy en día los partidos socialistas se encuentran en muchas naciones; algunas de éstas tienen gobiernos socialistas, y casi todos los países del mundo han adoptado sus ideas y métodos. Por lo tanto, ¿puede haber objeción religiosa al socialismo? La respuesta es "no", pero es un "no condicional". *El cristianismo rechaza sólo la forma de socialismo que se impone por la fuerza y priva al individuo de sus derechos humanos.* De otro modo es simplemente un sistema más de economía y de gobierno.

La forma del socialismo que choca con el cristianismo es el marxismo, o sea el comunismo. ¿Por qué? Porque recurre a la violencia para obtener poder sobre las naciones, ejerce coerción sobre sus súbditos y es militantemente antirreligioso. Más que cualquier otra ideología, el marxismo es responsable de un asalto total contra la fe cristiana.

¿Cómo adquirió el comunismo estos rasgos? Su fundador ateo, Karl Marx, observó la explotación de los pobres, por los dueños de las industrias en el siglo XIX y fue conmovido a ayudarlos. Vio también que la iglesia no hizo nada para aliviar la opresión de la clase obrera. En efecto, le parecía que la religión era responsable de la actual miseria social del proletariado. Razonaba así:

> En vez de provocar a los trabajadores a la lucha abierta para mejorar su mísera situación, se ha adormecido ese espíritu de lucha por la promesa en una recompensa de ultratumba. "La religión es el suspiro de la criatura atribulada, el corazón de un mundo sin corazón, como es el espíritu de los Estados sin espíritu. Es el *Opio del Pueblo*" (las cursivas son nuestras).[3]

---

[3] Johann Fischl, *Manual de historia de la filosofía* (Barcelona: Editorial Herder, 1984), p. 353.

Según Marx, la religión debe ser extirpada a fin de que los hombres vean de una vez sus cadenas de esclavitud y se levanten contra sus verdugos. Esta característica de hostilidad religiosa ha sido un factor muy importante en el desenvolvimiento del marxismo.[4] Aunque el comunismo se preocupa por ayudar a las masas, algunos de sus líderes han empleado la fuerza para imponer su doctrina atea sobre multitudes de hombres y han buscado edificar una civilización sobre el rechazo de la creencia en Dios y la aceptación del materialismo dialéctico.

Para neutralizar y capturar la mente moderna los marxistas dependen del cientificismo. El hombre moderno conoce la ciencia, ésta es recalcada, y quienquiera que conoce la ciencia —dice la propaganda— no puede creer en lo sobrenatural y mucho menos en el cristianismo que se basa en lo milagroso. El comunismo es una cosmovisión basada sobre un bien articulado cuerpo de doctrina —filosófica, económica, política y social— que pretende proveer la única viable explicación científica del mundo.

El prejuicio contra lo sobrenatural, sin el cual la teoría marxista de la relatividad de la verdad y de moralidad, no puede sobrevivir, es racionalizado por una sutil, pero injustificable, apelación a la ciencia.

Por ejemplo, el cosmonauta soviético Gherman Stepanovich Titov observó ingenuamente: "En mis viajes alrededor de la tierra no vi a Dios ni a los ángeles." Otro cosmonauta contemporáneo del ruso, John Glenn, observó: Si Titov pasó una buena parte de su tiempo o energía en el espacio estando a la expectativa de verlo, estaba ocupado en tratar de colar el total de la realidad por un colador impropio para tal cosa. "El Dios al cual oro, no es tan pequeño para que yo esperara verle en el espacio."

El ateísmo del marxismo ha conducido una cosecha amarga. C. S. Lewis, apologista cristiano, comenta que no sólo el necio ha dicho en su corazón, "No hay Dios", sino también han dicho lo mismo los asesinos y los ladrones. Sin temor a Dios, los marxistas han llenado de violencia la tierra con sus guerras de "liberación". Joseph Stalin hizo morir de hambre a más de 10.000.000 de kulacs, Abimael Guzmán dirigió el sanguinario Sendero Luminoso del Perú y Pot Pol de Cambodia asesinó a medio millón de sus paisanos. Estos líderes marxistas figuran entre los monstruos más despiadados de toda la historia.

Es de admirarse la visión de Marx por la justicia social y por el mejo-

---

[4] Ibíd.

ramiento de la condición de los oprimidos. Ha hecho mucho para refrenar el egoísmo de los capitalistas llamando la atención del mundo a los males del sistema.

Por otra parte, es lamentable que Marx no se dio cuenta de que el cristianismo podría ser una tremenda fuerza para realizar muchos de sus ideales. Parece que nunca llegó a conocer las enseñanzas de los profetas hebreos, las cuales presentan una norma elevada de la ética social, de otro modo Marx no hubiera acusado a la religión de ser el opio del pueblo. Tampoco se dio cuenta de que el gran despertar evangélico bajo Whitefield y Wesley, en el siglo XVIII, provocó las grandes reformas sociales en Inglaterra. Estas fueron llevadas a cabo sin derramar ni siquiera una gota de sangre.

Por otra parte, ningún otro sistema ha remediado los males de la sociedad moderna. En el capitalismo, por ejemplo, todavía las diferencias de clase dividen a la sociedad produciendo desproporcionadas acumulaciones de recursos y poder. En algunos países el 15% de la población posee el 90% del capital. Este sistema depende de la falta de equilibrio para su existencia. Como cristianos nos conviene luchar pacíficamente para solucionar este problema y los muchos otros que azotan la sociedad.

Finalmente, el testimonio de la historia de todas las formas de gobierno, incluso la del derrumbado marxismo, indica que la Biblia tiene razón en señalar que el mal se encuentra en el hombre mismo y no en los sistemas económicos, sociales y políticos. Por más bueno que sea un sistema, tarde o temprano naufragará sobre el fracaso humano. La sociedad no puede ser transformada sin convertirse primero el individuo. Sólo Cristo puede cambiar al hombre. Los mejores sistemas de gobierno eventualmente fallan porque no son mejores que los hombres que los manejan.

C. LA SICOLOGIA FREUDIANA

Es indiscutible el hecho de que Sigmund Freud (1856-1939) es una de las figuras más influyentes del siglo XX. Toda la esfera de sicología está influenciada por sus conceptos aunque pocos sicólogos modernos se identifican como freudianos. También sería difícil exagerar la influencia de sus ideas sobre las nociones populares de la religión.

1. Las ideas freudianas. Freud era ateo y creía que sería imposible que el hombre pudiera recibir una revelación de Dios, pues, para él, todo conocimiento viene por las ciencias. En sus libros, *The Future Of*

An Ilusion (El porvenir de una ilusión) y *Civilization And Its Discontents* (La civilización y sus descontentos), Freud describe la religión como una "ilusión" y una "neurosis obsesional universal".

Para él, una ilusión se refiere a cualquier sistema de fe que está basado sobre los deseos humanos; la neurosis es un conflicto entre las diferentes partes de la mente y resulta en ansiedad o estrés. Una parte de la mente lucha por la satisfacción de ciertos deseos, los cuales son reprimidos por otra parte de la mente. Freud explica que aquella parte de la mente, que él llama "Super ego", procura reprimir estos deseos proyectando la figura de un padre humano en una escala infinita el cual los detiene. Este producto de la imaginación llega a ser Dios para la persona.

De la misma manera que un padre terrenal da vida y protección a sus hijos, la ilusión de un padre celestial cumple esta función cuidando y sosteniéndole. Esta figura consuela y apoya la mente cuando surgen tensiones de padecimiento, sentido de culpa o frustración en la vida. "El rostro que nos sonreía cuando estábamos en la cuna, ahora, aumentado infinitamente, nos sonríe desde el cielo." Así que la función de los dioses es proporcionar un sustituto por el padre terrenal.

Freud no niega el valor de la religión. Reconoce que proporciona al hombre un sentido de seguridad en medio de las tensiones y peligros. También forma la base de la ética para regular la conducta. Sin embargo, considera que la religión es una neurosis provisional que no necesitará el hombre cuando éste esté educado. Para ese entonces podrá enfrentar tranquilamente la realidad. No tendrá que recurrir a la religión como un mecanismo de escape de la realidad.

Este padre del sicoanálisis cree que el instinto sexual es la rueda maestra que mantiene de por vida en movimiento toda la máquina humana. Incluso es el origen de la religión. Como Edipo, el legendario rey de Tebas, mató sin saberlo a su padre y se casó con su madre, así de los cinco a los ocho años, todo niño quiere eliminar a su padre y casarse con su madre. El amor sexual a la madre y el odio al padre crean el "complejo de Edipo", de ahí nacen la moral y la religión. La moral tiene que tapar nuestro amor incestuoso a la madre y nuestro profundo odio al padre, y hacernos así personas decentes.[5]

La religión, por su parte, es la expiación de la acción criminal de una pasada comunidad primitiva en que los hijos —para lograr acceso a las mujeres— mataron al primer padre y se comieron su carne. La muerte

[5] Fischle, *op. cit.*, p. 497.

de Cristo en la cruz es sólo una expresión del arrepentimiento por aquel crimen, y la comunión quiere reparar en el espíritu de amor aquella horrorosa comida.[6]

Freud atribuye la neurosis principalmente al instinto sexual. Enseña que los hombres y mujeres, y particularmente los jóvenes, sólo permanecerán sanos si el instinto sexual se satisface directamente. El malestar en la cultura, dice Freud, procede de que el código moral sexual se ha hecho demasiado riguroso. No habría razón para sentir culpa si la expresión de sus deseos no dañan a nadie. Las exigencias morales de la religión contribuyen a la neurosis cargando la conciencia con culpa por actos que, en realidad, no son reprobables.

2. Evaluación de Freud. Un asociado de Freud, Carl Gustav Jung (1875-1961), difiere radicalmente del siquiatra de Viena. Sostiene que Freud no era capaz de entender la verdadera naturaleza de la religión porque siempre interpretaba todo en términos de la mente neurótica. Para Freud, la religión fue una neurosis obsesional, mas para Jung, la ausencia de religión era la causa principal de problemas sicológicos en los adultos.[7]

Pocos sicólogos toman en serio la teoría del "complejo de Edipo". Se repudian como absurdas las ideas freudianas de que el niño está lleno de complejos incestuosos respecto de la madre y de odio contra el padre, y de que nuestra moral sería sólo miedo ficticio de castración, y nuestra religión sólo un recuerdo de la muerte y del comer de la carne del primer padre.

El ateísmo y hostilidad de Freud hacia la fe cristiana se atribuyen a un incidente en su niñez: Un antisemita le quitó el sombrero a su padre y lo arrojó al suelo. El alma infantil de Freud se llenó entonces de odio contra una cultura cristiana que hacía posible tal acto.[8]

El sicólogo cristiano Gary Collins nota que a pesar de que afamados sicólogos como Jung, Fromm y varios otros han puesto en tela de juicio las ideas de Freud referentes a la religión, otros sicólogos clínicos tenderán a aceptar la conclusión de que la religión es arcaica, inhibidora, inmadura y con frecuencia dañina. Basan sus críticas sobre dos suposiciones: a) Puesto que no se pueden verificar las realidades de la religión por la ciencia, éstas no existen. b) Se puede obtener un cuadro fidedig-

---

[6] Ibíd.

[7] "Psicología de la religión" en *Nuevo Diccionario de Teología,* Sinclair B. Ferguson y David F. Wright, eds. (El Paso: Casa Bautista de Publicaciones, 1992), pp. 771, 772.

[8] Fischl, *op. cit.,* pp. 480, 481.

no de la religión estudiando las creencias y la conducta de personas neuróticas o perturbadoras emocionalmente.[9]

El primer argumento no tiene validez porque la ciencia se limita a averiguar sólo lo que es material, lo que corresponde a los cinco sentidos y lo que se puede medir en el tubo de ensayo. El científico no puede comprobar ni refutar la existencia de Dios pues Dios es espíritu. La segunda conclusión de los críticos sobre la religión es errónea pues las creencias de las personas neuróticas, desequilibradas emocionalmente no son típicas de las de los creyentes en general. Freud pensaba que toda religión era semejante a la que observaba en sus pacientes; no se dio cuenta de que la fe en Dios podía ser liberadora y sanadora.[10]

Lo que hizo Freud y algunas personas que compartían sus ideas, era rechazar una caricatura de la religión sin darse cuenta de la naturaleza e influencia sana de la verdadera religión. Este siquiatra de Viena suponía que la religión consiste principalmente de reacciones a la culpa, ritual, dogma, ritos, represiones, sentimientos de sumisión y miedo.[11]

Parece que Freud y sus seguidores tampoco se dieron cuenta de que algunos de los que atacan más fuertemente la religión, son los que tienen su propia religión, la del naturalismo. Para algunos, su religión es el sicoanálisis: Freud es su sumo sacerdote que exige ortodoxia doctrinal y excomulga a los que cuestionan sus conclusiones. Hay personas que adoran la ciencia. Otras ponen su fe en la sicología, la potencialidad humana o algún otro sistema. Por otra parte hay sicólogos que reconocen que la religión ejerce una influencia sana y beneficiosa.[12]

Un artículo sobre Freud en la revista *Time* del 29 de noviembre de 1993, indica que gran cantidad de sicólogos ponen en tela de juicio el concepto de Freud de que hay una relación casual entre la represión de los deseos y la neurosis, es decir, que el reprimir los deseos malos produce la neurosis. La siembra de la doctrina freudiana de que uno no debe reprimir tales impulsos sino expresarlos, ha resultado en una cosecha trágica. El artículo dice:

> La problemática proliferación, particularmente en Estados Unidos, de acusaciones de abuso sexual, rituales satánicos, sacrificios humanos de niños y cosas por el estilo llevados a cabo por personas, muchas de ellas

---

[9] Gary R. Collins, *The Rebuilding of Psychology* (Wheaton: Tyndale House Publishers, 1977), p. 100.
[10] Ibíd.
[11] Ibíd., p. 102.
[12] Ibíd.

guiadas por terapeutas, que de pronto recuerdan lo que supuestamente reprimieron durante años o décadas...[13]

Estas personas utilizan la teoría de la represión del inconsciente para afirmar la "autenticidad" de sí mismas. En parte por la influencia de Freud, se considera que el sentido de culpa es un sentimiento irracional el cual uno no debe tener. Sin tener a Dios para determinar la norma de conducta, el hombre no tiene otro sino él mismo a quien tiene que rendir cuenta. Así que si concluye que su conducta no daña a otros, no tiene causa alguna para sentir culpa, como en el período bíblico de los jueces, "cada uno hace lo que bien le parece".

D. CONCLUSION

La multiplicación sin precedentes del conocimiento científico durante los últimos 150 años ha sido interpretada por muchos pensadores como evidencia de la inevitabilidad del progreso del hombre. Se cree que el hombre, por su propia ingeniosidad, puede formar su mundo el cual será libre de las guerras, el dolor y la escasez.

Pero los grandes avances en conquistar el universo no están acompañados por un correspondiente avance moral. Ahora la ciencia misma amenaza destruir al hombre porque la ciencia es amoral y no puede tener un criterio moral. El marxismo y el freudianismo tampoco pueden proporcionar una respuesta al problema central del hombre: la enfermedad moral y espiritual la cual el mundo no quiere reconocer que es pecado. También el capitalismo ha fracasado en esta área. La única respuesta adecuada y disponible se encuentra en aquel que dijo: "Yo soy el camino, la verdad y la vida" (Juan 14:6).

---

[13] Citado en "¿Ha muerto Freud?" en *El Mercurio,* 30 de enero de 1994, Santiago, Chile, p. E3.

EJERCICIOS

I. Llene los espacios o conteste brevemente:

1. La ciencia moderna puede ser descrita como la ______ ______________________________ y así controlarlas para realizar nuestros ________________________________

2. La excesiva confianza en la ciencia ha sido responsable de dos seudociencias: el ______________________ y el ________________________________.

3. ¿Cuál es el criterio del cientificismo con respecto a Dios?

4. Lo espiritual no se puede descubrir con herramientas ________________________________.

5. La ciencia puede convertirse en una religión cuando:

   a)
   b)

6. ¿Cuáles son los grandes problemas que la ciencia no ha resuelto? (mencione cuatro)

7. ¿Por qué el cristianismo no acepta el comunismo?

   a)
   b)

8. Freud describe la religión como una ____________ y una _______________.

9. Lo que hizo Freud era rechazar una ________________ de la religión sin darse cuenta de su verdadera naturaleza.

10. La ciencia puede destruir la humanidad porque es ____________ y no tiene un ____________ moral.

II. Escriba el nombre de la persona o la palabra que corresponda:

______________ 1. Cristianismo impide la liberación de la clase obrera.

______________ 2. Dios es un sustituto del padre terrenal.

______________ 3. La ausencia de la religión es la causa principal de problemas sicológicos.

______________ 4. No se dio cuenta de los resultados sociales del cristianismo.

______________ 5. Odiaba el cristianismo porque su padre era víctima de persecución religiosa.

III. Conteste brevemente:

1. ¿En qué sentido el cientificismo comete el error de los teólogos contemporáneos de Galileo?

2. ¿Por qué ningún sistema de gobierno o de la economía puede solucionar los problemas humanos? (¿cuál es la piedra de tropiezo que impide el éxito de la mejor forma de gobierno?)

BIBLIOGRAFIA

A. Libros y obras publicados

Albright, William F. *Archaeology and the Religions of Israel.* Baltimore: John Hopkins University Press, 1956.

Allis, Oswald T. *God Spoke by Moses.* Nutley, N.J.: Presbyterian and Reformed Publishing House, 1972.

Amerding, Judson T. (editor). *Christianity and the World of Thought.* Chicago: Moody Press, 1968.

Archer, Gleason L. *Reseña crítica en una introducción al Antiguo Testamento.* Grand Rapids: Publicaciones Portavoz Evangélica, 1981.

Baker, Donald. *A Christian View of Origins.* Grand Rapids, MI: Baker, 1972.

Berkhof, Luis. *Teología sistemática.* Grand Rapids: T.E.L.L., 1979.

Bloesch, Donald G. *A Theology of Word and Spirit.* Downer's Grove, IL: Inter-Varsity Press, 1992.

Briend, Jacques. *La creación del mundo y del hombre en los textos del próximo Oriente Antiguo.* Estrella, Navarra: Editorial Verbo Divino, 1982.

Brown, Colin. *That you May Believe: Miracles and Faith Then and Now.* Grand Rapids: William B. Eerdmans Publishing Company, 1985.

Burrows, Millar. *What Mean These Stones?* New Haven: American Schools of Royal Research, 1941.

Coleman, Richard J. *Issues of Theological Conflict, Evangelicals/ Liberals.* Grand Rapids: Eerdmans, 1980.

Collins, Gary R. *The Rebuilding of Psychology.* Wheaton, IL: Tyndale House Publishers, 1977.

Cook, Francisco S. *La vida de Jesucristo.* s.l.: s.n., 1973.

Copeland, E. L. *El cristianismo y otras religiones.* El Paso: Casa Bautista de Publicaciones, 1977.

De Vaux, R. *Ancient Israel.* London: Dartman, Longman and Todd, 1961.

Dye, David L. *Faith and the Physical World.* Grand Rapids: Wm. B. Eerdmans, 1966.

Dyrness, William. *Apologética cristiana.* El Paso: Casa Bautista de Publicaciones, 1988.

—————. *Temas de la teología del Antiguo Testamento.* Miami: Editorial Vida, 1989.

Erickson, Millard J. (editor). *Readings in Chritian Theology* vol. 1, *The Living God.* Grand Rapids, MI: Baker Book House, 1973.

Essays on New Testament Themes Studies in Biblical Theology, núm. 41. Naperville: Allenson, 1964.

Evans, C. Stephen. *Filosofía de la religión.* El Paso: Editorial Mundo Hispano, 1990.

Evans, William. *Las grandes doctrinas de la Biblia.* s.l. Editorial Moody, s.f.

Fincher, Jack. *The Brain: Mystery of Matter or Mind.* s.l.: s.n., 1981.

Fischl, Manuel. *Manual de historia de la filosofía.* Barcelona: Editorial Herder S.A., 1967.

Garvie, A. E., *Studies in the Inner Life of Christ.* New York: Hoddes and Stoughton, 1907.

Geisler, Norman. *Christian Apologetics.* Grand Rapids: Baker Book House, 1976.

Giles, J. E. *Bases bíblicas de la ética. Edición actualizada y ampliada.* El Paso: Casa Bautista de Publicaciones, 1994.

Glashouwer, William J. J. (editor). *El origen de la Biblia.* Amsterdam: La Biblia Abierta, 1986.

Glueck, Nelson. *Rivers in the Desert: History of Netig.* Philadelphia: Jewish Publications Society of America, 1969.

Harrison, Everett F. *Introducción al Nuevo Testamento.* Grand Rapids: T.E.L.L., 1980.

—————. (editor). *Teología del Nuevo Testamento.* Grand Rapids: T.E.L.L., 1985.

Harrison, R. K., *Introducción al Antiguo Testamento,* vol. 2. Grand Rapids: T.E.L.L., 1990.

Henry, Carl F. H. (editor). *Revelation and the Bible.* Grand Rapids, MI: Baker Book House, 1958.

Hick, John (editor). *Classical and Contemporary Readings in the Philosophy of Religion*. Prentice Hall, Inc., 1964.

Hoff, Pablo. *El Pentateuco*. Miami: Editorial Vida, 1983.

Hooten, E. A. *Up from the Ape*. New York: Macmillan, 1931.

Ivochuck, M. T.; Oizerman, T. I.; Shipanov, I. Y.: *Historia de la filosofía*, tomo I. Moscú: Editorial Progreso, 1978.

Jacobo and Sterno. *General Antrhoplogy*. s.l.: s.n., 1955.

Jauncey, J. *La ciencia retorna a Dios*. El Paso: Editorial Mundo Hispano, 1981.

Kidner, Derek. *Génesis* en *Comentarios Didaqué*. Buenos Aires: Ediciones Certeza, 1985.

____________. *Psalms 1-72*. London: Inter-Varsity Press, 1973.

La vida... ¿cómo se presentó aquí? ¿Por evolución, o por creación? Brooklyn, Nueva York: Watch Tower Bible and Tract Society, Inc., 1985.

Lacueva, Francisco. *Curso de formación teológica evangélica*, tomo II, *Un Dios en tres personas*. Tarrasa: CLIE, 1987.

Lacy, G. H. *Introducción a la teología sistemática*. El Paso: Casa Bautista de Publicaciones, 1972.

Ladd, George Eldon. *Creo en la resurrección de Jesús*. Miami: Editorial Caribe, 1977.

Lewis, C. S. *Miracles: A Preliminary Discussion*. London: Bles, 1947.

Lewis, John M. *La revelación e inspiración de las Escrituras*. El Paso: Casa Bautista de Publicaciones, 1985.

Little, Paul. *Know Why you Believe*. Wheaton, IL: Victor Books, 1978.

Marx, Carlos y Engels, Federico. *La sagrada familia*. México, D. F.: Editorial Grijalbo, 1958.

McDowell, Josh. *Evidencia que exige un veredicto*. Miami: Editorial Vida, 1982.

Morris, Desmond. *El mono desnudo*. Barcelona, España: Plaza F. Janes S. A. Editores, s.f.

Morris, Enrique. *La Biblia y la ciencia moderna*. s.l.: Editorial Moody, s.f.

Morrison, Frank. *¿Quién movió la piedra?* Miami: Editorial Caribe, 1977.

Mullins, E. Y. *Manual de evidencias cristianas.* Tarrasa: CLIE, 1987.

Packer, J. I. *Fundamentalismo y la Palabra de Dios.* Grand Rapids: Wm. B. Eerdmans, 1958.

Pearlman, Myer. *Teología bíblica y sistemática.* Miami: Editorial Vida, 1981.

Phillips, J. B. *God our Contemporary.* New York: Macmillan, 1960.

Ramm, Bernard L. *A Christian Appeal to Reason.* Bruselas: Instituto Internacional por Correspondencia, 1988.

_______________. *Protestant Christian Evidences.* Chicago: Moody Press, 1953.

_______________. *The Christian View of Science and the Scriptures.* Grand Rapids: Wm. B. Eerdmans, 1968.

Ramsay, William M. *St. Paul the Traveler and the Roman Citizen.* Grand Rapids: Baker Book House, 1962.

Reno, Cora. *Evolution on Trial.* Chicago: Moody Press, 1970.

Ridderbos, H. *Bultmann.* New Jersey: Presbyterian and Reformed, 1960.

Ridenour, Fritz. *¿Quién dice?* Miami: Editorial Vida, 1979.

Robertson, Archibald Thomas. *Imágenes verbales en el Nuevo Testamento,* tomo 5. *Juan y Hebreos.* Tarrasa, Barcelona: CLIE, 1990.

Shull, A. F. *Evolución.* Nueva York: McGraw Hill Co., 1951.

Stoner, Peter. *La ciencia habla.* Chicago: Moody Press, 1963.

Tenney, Merrill C. *Nuestro Nuevo Testamento.* Chicago: Editorial Moody, 1980.

_______________. *San Juan: el evangelio de fe.* Miami: Editorial Caribe, 1980.

Thiessen, Henry C. *Lectures in Systematic Theology.* Grand Rapids: Zondervan Publishing House, 1954.

Urquhart, John. *The Wonders of Prophecy.* New York: Charles C. Cook, s.f.

Voth, Esteban. *Génesis,* primera parte en *Comentario bíblico hispanoamericano.* Justo L. González (editor). Miami: Editorial Caribe, 1992.

Wilkes, Peter (editor). *Christianity Challenges the University.* Downers Grove, IL: Inter-Varsity Press, 1981.

Yamauchi, Edwin. *Las excavaciones y las Escrituras*. El Paso: Casa Bautista de Publicaciones, 1977.

Young, Warren C. *Un enfoque cristiano a la filosofía*. El Paso: Editorial Mundo Hispano, 1984.

Zimmerman, Paul F. (editor). *Darwin, evolución y creación*. St. Louis: Concordia Publishing House, 1959.

B. Comentarios, Compendios, Diccionarios y Enciclopedias

Baker Encyclopedia of the Bible, tomo I. Walter A. Elwell (editor). Grand Rapids: Baker Book House, 1988.

Diccionario Aristos. Madrid: Editorial Ramón Sopena, s.f.

Diccionario bíblico arqueológico. Charles F. Pfeiffer (editor). El Paso: Editorial Mundo Hispano, 1982.

Diccionario ilustrado de la Biblia. Wilton M. Nelson (editor). Miami: Editorial Caribe, 1977.

Eerdmans Handbook to the History of Christianity. Tim Dowley (editor organizador). Grand Rapids: Wm. B. Eerdmans Publishing Co., 1977.

Evangelical Dictionary of Theology. Walter Elwell (editor). Grand Rapids: Baker Book House, 1984.

Evangelical Dictionary of Theology. Everett F. Harrison (editor). Grand Rapids: T.E.L.L., 1985.

Manual bíblico ilustrado. David y Pat Alexander (editores). Miami: Editorial Unilit. 1985.

Nuevo diccionario de teología. Sinclair B. Ferguson y David F. Wright (editores). El Paso: Casa Bautista de Publicaciones, 1992.

Nuevo auxiliar bíblico. G. C. Robinson y A. M. Stibbs (editores). El Paso: Casa Bautista de Publicaciones, 1977.

Nuevo diccionario bíblico. J. D. Douglas (editor). Buenos Aires, Barcelona, Downers Grove: Ediciones Certeza, 1991.

The World Book Encyclopedia, "P", vol. 15. Field Enterprises Educational Corporation, 1974.

C. Biblias

Biblia de estudio pentecostal, Nueva versión internacional, Nuevo Testamento. Donald C. Stamps (redactor de notas). Deerfield, FL: Editorial Vida, 1991.

Biblia de Jerusalén. Bruselas: Descleé de Brouwer, 1966.

La Biblia de estudio, Dios habla hoy. s.l.: Sociedades Bíblicas Unidas, 1994.

Sagrada Biblia 2a. edición, Eloíno Nácar Fuster y Alberto Colunga (traductores). Madrid: Editorial Católica, S. A., 1969.

The NIV Study Bible, New International Version. Kenneth Barker (editor general). Grand Rapids: Zondervan Bible Publishers, 1985.